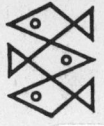

W0063618

Über dieses Buch Mit diesem Buch wird eine Sammlung aktueller, aufeinander bezogener Texte zum umstrittenen Thema Pornographie vorgelegt. Neu daran ist: Frauen und Männer treten in einen – wenn auch häufig kontroversen – Dialog ein über die vielfältigen Erscheinungsformen dessen, was derzeit ebenso einfach wie ungenau »Pornographie« genannt wird. Ausgehend von der neu entbrannten PorNO-Diskussion anläßlich des Gesetzentwurfs von EMMA werden Glanz und Elend des Geschäfts mit der Lust unter die Lupe genommen – von Expertinnen und Experten aus Kultur- und Rechtswissenschaft, aus Psychologie und Sexualwissenschaft, ergänzt durch aufschlußreiche Berichte aus der Porno-Industrie. Beschreibungen einiger »ganz normaler« Porno-Filme – mit Beispielen im O-Ton – machen deutlich, worum es geht. Neben den vorgeschlagenen gesetzlichen Maßnahmen werden schließlich noch andere Möglichkeiten diskutiert, mit dem Problem Pornographie umzugehen. Wobei durchaus anregende Möglichkeiten in den Blick kommen, das verfahrene Geschlechterverhältnis erfreulicher zu gestalten.

Die Herausgeberinnen Eva Dane, Jahrgang 1937. Studium von Psychologie und Philosophie, Diplompsychologin. Vier Kinder. Publizistische und praxisbezogene wissenschaftliche Arbeiten zur Thematik Frau/Familie/Geschlechterverhältnis. Promotion mit einer empirischen Untersuchung über partnerschaftlich verheiratete, verlassene und »gegangene« Frauen am Institut für Psychologie an der TU Braunschweig.
Renate Schmidt, Jahrgang 1943, Systemanalytikerin und langjährige Betriebsrätin in einem Großversandhaus. Drei Kinder. Seit 1980 Bundestagsabgeordnete (SPD), seit 1987 stellvertretende Fraktionsvorsitzende und Leiterin des Arbeitskreises »Gleichstellung von Frau und Mann« der SPD-Bundestagsfraktion. Veröffentlichungen zur Rolle der Frau in der Politik.

Eva Dane / Renate Schmidt (Hg.)

Frauen & Männer und Pornographie

Ansichten – Absichten – Einsichten

Fischer Taschenbuch Verlag

Die Frau in der Gesellschaft
Lektorat: Ingeborg Mues

11.–15. Tausend: Dezember 1990

Originalausgabe
Veröffentlicht im Fischer Taschenbuch Verlag GmbH,
Frankfurt am Main, Oktober 1990

© 1990 Fischer Taschenbuch Verlag GmbH, Frankfurt am Main
Umschlaggestaltung: Friederike Simmel
Umschlagabbildung: Mel Simms
Gesamtherstellung: Clausen & Bosse, Leck
Printed in Germany
ISBN 3-596-10149-2

Inhalt

Zur Rechtslage

Teil III
Perspektiven / Alternativen

Eva Dane / Renate Schmidt

Vorwort

Mit diesem Buch greifen wir ein Thema auf, das lange Zeit kein Thema war – schon gar nicht für Frauen. Pornographie – darüber war man sich einig – war etwas, das immer nur »die anderen«, und hauptsächlich Männer, »brauchten«: Lüsterne, Unerfahrene, Neugierige, die gespannt darauf waren, mitzubekommen, wie andere »Liebe machten« (oder wie immer man die Darstellung sexueller Vorgänge nannte).

Ein Blick auf die Geschichte zeigt, daß Pornographie im Laufe der Zeit in vielfältiger Form dargeboten wurde: derb, grotesk, banal, unflätig, abstoßend. Gewalttätigkeit und Unterwerfung gehörten nicht unbedingt und nicht immer dazu; die Lust an der »Erniedrigung des Sexualobjekts«, die Freud Anfang dieses Jahrhunderts als ein vielen Männern eigentümliches Bedürfnis diagnostizierte, scheint eine relativ neue Errungenschaft in der langen Geschichte des Pornographischen zu sein.

Pornographie ist Männersache – und das in mehr als einer Hinsicht. Einmal, weil überwiegend Männerphantasien dargestellt werden und vornehmlich Männer Abnehmer pornographischer Erzeugnisse sind. Zum anderen, weil der Hauptanteil der Geschäfte in Männerhand ist. Und schließlich, weil ausschließlich von Männern bestimmt wird, was (schon) Pornographie oder (noch) Kunst bzw. (kritische) Aufklärung und Information ist. Noch haben Frauen, da sie in den entsprechenden Entscheidungsgremien kaum präsent bzw. von ihnen ausgeschlossen sind, keine Möglichkeit, über diese Fragen mitzuentscheiden, geschweige denn, allein zu entscheiden (wie es für Männer selbstverständlich ist). Frauen haben, obwohl der weibliche Körper weitaus mehr als der männliche Gegenstand pornographischer Darstellungen ist, in diesen Dingen nichts zu sagen.

Diese Tradition wird mit dem vorliegenden Buch durchbrochen. Ebenso viele Frauen wie Männer aus unterschiedlichen Wissens- und Erfahrungsbereichen nehmen Stellung zum

Thema Pornographie und setzen der bisher selbstverständlichen Sichtweise von Männern andere – keineswegs einheitliche – Sichtweisen entgegen, legen andere Kriterien an. Ausgehend von der neu entbrannten PorNO-Diskussion um den Gesetzentwurf von »EMMA« nehmen Expertinnen und Experten aus Sexualwissenschaft und Psychologie, aus Rechts- und Kulturwissenschaft Stellung zu dem umstrittenen Sachverhalt Pornographie. Als notwendige Ergänzung werden Berichte aus der Praxis des Pornogeschäfts vorgelegt. Die Beschreibung einiger »ganz normaler« (in Videotheken erhältlicher) Pornofilme – mit Beispielen im O-Ton – rundet das Bild ab und zeigt, worum es geht.

Die Mehrzahl der Texte basiert auf Fragen, die anläßlich einer Anhörung der SPD-Bundestagsfraktion zum Thema »Pornographie – hinsehen oder wegsehen« im September 1988 an Expertinnen und Experten gestellt worden waren. Ziel der Anhörung war es, das vielschichtige Problem Pornographie aus der oft stark vereinfacht geführten Pro- und Kontra-Debatte herauszuholen, um zu weiterführenden Denk- und Handlungsanstößen zu kommen. Schon die sehr lebhafte Diskussion während der zweitägigen Anhörung zeigte, daß wichtige, zum Teil bis dahin noch wenig zur Sprache gekommene Themen angeschnitten worden waren.

Die Diskussion – vor allem zwischen einigen Frauen – ging weiter, Erkenntnisse wurden vertieft, Ergänzungen vorgenommen: und so entstand dieses Buch. Es bietet keine fertigen Lösungen, erhebt auch nicht den Anspruch auf Vollständigkeit. Einige Autorinnen, deren Texte näher an das Thema Sexualität herankamen, entdeckten die Unzulänglichkeit der Sprache für das, was gesagt oder beschrieben werden sollte. Fragwürdig wurden auch Begriffe oder Umschreibungen für Gewalt, deutlich wurde das schwer Faßbare alltäglicher Gewalttätigkeit.

Wir sehen in diesen Defiziten eine Aufforderung zum Weiterdenken, zur Suche nach konkreten Veränderungen und eine Chance, als notwendig erkannte Veränderungen auch voranzutreiben. Darüber hinaus hoffen wir, mit den vorliegenden Texten nicht nur Erkenntnisse und Informationen zum Thema Pornographie weiterzugeben, sondern auch zu einem sachlich-engagierten Dialog zwischen den »Fronten« beizutragen. Daß diese Fronten keineswegs geradlinig zwischen den Geschlechtern verlaufen, macht die Auseinandersetzung zusätzlich kompliziert, aber auch spannend.

Wir danken allen Autorinnen und Autoren für ihre Bereitschaft und ihr Engagement, an diesem Buch mitzuarbeiten. Besonderer Dank gilt Dora Traudisch für die keineswegs lustvolle Arbeit der Filmbeschreibung. Sie war nötig, damit wir – und unsere Leserinnen und Leser – wissen, worüber wir reden.

Teil I
Das Problem

Renate Schmidt

Pornographie – hinsehen oder wegsehen?
Rückblick nach zwanzig Jahren

Seit bekannt wurde, daß ich mich kritisch mit dem Thema Pornographie beschäftige, habe ich eine merkwürdige Erfahrung gemacht: Viele meiner Bekannten – meistens Männer – bemerken mit einer Mischung aus Unglauben und Besserwissen, ich als aufgeschlossene, lebensfrohe Frau könne doch unmöglich etwas gegen Pornographie haben. »So eine« (dahinter steht: Prüde, Verklemmte) sei ich doch nicht. Frauen dagegen signalisieren mir – allerdings seltener – eine gegenteilige Botschaft: wie könne ich es nur ertragen, mich mit »so etwas« näher zu befassen, »so eine« (die dem vielleicht noch einen Reiz abgewinnen könne) sei ich doch nicht. Und schließlich bekam ich noch zu hören, es gebe doch wahrhaftig Wichtigeres zu tun, als ausgerechnet daran Zeit und Mühe zu verschwenden...

Ich denke, die Mühe lohnt. Pornographie hat viele Gesichter, und wir sind gewöhnt, nur einen Teilbereich wahrzunehmen – und im übrigen nicht allzu genau hinzusehen. Das hat sich – auch für Politikerinnen und Politiker – geändert, seit Alice Schwarzer im November 1987 ihre »Anti-PorNO-Kampagne« begann und allen Abgeordneten den »EMMA«-Gesetzentwurf gegen Pornographie zuschickte.

Unter der Regierungsverantwortung der SPD wurde vor nunmehr dreizehn Jahren das totale Verbot der Verbreitung pornographischer Erzeugnisse zugunsten einer begrenzten Freigabe aufgehoben. Sogenannte einfache Pornographie durfte – allerdings nur für Erwachsene – hergestellt und vertrieben werden. Nach Auffassung der Mehrheit der sozial-liberalen Koalition sollte es der Entscheidung jedes mündigen Bürgers überlassen sein, ob und inwieweit er sich mit pornographischen – bis dahin »unzüchtig« genannten – Schriften und Bildern einlassen wollte.

»Wer in seinem Kämmerlein Pornographie konsumieren will, kann sie kaufen, und für den wird sie hergestellt«, faßte ein

Verantwortlicher damals kurz und bündig zusammen. Eine »Porno-Welle« erwartete man nicht, da man davon ausging, daß sich das – nunmehr straflos zu befriedigende – Verlangen, sich von der Darstellung sexueller Vorgänge an- oder erregen zu lassen, auf ein etwa »normales« Maß einpendeln würde.

Das veränderte Gesetz entsprach einer veränderten Haltung weiter Kreise der Bevölkerung zur Darstellung sexueller Vorgänge. Denjenigen, die für sich den Zugang zu »einfacher« Pornographie in Wort und Bild wünschten, sollte dies nicht länger vorenthalten werden. Gleichzeitig sollten diejenigen, die damit nicht konfrontiert werden wollten, vor unerwünschter Konfrontation geschützt werden.

Man war überzeugt, mit dieser Reform – im Namen der Emanzipation, im Namen der Aufklärung – der herrschenden Doppelmoral ein großes Stück Boden entzogen zu habe; eine Doppelmoral, die heimlich und mit Lust dem nachging, was sie öffentlich mit Zorn und Eifer verdammte. Das Ende von Verdrängungen und Verklemmungen und ihren traurigen Folgen schien in Sicht.

»Entrümpelung« hieß das Stichwort. Die überwiegend aus dem vorigen Jahrhundert stammenden Vorschriften zum Schutz von Personenstand, Ehe und Familie sowie der allgemeinen Sittlichkeit mußten – sollte das Strafrecht nicht unglaubwürdig werden – revidiert werden. Nur schutzwürdige Rechtsgüter sollten mit den Mitteln des Strafrechts verteidigt werden; es wurde nicht länger als Aufgabe des Staates betrachtet, mündige Bürger wie unmündige Kinder zu behandeln und mit (ohnehin in der Praxis übertretenen) Vorschriften in bestimmte Bereiche des Sexuallebens einzugreifen. Außer den Bestimmungen über die Verbreitung pornographischer Erzeugnisse wurden die Vorschriften zu Kuppelei und Zuhälterei, zu sexuellem Mißbrauch von Abhängigkeitsverhältnissen und gleichgeschlechtlichem Umgang unter Männern anders gefaßt. Insgesamt gab es zu dieser Gesetzesänderung zweiundvierzig Ausschußsitzungen. Aus dem Protokoll der dreitägigen Anhörung des Strafrechtssonderausschusses, an dem über dreißig Wissenschaftler (darunter fünf Frauen) gehört wurden, geht hervor, wie eindringlich um diese Änderungen gerungen wurde. Die Änderung der Strafvorschriften zu Pornographie war mit am heftigsten umstritten. Die Gegner der – auf Erwachsene begrenzten – Freigabe einfacher Pornographie hielten trotz gegenteiliger Sachverständigengutachten daran fest, daß auch bei begrenzter Freigabe sozialschädliche Folgen insbesondere für Ehe und Familie und für die Jugend nicht auszuschließen seien. Auch befürchtete man, daß Geschäftemachern Tür und Tor geöffnet werde. (Dies war schon der Fall, da ein schwunghafter Schwarzhandel mit in Skandinavien freigegebener Pornographie blühte.) Einige wenige Sachverständige wiesen explizit auf die Gefährdung der Würde der Frau hin. So sah der Göttinger Theologe Trillhaas ein besonderes Schutzbedürfnis der Frau, die nicht zum »Sexualobjekt auch und vor allem der älteren männlichen Voyeure« werden dürfte[1], sein Bochumer Kollege Ermecke zitierte zur Verdeutlichung seiner warnenden Ausführungen aus einem Brief von Gastarbeitern, die sich (aufgrund von Kolle-Filmen) fragten, »ob die deutschen Männer diese sexuellen Aufreizungen notwendig haben und ob sie so wenig Gefühl für die Ehre ihrer Frauen und Mütter haben, daß man jede Frau durch solche Filme beschmutzt«[2].

Alexander Mitscherlich hatte vorher seine Skepsis zum Begriff Würde (die sich in Abgehobensein von kreatürlichen Vorgängen gefiele) geäußert: Schließlich habe man es mit dieser Würde, mit dieser Selbststilisierung, mit der man sich als Krone der Schöpfung betrachte, fertiggebracht, »die Welt kaputtzumachen, sie in der infantil räuberischsten Weise auszubeuten«[3]. Mitscherlich sah weniger in der Darstellung sexueller Vorgänge eine soziale Gefährdung, wohl aber in der Darstellung von Gewalttätigkeiten. Er mahnte, nicht zu vergessen, daß die Darstellung »sexueller Handlungen zur Steigerung geschlechtlicher Lustempfindungen so alt ist wie die menschliche Kunst. Daran ist die Menschheit noch nicht gestorben, aber an ihrer Aggression könnte sie vielleicht morgen sterben«[4].

Letzteres war die Auffassung aller Sachverständigen, die zu diesem Thema ihre Stellungnahmen vortrugen: Sie alle warnten eindringlich vor der außerordentlichen Gefährdung, die durch Verknüpfung von Sexualität und Gewalttätigkeit entstehe.

Eine solche Gefährdung glaubte der Gesetzgeber ausgeschlossen zu haben durch das weiterhin bestehende Verbot sogenannter harter Pornographie. Darüber hinaus war schon 1973 eine Strafvorschrift speziell gegen die Darstellung gewaltverherrlichender Vorgänge – unter die entsprechende Erzeugnisse aus dem Genre »Brutalo-Sex« fallen – geschaffen worden: § 131. Dieser Paragraph belegt alle Darstellungen, die Gewalttätigkeiten gegen Menschen in grausamer oder sonst unmenschlicher Weise schildern und dadurch Verherrlichung oder Verharmlosung solcher Gewalttätigkeiten ausdrücken oder zum Rassenhaß anstacheln, mit Freiheitsstrafe bis zu einem Jahr oder Geldstrafe. Dieses Gesetz war für notwendig erachtet worden aufgrund der von Forschungsergebnissen nahegelegten Möglichkeit, daß Jugendliche und auch Erwachsene beim Vorliegen besonderer persönlicher und sozialer Momente durch Gewaltdarstellungen zu aggressivem Verhalten angeregt werden können.

Soviel zum Verbot von »harter« Pornographie – im Sinne des Strafgesetzbuches.

Im Hinblick auf die Freigabe »einfacher« Pornographie ist noch einmal festzuhalten, daß mit der Liberalisierung des § 184 StGB keineswegs ein wahlloses Öffentlichmachen sexueller Vorgänge gemeint war oder ermöglicht werden sollte. Mit dem Gesetz wurde ausdrücklich angestrebt, daß Erwachsene einfache Pornographie nur auf eigenes Verlangen erhalten und Jugendliche vom Zugang zu und der Konfrontation mit Pornographie jeglicher Art ganz ausgeschlossen sein sollten. So blieb es verboten, Pornographie an Orten, die Jugendlichen zugänglich sind – in Kiosken, im Versandhandel und in gewerblichen Leihbüchereien –, anzubieten; ebenfalls unter Strafe steht, sie gegen Entgelt in öffentlichen Filmvorführungen zu zeigen.

Was aber nun ist »einfache« Pornographie? Vom Gesetzgeber wurde dies nicht definiert, sondern in Kommentaren lediglich umschrieben. Danach gelten Darstellungen in Wort und Bild dann als pornographisch, wenn sie »unter Ausklammerung aller sonstigen menschlichen Bezüge sexuelle Vorgänge in aufdringlicher Weise in den Vordergrund rücken und ihre Gesamttendenz ausschließlich oder überwiegend auf das lüsterne Interesse an sexuellen Dingen abzielt«. Ein weites Feld...

Ein Blick auf die Auslagen von Kiosken, Zeitschriftenhandlungen, Videotheken und auf Werbeplakate zeigt, daß die Auslegung dessen, was als pornographisch zu gelten habe, offensichtlich sehr weit gefaßt wird.

Zudem hat sich die Annahme von damals, es werde zu keiner nennenswerten Steigerung des pornographischen Angebots kommen, als irrig erwiesen. Dies nicht zuletzt deshalb, weil eine in diesem Ausmaß kaum vorherzusehende Industrialisierung erfolgte. Pornographie blieb eben *nicht* auf das stille Kämmerlein beschränkt, sondern wurde – nach den Gesetzen der Marktwirtschaft – zum Konsumartikel und zur Erwerbsquelle.

Infolge der rasanten medialen Erneuerungen – Video macht's möglich – kam es auch auf dem Markt der Lüste zu einer nicht für möglich gehaltenen Expansion. Nach einschlägigen Schätzungen ist die Tendenz steigend.

Im Wettbewerb um die Kaufkraft der Abnehmer verändern sich auch die Inhalte der Darstellungen: offensichtlich wird von bestimmten Produzenten mit immer »schärferen« – und das heißt auch: brutaleren – Reizen aufgewartet – bis an die Grenze des Erträglichen und häufig genug bis über die Grenze des noch Erlaubten hinaus. Titel wie »Frauen – bis zum Wahnsinn gequält«, »Frauen im Foltercamp«, »Hexen, geschändet und zu Tode gequält« lassen an Eindeutigkeit nichts zu wünschen übrig und zeigen Abgründe von dargestellter und als Darstellung konsumierter sexueller Gewalt gegen Frauen auf.

Der Markt der pornographischen Möglichkeiten hat sich – ähnlich wie in den USA – von einer sanften Sex-Spielweise zu einer harten Pornowelt mit zunehmender Brutalität gegen Frauen geändert.

Es ist das Verdienst der Frauenbewegung, unüberhörbar auf diese gegen Frauen gerichtete Gewalt hingewiesen zu haben. Zunächst in den USA, dann auch in der Bundesrepublik wurde Mitte der siebziger Jahre das Problem Pornographie im Zusammenhang mit Erniedrigung von Frauen und Gewalt gegen Frauen von Feministinnen in die öffentliche Diskussion gebracht. Immer mehr Frauen verwahrten – und verwahren – sich gegen die Vermarktung des weiblichen Körpers, gegen die Instrumentalisierung und Herabwürdigung des weiblichen (und nur des weiblichen!) Körpers zum Zwecke der Verkaufssteigerung und im Interesse der Befriedigung fragwürdiger Bedürfnisse nach Sex in Verbindung mit Gewalt.

Im November 1987 sagte »EMMA«-Herausgeberin Alice Schwarzer den Pornoproduzenten und -vertreibern mit einem Anti-Porno-Gesetzentwurf den Kampf an. In diesem Gesetzentwurf wird Pornographie als frauenherabwürdigend und -erniedrigend definiert, und jede Frau, die sich durch eine pornographische Darstellung in ihrer Würde verletzt fühlt, soll berechtigt sein, auf Unterlassung und Schadensersatz zu klagen. Dieser Gesetzentwurf, der allen Bundestagsabgeordneten zugegangen war, löste insbesondere bei uns Sozialdemokratinnen und Sozialdemokraten sehr unterschiedliche Gefühle und Reaktionen aus. Kein Zweifel, die Gewalt der Anklage machte betroffen und schärfte den Blick für die Erniedrigung von

Frauen in und durch pornographische Darstellungen. Außerdem fanden und finden viele – ich gehöre dazu – den Grundgedanken des Entwurfs pfiffig: Er packt die Produzenten dort, wo sie als einziges wohl reagieren – beim Geldbeutel –, und droht nicht mit dem Strafgesetzbuch. Gleichzeitig kamen Zweifel auf, ob eine gesetzgeberische Maßnahme – auch wenn es sich, wie vorgesehen, um eine zivilrechtliche Regelung handelt – der richtige Weg ist. Wie sollte ausgerechnet »Vater Staat« die Würde von Frauen schützen können, im Einzelfall nachvollziehen können, wodurch Frauen sich in ihrer Würde verletzt fühlen? Reichen die bestehenden, von uns damals geschaffenen Gesetze de facto nicht aus? Geht es nicht eher darum, die Frage nach Vollzugsdefiziten zu stellen?

Auch die – sicher unbequeme – Frage, welche psycho-sozialen Bedingungen zu der offensichtlich beträchtlichen Nachfrage nach derartigen Produkten führen, drängt sich auf.

Darüber hinaus, so fragten wir uns, wie steht es mit der Freiheit der Kunst? Und wie mit der Freiheit gerade auch von uns Frauen, *unseren* erotischen Phantasien und Bildern nachzugehen, uns – vielleicht von »Verbotenem« (auch von »EMMA« Verbotenem!) »anmachen« zu lassen, *unseren* pornographischen Blick überhaupt erst zu entdecken?

Fragen über Fragen, auf die es keine raschen und vielleicht gar keine eindeutigen Antworten geben würde. Aber eine fruchtbare Diskussion war in Gang gekommen.

Interessant sind in diesem Zusammenhang die Stimmen von Männern und Frauen, die sich in Leserzuschriften zu diesem Thema zu Wort meldeten und eine große Meinungsvielfalt aufzeigten. Auch wenn diese Stimmen mit Sicherheit kein repräsentatives Meinungsbild darstellen, so geben sie doch aufschlußreiche Hinweise auf sehr unterschiedliche Betroffenheiten.

Von Frauen wird die Vermarktung des weiblichen Körpers zum Zwecke der Verkaufssteigerung verurteilt; mit Empörung und Zorn wird auf die als zynisch empfundene Geschmacklosigkeit verwiesen, Artikel über die Erniedrigung von Frauen in der Pornographie mit nackten Frauenkörpern zu garnieren. Auch der Kunstvorbehalt wird in diesem Zusammenhang häufig kritisiert.

Andere Frauen – und zahlreiche Männer – weisen das Vorgehen von »EMMA« zurück, im Namen aller Frauen zu sprechen und alle Frauen als Opfer zu sehen. Sie fordern, bevor eine solche Zuschreibung erfolge, müssen differenziert, zumindest

nach den Gründen gefragt werden, was Frauen – und Männer –
dazu bringe, sich als Pornodarsteller/innen zur Verfügung zu
stellen – und Pornos zu genießen. Von einigen wenigen Frauen
kann die – laut »EMMA« allen Frauen zugefügte – Erniedrigung nicht nachvollzogen werden. Männer wenden sich – häufiger als Frauen – gegen die Verdammung *jeglicher* Pornographie
und machen der Kampagne den Vorwurf der Lustfeindlichkeit
und der Wende zu repressiver Sexualpolitik. Auch Frauen ver-
teidigen in diesem Zusammenhang ihr Recht auf Lust – ausdrücklich auch die Lust am Anblick männlicher Körper.

Sie warnen davor, in einer Zeit, in der von herrschender Seite
das sexuelle Selbstbestimmungsrecht von Frauen wieder massiv in Frage gestellt wird, einem neuen sexualfeindlichen
Frauenbild Vorschub zu leisten. Und schließlich: Mehr als in
der offiziellen Diskussion plädieren Frauen und Männer für ein
lust- und verantwortungsvolles Miteinander, für eine sensible,
sexualfreundliche Erziehung, so daß Pornographie – als Abbild
des gefühllosen Aufeinanderprallens zweier »Sexmaschinen« –
überflüssig werden könne.

Schon angesichts dieser Erfahrungs- und Meinungsvielfalt,
die nur als die Spitze des vielzitierten Eisbergs anzusehen ist,
wird das Ausmaß des »pornographischen Dilemmas« deutlich –
und die Notwendigkeit differenzierter Bestandsaufnahme.

Zu fragen ist
– nach der Rechtslage: Warum »greifen« § 131 und § 184 nicht?
– nach dem tatsächlichen Ausmaß der Verbreitung pornographischer Erzeugnisse,
– nach dem ökonomischen Hintergrund,
– nach der Wirkung von Gewaltpornographie ebenso wie nach
  der Wirkung sexistischer Bilder in Kunst und Werbung,
– nach den Ursachen sexueller Gewalt auch im vorpornogra-
  phischen Raum.

Gerade im Hinblick auf längerfristige Lösungen empfiehlt es
sich, nicht durch pauschale Zuschreibungen die Suche nach den
letztgenannten Ursachen zu erschweren.

Wenn es stimmt, und der Augenschein spricht dafür, daß in
der entpersönlichten Pornographie Mann und Frau auf Sex-
Maschinen reduziert sind, so ist zu fragen, ob durch diese Darstellung nicht beide Geschlechter in ihrer Würde verletzt sind.
Und das hieße – nicht nur für Politikerinnen und Politiker –, die
sozialen Ursachen für diese Entwicklung zu suchen.

Rückblickend läßt sich feststellen: Der Irrtum der sexuellen

Revolution war, die vom Stigma der »Unzucht« und vom Zwang zur Fortpflanzung befreite Sexualität – in Verkennung ihrer interpersonalen Möglichkeiten – als ein körperliches Bedürfnis wie jedes andere zu betrachten. Sex wurde zur Ware, wurde etwas, das man »hat« (bzw. zu haben hatte) und sich nach Belieben »holte«. Die Person, mit der man »etwas hatte«, geriet dabei allzuleicht zur Nebensache. Etwa entstehende Verbundenheitsgefühle wurden mit – als »bürgerlich« verpönten – Besitzansprüchen verwechselt, nicht zugelassen und diffamiert. Ungebundensein um jeden Preis wurde in der Folge gleichgesetzt mit Emanzipation.

In der gegenwärtigen Debatte hätte es dann nicht nur um die Frage einer möglichen Einschränkung oder gar Aufhebung der Liberalisierung zu gehen, sondern auch um ein anderes Verhältnis zur Sexualität: einer Sexualität, frei von »von oben« gesetzten Zwängen, aber in lebendiger Verbundenheit mit dem/ der anderen.

Anmerkungen

1 Gutachten von Prof. Dr. Wolfgang Trillhaas auf der Anhörung der Sachverständigenkommission des Sonderausschusses für Strafrechtsreform der Bundesregierung im November 1970, S. 1076, Archiv des Deutschen Bundestags, Bonn.
2 Gutachten von Prof. Dr. Gustav Ermecke, a. a. O., S. 1072.
3 Gutachten Prof. Dr. Alexander Mitscherlich, a. a. O., S. 970.
4 Gutachten Prof. Dr. Alexander Mitscherlich, a. a. O., S. 967.

Günter Amendt

Von der Sexfront in den Grabenkampf
von der Sexualkampagne zur PorNO-Diskussion

»Ein befreiter Mensch ist noch kein freier Mensch, Befreiung ist nur die Möglichkeit, Freiheit zu gewinnen...«, mit diesem Satz von Joseph Brodsky ist präzise beschrieben, worum es ging, als die antiautoritäre Studentenbewegung Ende der sechziger Jahre zum Kampf um »sexuelle Emanzipation« aufrief. Es ging um Befreiung, um einen *Prozeß* der Veränderung nicht nur im Sexuellen, denn die Notwendigkeit einer radikalen gesellschaftlichen Veränderung wurde dabei immer mitgedacht.

Die Sexualkampagne der Studentenbewegung setzte, wie hätte es anders sein können, nicht nur die Schubkraft emanzipatorischer Bestrebungen frei, sie ließ auch den Mechanismen des Marktes freien Lauf. Porno, Puff und Peepshow sind folglich nicht unangenehme Begleiterscheinungen der »sexuellen Liberalisierung«, sondern deren unter den gegebenen gesellschaftlichen Verhältnissen logische Konsequenz. Wie auch die Pornographisierung des sogenannten Privatfernsehens auf den Kanälen von RTL plus und SAT 1 Ergebnis – wie ich vermute, vorhergesehenes und eingeplantes Ergebnis – der Auslieferung des Mediums an die Gesetze des Marktes ist.

Das als Vorbemerkung und Versuch, die neu entbrannte Pornographiediskussion politisch und ökonomisch einzuordnen.

Die Auseinandersetzung mit Pornographie war von Anfang an Bestandteil der Sexualkampagne und somit auch Teil meiner Arbeit als Autor von Sexualaufklärungsbüchern. Fotos, Zeichnungen und Grafiken sind Inhalt eines Sexualaufklärungsbuches und nicht einfach Illustration oder Verzierung. Anders als der Text, der sich am sexualwissenschaftlichen Erkenntnisstand orientiert und sich an ihm messen lassen muß, sind Zeichnungen und Fotos subjektiven Bewertungsmaßstäben unterworfen und damit immer auch der Gefahr ausgesetzt, Geschmacklosigkeiten zuzulassen.

Weil ich, was Pornographie ist, damals, als ich das Buch »Sexfront« schrieb, wissenschaftlich so wenig definieren konnte wie heute, habe ich mich an selbstgesetzten Richtlinien orientiert und bei der Auswahl von Bildvorlagen alle Motive vermieden, die ein Subjekt in der Haltung eines jederzeit verfügbaren, willenlosen Objektes darstellen. Gleichzeitig habe ich mich ironisierend und karikierend mit dem Frauenbild in der Werbung auseinandergesetzt. Denn bereits hier, in der Alltagspornographie der Werbung – von »Oil of Olaz« bis »Lenor« wie auch in der Titelblattgestaltung von Zeitschriften und Illustrierten –, stellt sich die Gewaltfrage. Es wäre zu untersuchen, was das Frauenbild von Heranwachsenden mehr prägt: ein in Seilen gefesseltes und geknebeltes Pornomodell, zu dessen Anblick nur gelangt, wer sich durch den Kauf eines Pornoheftes oder die Leihgebühr eines Videopornos Zutritt verschafft, oder aber der alltägliche Anblick einer vom ewig schlechten Gewissen geknebelten und gefesselten Hausfrau, die, um der Rollenerwartung zu genügen, zum Weichspüler greift.

Bereits die Auseinandersetzung mit Pornographie gerät selbst schnell unter Pornographie*verdacht*. Das hat die »EMMA«-Redaktion gerade selbst erfahren müssen. Ich rate den Befürwortern und Befürworterinnen der Gesetzesinitiative zu studieren, wie Verbotsanträge gegen die »Sexfibel«, »Betr.: Sexualität«, »Sexfront«, »Sexualinformationen für Jugendliche«, »Das Sexbuch« und eine Vielzahl von Schülerzeitungen begründet wurden, um zu verstehen, wie groß die Zensurbereitschaft in diesem Lande ist und wie aberwitzig die Begründungen der Antragsteller sind.

Den Erfahrungen von zwei Jahrzehnten als Sexualwissenschaftler und Autor verdanke ich einige Erkenntnisse über die individuelle wie gesellschaftliche Bedeutung von Pornographie, die meine Haltung in der aktuellen Diskussion bestimmen.

Was Pornographie ist bzw. als Pornographie empfunden wird, unterliegt dem gesellschaftlichen Wertewandel. Eine Banalität. Aber nicht alle Subjekte werden gleichermaßen und gleichmäßig von diesem Wandel erfaßt. Ergebnis dieser Ungleichzeitigkeit ist eine Normen- und Wertepluralität, wie sie in Europa noch vor einem halben Jahrhundert undenkbar gewesen wäre.

Ferner habe ich gelernt: Die Phantasie der Individuen geht Wege und sucht sich Bahnen, die kein Autor, kein Maler, kein Fotograf vorwegnehmen könnte, wollte er etwa versuchen, auf dem Wege der Vor- und Selbstzensur dem Pornographievorwurf zu entgehen. Es gibt keinen Zustand der »Unschuld«. Dahin kann nur gelangen, wer sich auf ein totales Bildtabu und letztlich ein Sprach- und Sprechverbot einläßt. Doch auch im Nichtgezeigten, Nichtgesagten lauert Pornographie. Das ist beispielsweise nicht zu übersehen im Remake der Kolle-Filme, die unter dem irreführenden Titel »Als die Liebe laufen lernte« erst kürzlich in den Kinos gezeigt wurden.

Schließlich habe ich aus Erfahrung gelernt, daß der Pornographievorwurf fast immer ein Totschlagargument ist, eine Technik des Kommunikationsabbruchs und eine Waffe der politischen Zensur. Nicht nur als Autor sexualwissenschaftlicher Veröffentlichungen entscheide ich mich deshalb im Zweifelsfall für die Geschmacklosigkeit gegen das Geschmacksdiktat, für das Nackte gegen die Zensur.

Trotz – und selbstverständlich auch wegen – aller Indizierungsanträge, Zensurversuche und Beschlagnahmeaktionen fanden die erwähnten Veröffentlichungen ein Publikum, weil unter dem Einfluß der sexualpolitischen Bewegung, deren Ziele sie selbst mitformuliert hatten, sich eine Gegenöffentlichkeit herausbildete, die unbeeindruckt und unbeeinflußt von der herrschenden, längst brüchigen Sexualmoral eigene Norm- und Wertvorstellungen entwickelt hatte – und danach lebte bzw. zu leben versuchte: Die Entwicklung neuer Lebensformen und die Herausbildung neuer Beziehungsnormen wurde in gesellschaftlichen Auseinandersetzungen und oft auch individuellen Kraftakten erkämpft und durchgesetzt.

Dieser von Anfang an labile »neue moralische Konsensus« – labil, weil auch in ihm die Interessen und Bedürfnisse von Frauen nicht wirklich aufgehoben waren – scheint nun unter dem Ansturm der von »EMMA« ausgelösten PorNO-Kampagne zusammenzubrechen. Warum das so ist, steht zur Diskussion.

Aus meiner Sicht habe ich die Frage nach dem Warum bereits beantwortet, als ich sagte, daß der Kampf um sexuelle Emanzipation radikale gesellschaftliche Veränderung immer mitdachte. Wird der gesellschaftliche Zustand, gegen den Verstand und Sinne rebellieren, ausgeblendet und die Notwendigkeit, diesen Zustand zu verändern, nicht mehr erkannt, dann verkommt die sexualpolitische Diskussion zu einem Zeitgeistthema, dann verkümmert Sexualpolitik zu einer von Sexualtechnokraten angeleiteten Serie fragwürdiger Kampagnen: safe sex, safer sex, safest sex – diese Kampagne hat die Entwicklung auf den Begriff gebracht.

Safe-Sex-Kampagne und PorNO-Kampagne verdienen es, in einem Atemzug genannt zu werden. Beide Kampagnen wurden aus den USA eingeschleppt, beide beziehen ihre Substanz aus der Sexualideologie der weißen Mittelschicht, beide sind Ausdruck eines Denkens, das gesellschaftliche Probleme konsequent individualisiert und radikal entpolitisiert. »Mit dem Versprechen, individuell nicht ohnmächtig zu sein, wird (zugleich) so getan, als ob man zur Bannung der Aids-Katastrophe – eben anders als bei Frieden, Umwelt, Arbeitslosigkeit – *nicht* die Gesellschaft ändern muß, sondern nur ›das Individuum, in dem das Übel zum Ausbruch kommt‹.«[1] Was Gunter Schmidt über die Safe-Sex-Kampagne sagt, läßt sich umstandslos auf die PorNO-Kampagne übertragen: Mit dem Versprechen, individuell nicht ohnmächtig zu sein, wenn Frauen den Weg zum Zivilgericht wagen, wird so getan, als ob man zur Bannung oft gewalttätiger Männerphantasien nicht die Gesellschaft ändern müsse, sondern den Wichser, in dem das Übel zum Ausbruch kommt.

Der Versuch, Pornographie zu einer Art »sozialer Geschlechtskrankheit«[2] zu stilisieren, um so ein Klima moralischer Panik zu erzeugen, erinnert an jene durchaus auch kampagnenhaften Bemühungen im vergangenen Jahrhundert, die Masturbation als Keim alles Bösen und Wurzel allen Übels zu mystifizieren.

Pornographie *ist* übel. Vieles, was ich gesehen, gelesen und gehört habe, empfinde ich als häßlich, gemein, brutal und erniedrigend. Manches ist einfach nur lächerlich. Nichts ist harmlos, denn ohne Macht und Unterwerfung, ohne Triumph und Demütigung ist Pornographie nicht denkbar, gar nicht existent. Insofern ist Pornographie nicht harmlos.[3]

Die Pornophantasien vieler Männer – und nur von Männern will ich hier sprechen – sind nicht nur Ausdruck eines individuellen, sondern auch Ausdruck eines gesellschaftlichen Elends. Pornographie ist ein Symptom. Pornographie ist aber auch eine Realität, die die Geschlechterbeziehungen beeinflußt, weil Pornophantasien sich zwischen Mann und Frau drängen.

Wer aber die Geschlechterbeziehungen mit Hilfe von Gesetzen und staatlichen Vollzugsorganen regeln will, hat jede Hoffnung auf Emanzipation der Menschen von staatlichen Zwängen und damit jede Hoffnung auf emanzipatorische Veränderung aufgegeben.

Deshalb kommt der Beifall zur PorNO-Kampagne auch von der richtigen Seite – von daher nämlich, wo die Vertreter und Befürworter von »law and order« ihre sexualfeindlichen Ideologien ausbrüten. Versprochen werden Sicherheit und Sauberkeit, und die sind Geschwister von »law and order«. In der herrschenden Sexualmoral spiegelt sich immer der allgemeine moralische Zustand einer Gesellschaft. Die herrschenden moralischen Prinzipien aber heißen: Ungleichheit und Ungerechtigkeit, Korruption und Vorteilsnahme, Leistungsterror und Ellbogenmentalität. Jedes dieser allgemeinen moralischen Prinzipien hat seine Entsprechung im Sexuellen. Auf diesem Fundament bestimmen zu wollen, was im Sexuellen sittlich oder unsittlich, sauber oder unsauber, richtig oder falsch ist und bei der Durchsetzung seiner Vorstellungen den Gesetzgeber zu bemühen, heißt, die herschende Doppelmoral zu bestätigen und zu verstärken.

Die PorNO-Kampagne ist nur scheinbar eine Offensive im Kampf der Frauen um ihre Rechte. Sie ist in Wirklichkeit das Eingeständnis einer Angst, die sich nicht nur innerhalb der Frauenbewegung immer weiter ausbreitet. Es gibt Gründe für diese Angst. Im Zeichen von Aids ist Repression angesagt. Überwunden geglaubte Moralvorstellungen werden mit aller Macht wieder propagiert. Viele, die längst jenseits dieser alten Moralvorstellungen nach eigenen neuen Werten leben, fürchten, die Gesellschaft werde diesem politischen Druck nicht standhalten. Und so kommt es, daß die Zeiten sozialliberalen Wohlbehagens wieder beschworen werden. Verkannt wird dabei, daß der konservativ-reaktionäre Einfluß damals nur weniger spürbar war, und unterschlagen wird, daß bereits damals – lange vor Aids also – die sexualmoralische Wende vollzogen wurde. Ich erinnere an die defensive Haltung der sozialliberalen Koalition in der Abtreibungsfrage, das Versagen sozialdemokratischer Kultusminister bei der Durchsetzung schulischer Sexualerziehung und die Weigerung der Sozialdemokratie, den Paragraphen 175 endlich abzuschaffen.

Der Kampf auch um die moralische Vorherrschaft kommt nie zum Stillstand. Es ist zu hoffen, daß die SPD ihren verbliebenen Anteil an der Liberalisierung der Sexualgesetzgebung nicht auch noch aufgibt, indem sie sich einläßt auf die Gesetzesinitiative von »EMMA«, die einmal mehr das Sexuelle zu reglementieren versucht, indem sie ein gesellschaftliches Problem verrechtlicht.

Selbstverständlich ist es legitim, erneut nach einem moralischen Konsensus in der Bewertung von Pornographie zu suchen. Das Mittel, diesen Bewußtwerdungsprozeß in Gang zu setzen, ist Aufklärung – auch militante. Ein anderes politisch vertretbares Mittel kenne ich nicht.

Anmerkungen

1 Gunter Schmidt: Das große Der Die Das. Über das Sexuelle, Herbstein 1986, S. 156.
2 Gunter Schmidt: Das große Der Die Das, Reinbek 1988, S. 57.
3 A. a. O., 1986, S. 150.

Eva Dane

Versäumnisse und Verhinderungen: Liberalisierung zwischen Befreiung und Vergewaltigung

Gelegentlich wird angesichts der Tatsache, daß Frauen sich durch bestimmte pornographische Darstellungen in ihrer Würde verletzt fühlen, die Ansicht vertreten, die beklagten Zustände seien eine Folge der Emanzipation, zu der nicht zuletzt jene Frauen aufgerufen hätten, die heute protestieren. »Über der ›Befreiung‹ der Frau« – so wird argumentiert – »hatte man ihre Würde vergessen... (und) diese Einsicht von vorgestern, gestern verdrängt, kehrt heute durch die Hintertür zurück«[1].

In der Tat zeigen sich auf den ersten Blick Parallelen zwischen damals geäußerten Befürchtungen und heute laut werdenden Protesten. Aber eben nur auf den ersten Blick. Bei genauerer Betrachtung läßt sich erkennen, daß der Status quo in Sachen Pornographie nicht das Resultat zu weit gegangener, sondern nicht weit genug gegangener bzw. nicht konsequent genug durchgeführter Emanzipation ist. Dies betrifft nicht nur die aus radikal-emanzipatorischer Sicht immer mitgedachten grundlegenden Veränderungen der Produktions- und Reproduktionsbedingungen, die nicht erfolgt sind. Es betrifft auch und vor allem das weiterhin im Ungleichgewicht gebliebene Machtverhältnis zwischen den Geschlechtern, das aufzuheben bis heute nicht gelungen ist und das ein entscheidender Bedingungsfaktor dafür ist, daß Pornographie zu dem wurde, was sie heute vor allem anderen ist: die profitable Vereinnahmung des weiblichen Körpers zum Zweck der Erzeugung männlicher (Konsum)Lust. In der Werbung mehr oder weniger raffiniert angedeutet und nur mittelbar ausgeführt, im Pornofilm in endlos-monotonen Wiederholungen dargestellt wird die Dienstbarmachung/ Unterwerfung der weiblichen Sexualität unter den Willen des Mannes. In den eher harmlosen Versionen erscheint diese Unterwerfung wie eine profan-vulgäre Darstellung der biblischen Verfluchung des weiblichen Geschlechts

(»Dein Verlangen soll nach (d)einem Mann sein und er soll dein Herr sein«); in den Brutalo-Pornos wird daraus die Darstellung sadistischer Zerstörung am Objekt Frau durch das Subjekt Mann.

Möglicherweise besteht ein Zusammenhang zwischen dieser Zerstörungswut oder Zerstörungslust und einer weiteren nicht erfolgten Emanzipation: der Befreiung der Sexualität aus dem Gefängnis bürgerlich-patriarchalischer Vorstellungen. (Hinweise auf einen solchen Zusammenhang finden sich etwa bei so unterschiedlichen Autoren wie Susan Griffin und Sam Keen; vgl. auch Christa Wolf[2].) Die sogenannte sexuelle Revolution blieb trotz aller emanzipatorischer Bemühungen gegen Lustfeindlichkeit und für eine befreite Sexualität – die mit einer zum Teil radikalen Verneinung vorgegebener Normen und Zusammenhänge einhergingen – im bürgerlich-patriarchalischen Rahmen stecken: Ein qualitativer Sprung, eine befreiende (An-)Erkennung der spezifisch menschlichen Möglichkeiten und Differenzierungen weiblicher und männlicher Sexualität fand nicht statt. Die in anderen Kulturen wohlbekannten bewußtseinserweiternden Aspekte des Sexuellen – der Rausch, das »Einandererkennen«, das Sich-Verlieren im »kleinen Tod«, auch nur die Erschütterung in der sexuellen Begegnung mit der/dem anderen – fanden in der linken Befreiungsbewegung ebenso wenig Beachtung wie in der sexuellen (Un)Kultur der »Väter«[3]. Lediglich die Dogmen wurden ausgetauscht: Statt Verteufelung oder Dämonisierung wurden Versachlichung und Verharmlosung propagiert. Was vorher als sündig, verwerflich und/oder schmutzig galt, wurde – rational-aufgeklärt – als »ganz normales«, unbedingt und möglichst ohne Aufschub zu befriedigendes, vitales Grundbedürfnis hingestellt – nicht zufällig wurde das Adjektiv »geil« im pubertären Jargon der Superlativ schlechthin. Sexualität erschien als etwas, das man sich (nach Ansicht einiger scheinbar vorurteilslos Aufgeklärter schon von Kindesbeinen an[4]), zu verschaffen hatte, und wurde, in die Nähe eines Konsumgutes gerückt, gleichzeitig trivialisiert und hypertrophiert.

Damit blieb man trotz aller Rebellion den Gesetzen der »Väter« verhaftet: bürgerlich-rationalem Zweckdenken, das – in Geringschätzung körperlicher Gegebenheiten und blind gegenüber der Begrenztheit natürlicher Ressourcen – ohne Ansehen der Person vom instrumentalisierten Körper maximale Leistung fordert. »Mehr vögeln« oder »Fick mal wieder« – als provozierender Aufruf zum Bruch mit den herrschenden Normen und als Provokation für scheinheilige Bürger(väter) gedacht – verletzt nicht nur bürgerlich-(doppel)moralisches Schamgefühl, es verletzt unter Umständen auch die Gefühle der Angesprochenen. Übersehen wurde, daß Abwehr oder Scham nicht in jedem Fall eine bloß aufgepfropfte Verhaltensnorm sein muß, sondern auch ein Gefühl für die eigene Integrität, für ein zu respektierendes Nicht-zu-nahe-kommen-Lassen sein kann. Darüber hinaus zeigen diese und ähnliche lockeren Aufforderungen in praxi ein erschreckendes Übergehen der Tatsache, daß dieser Vorgang »von Natur aus« kein autonomes Vergnügen ist, sondern daß dazu (in der Regel) zwei gehören und daß der oder die andere möglicherweise nicht so ohne weiteres (vielleicht nur mit Gewalt?) »zu haben« ist oder zur Verfügung steht. Und schließlich: Mit der weitgehenden Ausblendung der Tatsache, daß der weibliche »Teil« des so locker benannten Vorgangs die immerhin möglichen Folgen des »Fickens« oder »Vögelns« am eigenen Leib und Leben zu tragen (auszutragen) hat, reiht sich die befreiend gemeinte Forderung nach schrankenlosem Genuß nahtlos in das patriarchalische Nicht-zur-Kenntnis-Nehmen weiblicher Lebenszusammenhänge ein. In der folgenlos vorgestellten Bedürfnisbefriedigung (von »Trieb« zu sprechen verbietet die aufgeklärte Vernunft), die in der Folge auch in quasi-therapeutischen Publikationen nahegelegt und in der Betroffenheits- und Bekenntnisliteratur der siebziger Jahre zu seltsamer Blüte gelangte, werden die Beteiligten letzten Endes zu »fucking machines« reduziert, etwaige Gefühle als Störfaktoren abgetan. Als letzte Konsequenz: der selbstbefriedigte Mensch[5].

Dieses Bild zweckbezogener neuer Sachlichkeit schlägt uns – ins Groteske übersteigert und meist mit verführerischem Ambiente versehen – in der schönen neuen Welt des Pornofilms entgegen. Keine sinnlich-lustvolle Darstellungen nackter Körper, keine spürbaren sinnlichen Verlockungen, kein Spiel mit Nähe und Distanz, schon gar kein Fallenlassen oder Sich-Verlieren. Funktionieren ist gefragt – nach dem Diktat der männlichen Sexualität[6]. In dem zwanghaften Schnell-zur-Sache-Kommen könnten die Darstellungen der genitalen Vereinigung im Pornofilm Freuds denkwürdiger Anweisung zur Durchführung des Geschlechtsverkehrs nachempfunden sein, bei dem – so Freud – keine »Verweilungen bei den intermediären Relationen des Sexualobjekts (das Betasten und Beschauen desselben)« gestattet war; vielmehr sollten diese Zwischenstationen »auf dem Weg zum endgültigen Sexualziel rasch durchschritten werden«[7]. Auch Wilhelm Reich, einer der wichtigsten Gewährsmänner der sexuellen Revolution, ließ nicht mit sich spaßen, wenn es um den Vollzug eines reifen Orgasmus ging: »Sprechen und Lachen deuten auf schwere Störungen des Vermögens zur Hingabe.«[8]

So gesehen, ist Pornographie in ihrer derzeitigen Erscheinungsform nicht nur die Darstellung der Erniedrigung von Frauen. (Diese Feststellung ist nicht als Begatellisierung dieser Tatsache mißzuverstehen.) Die pornographische Bilderwelt spiegelt darüber hinaus mit schonungsloser Deutlichkeit die Reduzierung von Frauen und Männern auf »fucking machines« wider (noch einmal: unter männlicher Dominanz) und kann somit – unter anderem – »als die wahre Gestalt des Scheiterns und Mißlingens sinnlicher Emanzipation in der bestehenden Gesellschaft verstanden werden«[9]. Wer will, kann noch mehr hinein- oder herauslesen: die un-verschämte, von Fall zu Fall vielleicht verzweifelte Teilnahme von Frauen am Geschäft mit dem entfremdeten Körper; ihre (möglicherweise auch manchmal verzweifelte) Entschlossenheit, nicht länger nur als un- oder schlechtbezahlte »fucking« Arbeits- und/oder Gebärmaschinen zu funktionieren, sondern Kapital aus dem Verkauf ihres Körpers zu schlagen, um – solange Bedürfnis bzw. Nachfrage besteht – am gesellschaftlich propagierten Ziel des zu steigernden »Wohlstands für alle« teilzunehmen. (Wer dies als falsch verstandene Emanzipation anprangert, sollte redlicherweise mit diesem Verhalten auch den dazugehörigen Rahmen anprangern, innerhalb dessen das Leben nach man-made-Regeln funktioniert und vorrangig an von Männern vorgegebenen Bedürfnissen orientiert ist.)

Rückblickend erscheint es beinahe naiv zu glauben, unter den gegebenen Bedingungen einer bis ins kleinste durchrationalisierten Leistungsgesellschaft, deren Funktionieren auf weitgehender Disziplinierung der Körper beruht[10], könne eine begrenzte Freigabe von Pornographie – ohne flankierende Maßnahmen – zu so etwas wie sexueller Emanzipation beitragen. Fast könnte man versucht sein, darin eine typisch intellektuelle Unterschätzung körperlicher Gegebenheiten zu sehen, eine Geringschätzung auch der Tatsache, daß es – wie Alexander Mitscherlich damals formulierte – »in der Folge von Jahrtausenden mangelnder Sexualkultur zu einer endemischen Verrohung der Sexualsitten bzw. ihrer völlig mangelhaften Entfaltung gekommen (ist)«. Mitscherlich betonte, daß eine Freigabe von Pornographie einhergehen müsse mit einer »freimütigen Auseinandersetzung über Fragen des geschlechtlichen Verhaltens«, Sexualaufklärung eingeschlossen.[11] Im Hinblick auf damals schon kursierende Gewaltpornographie hielt er es für ratsam, auch diese in die öffentliche Auseinandersetzung mit einzubeziehen, um diese Produkte, die von »einer sehr kleinen, aber psychologisch sehr geschickten Gruppe von Herstellern« auf den Markt gebracht würden, öffentlich – etwa in Fernsehsendungen oder in der Presse – »als das (zu) interpretieren, was sie sind, damit sie nicht als Triebreiz stehenbleiben, sondern z. B. als ganz niederträchtige Form der Ausbeutung der Meinungsfreiheit gekennzeichnet werden«[12].

Diesen und ähnlichen Empfehlungen wurde im Prozeß der Liberalisierung nicht nachgekommen. Weder wurde die Chance ergriffen, Pornographie aus der »Schmuddelecke« herauszuholen und zu fragen, aufgrund welcher Defizite im Zusammenleben es dazu kommt, daß – um noch einmal Mitscherlich zu zitieren – an »Stelle geglückter und wünschbarer Sexualbeziehungen Pornographie und kommerzialisierte Sexualität als Ventilbedürfnisse gebraucht werden«[13], noch wurde eine Möglichkeit geschaffen, eine kontinuierliche Diskussion der unterschiedlichen Auffassungen über die Bedeutung von Sexualität zu führen. Auch die dringend gebotenen und durchaus realisierbaren wissenschaftlichen Untersuchungen, die nicht nur als Laborexperimente mit Studenten, sondern als Felduntersuchungen mit unterschiedlichen Populationen hätten durchgeführt werden müssen, wurden nicht initiiert.[14] Zu fragen bleibt, ob die Bedeutung von Sexualität als Politikum nicht erkannt oder – als zu »heißes Eisen« im Verhältnis der Geschlechter – zu gut erkannt wurde und deshalb explizit keine weitere Beachtung erfuhr.

Wie auch immer – vor dem Hintergrund der eben aufgezeigten Unterlassungen erscheint die Liberalisierung weniger als ein Akt aktiver Emanzipation, sondern eher als ein Akt sozialliberaler Permissivität, der, einmal vollzogen, eine weitere Beschäftigung mit dem leidigen Problem überflüssig macht. Gestützt auf wissenschaftliche Annahmen über nachteilige Folgen repressiven Sexualverhaltens gaben die »Väter« der Liberalisierung dem von der Studentenbewegung ausgelösten Druck sowie dem Druck veränderter wirtschaftlicher Gegebenheiten

– Sexualisierung der Werbung, »Pornoflut« aus Dänemark –
nach. Im Vertrauen auf die Effektivität der neugeschaffenen
Gesetze (Jugendschutz und Gesetz gegen die Verherrlichung
von Gewalt) glaubte man die Gratwanderung zwischen der
Freiheit des einzelnen und dem Schutz der Allgemeinheit geschafft zu haben und insbesondere die von allen Sachverständigen als sehr gefährlich bezeichneten Darstellungen von Sexualität und Gewalt »in den Griff« zu bekommen. Im Hinblick
auf die sogenannte einfache Pornographie vertraute man auf
die Urteilskraft und geringe Verführbarkeit der mündigen Bürger [15], die man offensichtlich – wenn der Nachholbedarf an
bislang Verbotenem erst einmal befriedigt sein werde – für resi-
stent gegenüber den Verlockungen des Marktes (und des Flei-
sches) hielt.

Wie sich zeigen sollte, war dies eine Unterschätzung sowohl
der »Natur« des Marktes wie der »Natur« der Bürger: Porno
kam dank Video voll ins Geschäft. Lust auf konkret vorgestellte Lust wirkte sich marktfreundlich aus: Nach Auffassung
des Geschäftsführers des Deutschen Video-Instituts in Berlin
ist der Video-Boom in erster Linie auf die Porno-Cassette zurückzuführen. »Zuerst kam die scharfe Cassette, dann kaufte
man sich den Recorder.«[16] Hauptabnehmer, so ergab eine Umfrage unter Videothekaren [17], ist die Altersgruppe der Fünfund-
zwanzig- bis Vierzigjährigen, an diese gehen rund zwei Drittel
der angebotenen Filme.

Bedauerlicherweise ist die Beantwortung der Frage »Wer
sieht was (und warum)«, die sich angesichts des unterschiedlichen Angebots an mehr oder weniger gewalttätigen Darbietungen mit ziemlicher Dringlichkeit stellt – und die schon 1970
gestellt wurde [18] –, noch nicht zu beantworten. Es liegen nur
wenige, zudem noch reichlich undifferenzierte Umfragen vor,
durchgeführt im Frühjahr und Sommer 1988 im Auftrag der
Zeitschriften »stern« (Umfrage nur unter Jugendlichen),
»EMMA«, und »Neue Revue« [19]. Da dies jedoch die meines
Wissens derzeit einzigen Zahlen zum Thema Pornokonsum
sind, möchte ich sie hier kurz wiedergeben.

Zunächst die Frage, wie Pornographie von Frauen und Männern eingeschätzt bzw. empfunden wird: Etwa zwei Drittel aller
befragten Frauen und annähernd 40 % der Männer halten Pornographie für »frauenfreundlich« (»EMMA«) bzw. »abstoßend«
oder (weniger häufig) »eklig« (»Neue Revue«). Zwei Drittel
der Männer empfinden Pornoszenen meistens »geil«, jeder

34

zweite findet sie auch »verlockend« und/oder »erotisch« – von den befragten Frauen sagt dies etwa jede dritte, knapp 40 % finden sie vor allem »geil«. Für rund 40 % der Männer und 20 % der Frauen sind Pornoszenen darüber hinaus auch noch »komisch«.

Differenziert nach Alter* zeigt sich, daß knapp 60 % der jüngeren Ewachsenen (bis 34) Pornographie für »nicht frauenfeindlich« halten, entsprechend dazu dürften in dieser Altersgruppe auch die o. a. Einschätzungen »geil« usw. höher liegen. Am häufigsten wurde das Urteil »frauenfeindlich« von der (allerdings sehr kleinen) Gruppe Nicht-Berufstätiger (aber noch nicht Renter), also wohl Hausfrauen, abgegeben: 84 % befanden »frauenfeindlich«, und 73 % von ihnen stimmten »für ein Gesetz, das Frauen gegen jegliche Art von Pornographie schützt«. (Aus der Gruppe der Jüngeren und »Mittelalten« sind jeweils rund 30 % für ein solches Gesetz, aus der Gruppe der über Fünfundfünfzigjährigen rund 60 %.)

Gewaltpornographie wurde von drei Vierteln aller Befragten abgelehnt, 40 % der Befragten stimmten für ein Gesetz »zum Schutz von Frauen vor Gewaltpornographie«.

»Wer sieht wann und mit wem« hatte die »Neue Revue« erfragen lassen und – neben der Tatsache, daß die Wochenendabende von beiden Geschlechtern als bevorzugte »Porno-Time« angegeben werden – bemerkenswerte Unterschiede ermittelt: Fast alle Frauen (rund 90 %), aber nur knapp ein Drittel der Männer, die – so die Frage – öfter Pornos anschauen, tun dies gemeinsam mit dem Partner/der Partnerin. Die Mehrzahl der Männer (58 %) und nur wenige Frauen (7 %) gehen dieser abendlichen Beschäftigung »meistens allein« nach. Für rund 25 % der Frauen und Männer sind Pornofilme auch ein geselliger Zeitvertreib: Sie sehen mit Nachbarn, Freunden, Bekannten und/oder Kollegen.

Eine gemeinsame Freizeitbeschäftigung sind »Sexfilme« auch für einige Jugendliche: Laut »stern«-Umfrage unter Sechzehn- bis Vierundzwanzigjährigen (Frühjahr 1988) sehen jedoch nur knapp 15 % der jungen Männer und knapp 5 % der

---

* Nur in den Ergebnissen der »EMMA«-Untersuchung wurden Gruppierungen nach Alter vorgenommen: jünger als 34/35 bis 54/älter als 55 Jahre; dabei wurde dann jedoch nicht noch einmal nach Geschlecht differenziert, so daß z. B. keine Angaben über Frauen bis 35/Männer bis 35 usw. vorliegen.

jungen Frauen zwei- bis dreimal wöchentlich Sexfilme: aus Neugier, um sich anregen zu lassen und um sich »mit anderen darüber lustig zu machen«. Die Mehrzahl der jungen Leute hatte – so der »stern« – »keinen Bock auf Porno«: Rund 75 % gaben an, im letzten halben Jahr gar keine Sexfilme oder -videos gesehen zu haben. Leider fehlen auch bei dieser Umfrage Angaben zum sozialen Hintergrund, so daß keine Aussagen darüber möglich sind, was einzelne kleinere Untersuchungen vermuten lassen: daß nämlich Videokonsum – gerade auch Horror- und Pornovideos – »eine wichtige Freizeitbeschäftigung von Jugendlichen, insbesondere von Jugendcliquen, bei mittlerem bis niedrigem Grad des Schulerfolgs« ist.[20]

Wie meist bei solchen Umfragen, mit denen möglichst schnell möglichst eindeutige Antworten auch zu komplexen Sachverhalten präsentiert werden sollen, bleiben die mitgeteilten Befunde – losgelöst von persönlichen Hintergründen und gesellschaftlichen Bedingungen – sozusagen ohne »Fleisch und Blut«. Unbekannt bleibt z. B. im vorliegenden Zusammenhang, was sich hinter diesen Zahlen an konkretem, sinnlich erfahrenem Erleben verbirgt; einem Erleben, das eingebettet ist in konkrete, zumeist monotone Arbeits- und Lebensbedingungen von Arbeiterinnen und Arbeitern, Angestellten, selbständigen Erwerbstätigen. Gelebt vielfach in »unwirtlichen Städten«[21], in einer Umwelt, die von immer mehr Menschen als bedroht und bedrohlich erlebt wird, in der die gewohnten automatischen Verrichtungen zunehmend als sinnlos empfunden werden.[22] Die Frage taucht auf: Porno als Flucht in eine andere Welt? In eine Welt, in der – so wird versprochen – nicht Mangel, sondern Überfluß an Sinnlichkeit und Lust herrscht, die, wie die französischen Autoren Bruckner und Finkielkraut formulieren, ». . . anders sein (soll); solange der Film dauert, möchte man die Illusion haben, daß der sexuelle Überfluß die Mangelsituation ersetzt hat, daß die Unmittelbarkeit zur Regel geworden ist und daß nicht mehr die Einsamkeit regiert, sondern die überall sich anbietende Bereitwilligkeit«[23]. Und wenn die – konkret erlebte – Realität doch anders ist? Wenn sie sich dem Verlangen, das von der Darstellung der Lust nicht befriedigt wurde, versagt? Wann schlagen Frustration und Enttäuschung in Gewalt um?

Wir wissen es nicht. Ebensowenig wissen wir, wie viele der Porno-User, die »meistens allein« sehen, nach Gewaltpornographie als Reizvorlage greifen. Wir wissen es nicht, obwohl auch diese Problematik schon vor zwanzig Jahren öffentlich angesprochen wurde. Auf der schon mehrfach erwähnten Anhörung zur Strafrechtsreform (November 1970) hatte eine der wenigen weiblichen Sachverständigen, die Kriminaloberrätin Dr. Matthes, auf einen wahrscheinlichen Zusammenhang zwischen sexueller Gewalttätigkeit (ausgeübt überwiegend von Sechzehn- bis Vierundzwanzigjährigen) und dem in unserer Gesellschaft vorgegebenen Leitbild des »starken Mannes« hingewiesen. Ilse Matthes hatte betont: »Es dürfte nicht Sache des bloßen Zufalls sein, daß in unserer Gesellschaft, die eine Leistungsgesellschaft mit starken patriarchalen Strukturen ist, junge Menschen häufig geneigt sind, sich in die Verhaltensschablonen des brutalen Mannes zu flüchten«; dies um so mehr, je weniger sie die Möglichkeit haben, »Berufs- und Lebenschancen wahrzunehmen«, und statt dessen Erfolg im »Zuhauen« suchten.[24] Der Anstieg von Brutalo-Pornos läßt vermuten, daß nicht nur junge Männer zu dieser Verhaltensschablone greifen.

Zu denken geben (und zum präventiven Handeln auffordern) sollte in diesem Zusammenhang auch der – wenn auch aufgrund der kleinen Zahl sehr ungesicherte – Befund aus der »EMMA«-Befragung, wonach Hausfrauen Pornographie am häufigsten als »frauenfeindlich« einschätzen. Diesen Sachverhalt einfach als prüde Abwehr von »schmutzigen« Bildern, von »Schweinkram« zu interpretieren scheint mir zu kurz gegriffen. Möglicherweise drücken sich darin auch konkrete Erfahrungen dahingehend aus, daß – nach vorangegangenem Pornokonsum des Mannes – Sexualverkehr gegen den Willen der Frau durchgeführt wurde. Aus Frauenhäusern und aus der Praxis von Anwältinnen sind solche Fälle belegt.[25]

Und schließlich: Auf der anderen Seite gibt es die Frauen, die von sich sagen, Pornos als erotisch und verlockend zu empfinden. Nach vorsichtigen Schätzungen dürfte das nahezu jede zweite der jüngeren Frauen sein. Kaum anzunehmen, daß alle diese Frauen der Gruppe der flotten »Zeitgeistlerinnen« (so »EMMA« über die Porno-geneigte »Petra«)[26] zuzuordnen sind. Auch scheint es mir zu einfach, diese Aussage mit dem allzeit bereitliegenden Etikett vom »weiblichen Masochismus« oder dem allgemeinen Hinweis auf die Faszination von der »dunklen Seite der Sexualität« erklären zu wollen.[27] Verlockt nicht vielleicht auch die Aussicht, fremde, unbekannte Lust geboten zu bekommen; nimmermüde Männlichkeit; eine Welt des Überflusses (s. o.); exotische Genüsse (z. B. »Love Dreams« aus Kalifornien, Play-Boy-Orgien in New York oder Non-Stop-Sex aus Paris)?[28] Außerdem: Wer weiß denn, ob Frau, nachdem sie gesehen hat, was sie sehen wollte, nicht die Augen schließt und für sich weiterphantasiert? Seit Nancy Fridays Enthüllungen wissen wir, wie häufig in Frauen-Phantasien fremde Reize zum eigenen Vergnügen benutzt werden.[29]

Vielleicht passiert in einigen Fällen sogar das Unwahrscheinliche, daß Frauen – entgegen der männlichen Regie – eigene Wünsche, eigenes Begehren entdecken; ihrer verschütteten oder nie zugestandenen eigenen Sinnlichkeit auf die Spur kommen – und dies sagen. Vielleicht ist es dann möglich, daß Frauen in der Auseinandersetzung mit und über Pornofilme aufhören, Sexualobjekte zu sein, daß sie mit einem neuen Selbstbewußtsein – wie Christa Wolf in einem anderen Zusammenhang formuliert – »einen radikalen Anspruch (signalisieren), als ganzer Mensch zu leben, von allen Sinnen und Fähigkeiten Gebrauch zu machen«[30].

Die Filmemacherin Jutta Brückner hält dies für möglich, wenn wir es nicht bei Erschrecken und Zorn bewenden lassen: Vom Pornofilm lernen, aber nicht bei ihm stehenbleiben.[31]

Anmerkungen

1 Klaus J. Schwehn: Erst die rote Tomate und zwanzig Jahre später rote Köpfe, in: Die Welt, 15. 9. 1988. Schwehn bezieht sich ausdrücklich auf das Protokoll der Anhörung des Strafrechtssonderausschusses im Deutschen Bundestag vom November 1970; insbesondere auf die Ausführungen des Theologen Ermecke (Protokoll der Anhörung S. 1055–1072), Bonn 1970.

2 Susan Griffin: Männer sind die Erfinder von Pornographie und Sadismus, weil sie Körperlichkeit und Sinnlichkeit fürchten, in: Sinnlich, gierig, grausam, tödlich, Psychologie heute, Juli 1981. Vgl. auch: Susan Griffin: Pornography and Silence. Culture's Revenge against Nature, New York 1981;
Sam Keen: Die Lust an der Liebe, Weinheim 1984;
Christa Wolf: Den Bestand des Irdischen sichern helfen, in: Büchner-Preis-Reden 1972–1983, Stuttgart 1980.

3 Vgl. Alexander Mitscherlichs Hinweis auf die – in unserer Kultur nicht vorhandenen – »Zeugnisse(n) der indischen Hochkultur...«, in: Beitrag zur o. a. Anhörung 1970, S. 967.

4 So beispielsweise Ernest Borneman: Das Geschlechtsleben des Kindes, München 1985.

5 Volker Elis Pilgrim: Der selbstbefriedigte Mensch, München 1975. (Motto: »Der Mensch, der die Onanie erfunden hat, müßte den Friedensnobelpreis bekommen.«) Heute plädiert Pilgrim gegen Reizvorlagen und für ein Pornographie-Verbot: »Im Zeitalter von Aids muß die Rund-um-die-Uhr-Anheizung des Mannes eingestellt werden, weil durch sie seine tendenzielle Promiskuität gesteigert wird.« Aus: »Pornographie ist Hexenverfolgung mit anderen Mitteln«, in: Matthias Frings (Hg.): Fleisch und Blut, Reinbek 1988, S. 123. – Selbstbefriedigung wurde – wenn auch mit anderem Hintergrund – auch von feministischer Seite propagiert, als Möglichkeit für Frauen, den eigenen Körper kennenzulernen – z. B. Lonnie Garfield Barbach: For Yourself, Berlin 1982 – und als Befreiung vom »Mythos des vaginalen Orgasmus«. Oder schlicht als Befreiung vom »Schwanzficken«.

6 Pascal Bruckner und Alain Finkielkraut: Die neue Liebesunordnung, München 1979: »(Der Pornofilm zeigt) Frauenkörper, die der herrschenden männlichen Phantasie gehorchen, die sich diesem Diktat fügen, die die Liebe so erleben, wie die Rhythmen und Bedürfnisse der männlichen Sexualität es verlangen, die schließlich fähig sind, dem Verlangen des Mannes zuvorzukommen: denen nach ihm gelüstet, bevor sich überhaupt irgendein Wunsch in ihm regt« (S. 78).

7 Sigmund Freud: Drei Abhandlungen zur Sexualtheorie, GW 5, Frankfurt 1981, S. 49.

8 Wilhelm Reich: Die Entdeckung des Orgons. Die Funktion des Orgasmus, Frankfurt 1977, S. 83.

9 Peter Gorsen: Sexualästhetik, Reinbek 1987, S. 84.

10 Vgl. dazu die Militärhistorikerin Sue Mansfield: Warum Krieg?, in: Psychologie heute, Februar 1983, S. 56–68; insbesondere S. 68.

11 Alexander Mitscherlich, a. a. O., S. 967 f.

12 A. a. O., S. 969.

13 A. a. O., S. 968.

14 Vgl. dazu Rüdiger Lautmann: Die neue Gefährlichkeit der Pornographie (S. 61 f.), in: Zeitschrift für Sexualforschung, Heft 1, März 1988; S. 45–67.

15 Frankfurter Rundschau vom 28. 1. 1975: Die »einfache« Pornographie ist für Erwachsene freigegeben.

16 Zitiert nach Herbert Uniewski: Wie Deutschlands Porno-Bosse Kasse machen, in: stern Nr. 37 vom 8. 9. 1988.

17 Herbert Uniewski, a. a. O.

18 Protokoll der Anhörung des Strafrechtssonderausschusses 1970, S. 971.

19 Ergebnisse der EMMA-Umfrage, veröffentlicht in: EMMA, Nr. 9, 1988; der stern-Umfrage in stern Nr. 19, 1988; die Ergebnisse der

Neue-Revue-Umfrage wurden mir freundlicherweise vollständig von dem mit der Durchführung beauftragten »Sexologischen Institut« Hamburg zur Verfügung gestellt.

20 Luise Wagner-Winterhager: Die Langeweile durch das Angst-Lust-Erlebnis überwinden, in: Frankfurter Rundschau vom 1. 7. 1987.

21 Alexander Mitscherlich: Die Unwirtlichkeit unserer Städte. Anstiftung zum Unfrieden, Frankfurt 1965.

22 Vgl. Studs Terkel: Working, New York 1972.

23 Pascal Bruckner und Alain Finkielkraut, a. a. O., S. 85.

24 Ilse Matthes, a. a. O., S. 1018 und 1020.

25 Jutta Bahr-Jendges: Gesetze gegen Pornografie im männlichen Staat? in: Claudia Gehrke (Hg.): Frauen und Pornographie, S. 87–100. Auch mir liegen Zuschriften von Frauen vor.

26 EMMA, Nr. 9, 1988, S. 28.

27 Gunter Schmidt: Das große Der Die Das, Herbstein 1986. Darin: Pornographie oder Macht und Unterwerfung als sexuelles Stimulans.

28 Titel bzw. Thematik der drei nach Auskunft des Hauses Uhse in den letzten Jahren gefragtesten Pornovideos. Auch in diesen Filmen finden sich übrigens, wenn auch durch »komische« Situationen verbrämt, einseitig frauenerniedrigende Darstellungen.

29 Nancy Friday: Die sexuellen Phantasien der Frauen, Reinbek 1980.

30 Christa Wolf: Vorwort zu den Frauen-Protokollen von Maxie Wander: Guten Morgen, du Schöne, Darmstadt/Neuwied 1979.

31 Jutta Brückner: Sexualität als Arbeit im Pornofilm, in: Das Argument, Nr. 141, 25. Jg., 674–684, 1983; S. 683.

Rudolf Stefen

Wem nützen Gesetze gegen Pornographie?
Zur Verbreitung pornographischer Erzeugnisse

90 Staaten verpflichteten sich zur
Bekämpfung »unzüchtiger Schriften«

1923 verpflichteten sich innerhalb des Völkerbundes neunzig
Staaten, die Herstellung und Verbreitung »unzüchtiger Schriften«, wie Pornographie damals genannt wurde, zu verbieten
und mit allen Mitteln zu bekämpfen. Bis Anfang der siebziger
Jahre lieferten das Strafgesetzbuch (§ 184), die Gewerbeord-
nung und die Postvertriebsordnung die Rechtsgrundlage für die
Bestrafung zahlreicher Täter und die Einziehung vieler Objekte, insbesondere Schriften.
Der Slogan »Porno macht frei – Porno wird frei(gegeben)« si-
gnalisierte Mitte der sechziger Jahre, daß Dänemark, Schweden, Holland und z. T. auch die USA begannen, die Antiporno-
gesetze zu entschärfen und das internationale Abkommen zur
Bekämpfung der Pornographie zu kündigen. Dänemark, das
bis auf einen kleinen Rest Jugendschutz alle Bestimmungen in
zwei »Countdowns« kappte, wurde als »Pornokratie« zum
»Wallfahrtsort« vor allem deutscher Pornoliebhaber, die sich
dort mit »scharfen Sachen« eindeckten. Die Aufhebung der Be-
schlagnahme des 1749 erstmals in London und 1960 bei Desch,
München, erschienenen Hurenromans »Fanny Hill« durch den
Bundesgerichtshof im Jahre 1969 und die massenhafte Verbreitung der »St. Pauli Nachrichten« ab Ende 1969, die unter dem
Slogan »Seid nett aufeinander« zahlreiche eindeutige Kontakt-
annoncen verbreiteten und zahlreiche erfolgreiche Nachahmer
fanden, sowie das Entstehen vieler illegaler Pornoshops räum-
ten die letzten Barrieren für die Liberalisierung des Sexualstrafrechts und der Pornobestimmungen in der Bundesrepublik beiseite. Der Entwurf des 4. Strafrechtsreformgesetzes von Ende
1970 sah vor, Erwachsene nur noch vor »harter Pornographie«,
Kinder und Jugendliche vor allen pornographischen Erzeug-

nissen zu schützen. Während der sehr gründlichen, fast vierjährigen Beratungen des Entwurfs im Parlament und der damit verbundenen Unsicherheit hinsichtlich der Anwendung der alten Vorschriften schwappte eine große Pornowelle über unser Land.

1973: Pornographie für Erwachsene frei – für Kinder und Jugendliche tabu

1973 wurde das vierte Strafrechtsreformgesetz mit einer wegen Kündigung des Internationalen Übereinkommens notwendigen Übergangsregelung verabschiedet. Sogenannte einfache Pornographie wurde nur für Erwachsene freigegeben, sogenannte »harte« Pornographie – mit Kindern, Tieren und Gewalt – darf weiterhin nicht hergestellt und importiert, auch nicht Erwachsenen zugänglich gemacht werden (§ 184 Abs. 3 StGB).

Zwar gibt es keine gesicherten wissenschaftlichen Erkenntnisse über schädliche Auswirkungen von Pornographie auf Jugendliche (vgl. Schönke/Schröder 1985, S. 1180), diese schädlichen Wirkungen können aber auch nicht ausgeschlossen werden. Von daher legte der Gesetzgeber 1973 – nach Anhörung und Auswertung der Darlegung von 66 Sachverständigen – als gesetzliche Fiktion fest, daß Pornographie offensichtlich schwer jugendgefährdend ist (§ 6 des Gesetzes zur Verbreitung jugendgefährdender Schriften). Damit unterliegen pornographische Erzeugnisse ebenso wie rassenhetzerische, gewaltverherrlichende und sonstige jugendgefährdende Darstellungen dem Kinder-, Jugend-, Vertriebs- und Werbeverbot des GjS. Verstöße werden schon bei Fahrlässigkeit und nicht erst bei Vorsatz mit Freiheitsstrafe bis zu einem Jahr und hoher Geldstrafe geahndet.

Die Bundesprüfstelle folgt in ihrer Spruchpraxis der von der Rechtsprechung entwickelten Definition:

Pornographisch i. S. von § 184 StGB und § 6 Nr. 2 GjS ist eine Darstellung, wenn sie unter Hintansetzung sonstiger menschlicher Bezüge sexuelle Vorgänge in grob aufdringlicher, anreißerischer Weise in den Vordergrund rückt und wenn ihre objektive Gesamttendenz ausschließlich oder überwiegend auf Anreizung des Sexualtriebes abzielt.

Nach dieser Definition ist in den freizügigen »normalen« Zeitschriften wie »Neue Revue«,» Bravo«, »Praline« etc., sowie den Zeitgeistzeitschriften »Wiener« und »Tempo«, den deutschen Ausgaben der Herrenmagazine »Playboy, »Penthouse« und »Lui« keine Pornographie enthalten, von »Ausrutschern« abgesehen. (Anders die ausländischen Ausgaben.) Dafür sorgen Rechtsanwälte, die im Auftrag der Verlage die Hefte vor Drucklegung auf pornographischen und jugendgefährdenden Inhalt überprüfen und »gefährliche« Beiträge nicht freigeben, um Kollisionen mit der Bundesprüfstelle zu vermeiden. Denn jedes Indizierungsverfahren kann das Ansehen der Zeitschrift beeinträchtigen und zum Verlust von Annoncen führen. (Im »Playboy« kostet eine ganzseitige Vierfarbenannonce für ein Heft DM 43 000.)

Indizierung und Beschlagnahmung

Auf Antrag von Jugendministern oder Jugendämtern muß die Bundesprüfstelle für jugendgefährdende Schriften (BPS) tätig werden und in förmlichen Verfahren prüfen, ob ein bestimmtes Erzeugnis als pornographisch – und daher jugendgefährdend – einzustufen ist. Entschieden wird in einem 12er Gremium, das zusammengesetzt ist aus Vertretern der Kunst, der Schriftsteller, der Verleger, der Buchhändler, der Jugendwohlfahrt, der Jugendverbände, der Lehrerschaft, der Kirchen (ev., kath., jüd. und freirelig.) und der Länder.

Indiziert ist ein Presseerzeugnis (darunter fallen auch Bild-Tonträger) dann, wenn die Entscheidungsgremien der BPS die Entscheidung »Pornographisch, daher jugendgefährdend« getroffen haben, den entsprechenden Titel in die Liste (Index) der BPS aufgenommen haben und diese Entscheidung im Bundesanzeiger bekannt gemacht worden ist.

Im Unterschied zur Indizierung, über die von der BPS entschieden wird, steht die Beschlagnahmung durch Strafverfolgungsbehörden. Beschlagnahmt werden Erzeugnisse, die gegen § 184 Abs. 3 StGB verstoßen (Pornographie mit Kindern, Tieren und Gewalt) und solche, die – wegen Rassenhetze und/oder Gewaltverherrlichung – gegen § 131 StGB verstoßen. Wird – in einem strafrechtlichen Verfahren – festgestellt, daß eine Schrift oder ein Bildtonträger gegen § 184 oder § 131 verstößt, müssen diese Medien beschlagnahmt, eingezogen und vernichtet werden. Wenn die Strafverfolgungsverjährung noch nicht eingetreten ist, muß der Täter bestraft werden (mit Freiheitsstrafe bis zu einem Jahr oder Geldstrafe).

Eine Liste aller beschlagnahmten Videofilme wird in jedem Heft des BPS-Reports, jeweils aktualisiert, veröffentlicht. Laut Heft Juni 3/89 sind seit 1981 insgesamt 55 Videos beschlagnahmt und eingezogen worden. Die Listen enthalten jeweils auch die Namen der Herausgeber bzw. Programmanbieter und Daten der Indizierung bzw. Beschlagnahmung.

Auf die Verbreitung kommt es an...

Professor Eberhard Schorsch stellt in seinem 1977 bei Rowohlt, Reinbek, erschienenen Buch »Angst, Lust, Zerstörung« fest (S. 43): »...Pornographie (wird) von einer am Profit interessierten Gesellschaft hergestellt...« Dem ist voll und ganz zuzustimmen; ergänzend bleibt anzufügen: und wird mit Erfolg vertrieben. Denn der richtig gemanagte Vertrieb ist für die weite Verbreitung pornographischer Erzeugnisse ebenso wichtig wie für andere Presseerzeugnisse.

Die Organisation des Pressevertriebs in der Bundesrepublik gilt als die beste in Europa. Kein Wunder, daß die Pornohersteller bestrebt sind, möglichst viel von dieser Vertriebsstruktur für ihre Produkte zu nutzen – und daß andererseits die Jugendschutzgesetze dies zu verhindern suchen.

Verbreitungsmöglichkeiten von pornographischen Erzeugnissen durch den Zeitungs- und Zeitschriftenhandel

93 000 Verkaufsstellen – Lebensmittelläden, Schreib- und Papierwarengeschäfte, Tankstellen, Tabakwaren- und Gemischtwarenläden, Supermärkte, Kioske, Trinkhallen u. a. m. – bieten im Bundesgebiet und in West-Berlin Zeitungen, Zeitschriften und z. T. Taschenbücher an, die von etwa 3000 Verlagen produziert werden. Damit verfügt die Bundesrepublik über das dichteste Verkaufsstellennetz in Europa: mehr Verkaufsstellen als in England, Frankreich und Spanien zusammen.

Die Indizierung der August-Ausgabe der Zeitschrift

»Tempo« am 1. 9. 1988 wegen der sadomasochistischen Titelge-
schichte »Ich war Domina« und der Juli/88-Ausgabe des deutschen »Hustler«-Magazins bereits am 26. 6. 1988 sowie die immer wieder anstehenden Indizierungen einschlägiger Zeitschriften minderer Preisklasse zeigen, daß auch auf diesem
Wege Pornographie vertrieben wird – z. T. gegen bestehende
Vorschriften. Allerdings ist der Bundesverband der Grossisten
sehr darum bemüht, daß mit den von ihm vertriebenen Erzeugnissen nicht gegen die o. a. Gesetze verstoßen wird. Es bedeutet nämlich eine erhebliche finanzielle Einbuße – sowohl für
den Anbieter wie für den Einzelhändler –, wenn ein Objekt als
jugendgefährdend auf den Index gesetzt wird und in keiner der
genannten Verkaufsstellen frei ausliegen darf.

Vertrieb pornographischer Erzeugnisse auf dem Pornomarkt

Speziell für den Vertrieb von Pornographie gibt es etwa 850
Porno-Shops mit einem breiten Sortiment; etwa 5000 Videotheken; 2000 andere Video-Verleiher (u. a. Hotel-Videos);
etwa 100 Versandhäuser; Computerprogramme sowie Mailboxen und BTX.

Auch dieser Markt gliedert sich in Hersteller, Grossisten und
Einzelhändler. Ca. 2 Milliarden DM Umsatz und 30 000 Arbeitsplätze charakterisieren ihn. Rund zwei Dutzend Produzenten buhlen bei knochenhartem Existenzkampf um die
Gunst der Konsumenten. Die führenden Anbieter der Branche
sind laut »stern« 37/8. 9. 1988 Beate Uhse-Rotermund und ihr
Sohn Uli Rotermund, die mit ihrem Konzern einen Jahresumsatz von rund 100 Millionen DM machen. 1987 soll eine Steigerung von 42,6 % erzielt worden sein. Weiter sind im Geschäft
Werner Ritterbusch mit seiner Pornofirma »Ribu Video« (ca.
10 Millionen DM jährlich) sowie Theresa Orlowski und Ehemann Hans Moser mit ihrer Firma »Video Theresa Orlowski«
(VTO), mit der sie es auf einen Umsatz von 15 Millionen DM
bringen sollen. Ihre Druckschrift »Foxy Lady« und die gleich-
namige Cassette soll 40 000mal verkauft worden sein. Zu nennen ist noch Gerd Wasmund alias Mike Hunter. Er soll 1987 nur
noch 40 % seines Umsatzes mit Pornographie (geschätzte Ein-
nahmen: 30 Millionen DM) gemacht haben, den Rest mit nicht-
pornographischen Spielfilmen. Zu diesen führenden Anbietern

kommt eine Reihe kleinerer Produzenten, die z. T. in »Heimarbeit« tätig sind.

Von großer Bedeutung für die Verbreitung pornographischer Erzeugnisse sind die Grossisten. Hier beherrscht Georg Schmitt, Wiesbaden, das Geschäft. Zusammen mit seinen vier Söhnen hat Schmitt seine »ZBF Vertriebs GmbH« zum größten Großbetrieb für pornographische Erzeugnisse gemacht. 1987 erwirtschaftete er 110 Millionen DM und übertraf damit Beate Uhse. Mit 70 Mitarbeitern und einer Flotte von 12 Lastwagen beliefert er seine Kunden in ganz Europa. 1987 brachte ihm ein Einnahmeplus von 7 %. »Aids macht's möglich«, meint Schmitt.

Verbreitung von Pornographie über neue Medien: Computer, Mailboxen und BTX

In diesem Bereich gibt es über das Ausmaß der Verbreitung pornographischer Erzeugnisse z. Z. nur Vermutungen. Es liegt in der Natur der Sache, daß die Organe des Jugendschutzes immer mit den Auswüchsen der betreffenden Medien konfrontiert werden, von daher soll aus den uns zugehenden Materialien keineswegs auf den ganzen Markt geschlossen werden. Sie geben jedoch ernstzunehmende Hinweise: Auch hier kann eine steigende Tendenz beobachtet werden.

Verbreitung über Computer

Will man gezielt männliche Jugendliche mit Pornographie ansprechen, so kann man sie direkt oder wie folgt versorgen: Man nimmt ein beliebtes Computerspiel als Raubkopie und legt auf der gleichen Diskette zusätzlich noch ein Porno-Computerprogramm ab. Für die Verbreitung dieser Form von Pornographie sorgt die Szene dann schon selbst.

Nach neuesten Schätzungen besaßen 1987 ca. 11 % der bundesdeutschen Haushalte einen Microcomputer. Der Anteil dieser Geräte bei Familien mit Kindern über 10 Jahren und einem Fernsehapparat liegt bei ca. 30 %. In Ballungszentren erhöht sich dieser Anteil auf bis zu 50 %. Der extreme Preisverfall bei Hard- und Software sowie eine verbesserte Anwendersoftware dürften zu einem weiteren Anstieg führen.

Auf ein gekauftes Home-Computerspiel entfallen ca. 500 Raubkopien. Die durchschnittlichen Preise für Computerspiele bewegen sich derzeit auf einem Preisniveau zwischen 30 und 50 DM pro Spiel; Minimum DM 10, Maximum über 150 DM.

Über die Struktur der Spielnutzer (45 % der Computerbesitzer benutzen ihn nur zum Spielen) liegen wissenschaftliche Untersuchungen noch nicht vor. Nach Schätzungen von Thilo Geisler (Senat für Frauen, Jugend und Gesundheit, Berlin) besitzen bereits Kinder, schon bevor sie den ersten Computer erhalten, einen Karton raubkopierter Disketten.

Verbreitung durch Mailbox

Unter einer Mailbox versteht man ein Computersystem, das über das öffentliche Telefonnetz erreichbar ist. Die Teilnehmer benötigen neben dem Computer und einem Telefonanschluß die entsprechende Software und ein Telefonmodem oder einen Akustikkoppler.

Mit dieser Ausrüstung ist der Teilnehmer in der Lage, Daten über das Telefon zum Mailboxcomputer zu übertragen oder von dort abzufragen. Während bei BTX-Nutzung der Anbieter immer über eine Telefonnummer identifiziert werden kann, ist dies bei den Mailboxen nicht möglich.

Um an die verschiedenen Mailboxnummern zu gelangen, braucht man sich nur in einen entspechenden Computer »einzuloggen«. Die erste Telefonnummer kann man einer Computerzeitschrift entnehmen, oder man fragt nach einem Verzeichnis beim Kauf der entsprechenden Soft- und Hardware. In fast jeder Mailbox ist ein aktuelles Verzeichnis – zumeist regional und überregional gegliedert – zu finden, von dem aus es dann weiter möglich ist, entsprechende Anschlüsse zu testen. Grundsätzlich werden in dieser neuen vernetzten Kommunikationsform Informationen aller Fachrichtungen ausgetauscht. Es handelt sich hier um einen offenen und häufig anonymen Kreis von Nutzern und Anbietern, weshalb diese Art der Pornobeschaffung auch bei Jugendlichen sehr beliebt ist.

Um am BTX-System teilhaben zu können, benötigt man ein Fernsehgerät als Empfangs- und Arbeitsgerät, eine gegenüber einer normalen Fernbedienung erweiterte Tastatur, um mit dem Gerät kommunizieren zu können, ein von der Post geliefertes Modem, das die über die Telefonleitung transportierten Signale für das Fernsehgerät empfangbar macht, und einen Decoder, der die elektronischen Impulse umwandelt und als Schrift oder Graphik auf dem Bildschirm sichtbar macht. Statt eines Fernsehgerätes mit erweiterter Fernbedienung (oder Tastatur) kann auch ein Homecomputer oder Personalcomputer als BTX-Basisgerät eingesetzt werden.

Bildschirmtext wird aufgrund des § 1 Abs. 1 Fernmeldeanlagegesetz von der Bundespost betrieben. Der Zugang zum BTX-System wird durch den Staatsvertrag über Bildschirmtext geregelt, zu dem alle Bundesländer ihre Zustimmung erteilt haben. Das BTX-Netz steht in Verbindung mit anderen Datensystemen; internationale Datenleitungen können über BTX in Anspruch genommen werden.

Die Verbreitung von Pornographie über BTX ist nach Strafgesetzbuch bei Vorsatz und nach dem Gesetz über die Verbreitung jugendgefährdender Schriften schon bei Fahrlässigkeit strafbar. Das Oberlandesgericht Düsseldorf hat 1984 entschieden, daß sich derjenige strafbar macht, der über Bildschirmtext Pornographika mit Versandhandel anbietet. Strafbarkeit besteht nach dem Urteil auch dann, wenn der Täter zwecks Wahrung des Jugendschutzes seine Artikel nur solchen Interessenten anbietet und zusendet, die zuvor einen Altersnachweis geführt und von ihm in eine Mitgliedsliste aufgenommen sind (Urteil des OLG Düsseldorf vom 16. 4. 1984, Az. 5 Ss 42/84, in BPS-Report 4/84, S. 5). Die BPS hat Ende 1987 pornographische Verse indiziert, die unter dem Titel »Ramses der Ägypterkönig« als BTX-Text angeboten wurden (Entscheidung 3100 (V) vom 20. 11. 1987, Bundesanzeiger vom 28. 11. 1987).

Vor dem Hintergrund der eben aufgeführten vielfältigen Vertriebsmöglichkeiten pornographischer Erzeugnisse nun abschließend die Frage:

Wem nützen Gesetze über Pornographie?

Die seit 1973 geltenden Gesetze gegen Pornographie nützen:

1. Den Erwachsenen ab 18 Jahren. Sie dürfen Pornographie ohne Gewalt, Kinder oder Tiere über bestimmte Bezugsquellen straffrei beziehen und konsumieren. Solange unsere Gesetze den Erwachsenen gestatten, sich zu Krüppeln zu rauchen oder zu trinken, kann man ihnen den Bezug und den Konsum von Pornographie per Gesetz nicht verbieten, ausgenommen die harte Pornographie.

2. Den Gewerbetreibenden. Sie dürfen auf den beschriebenen Vertriebswegen Pornographie ohne harte Pornographie straffrei vertreiben.

3. Den Kindern und Jugendlichen. Sie werden durch das Gesetz über die Verbreitung jugendgefährdender Schriften, insbesondere durch § 6 GjS und vor allem durch Indizierungen durch die Bundesprüfstelle, weitgehend geschützt. Die gesetzlichen Bestimmungen sind erschöpfend, diffizil und abgestuft nach Kindern und Jugendlichen. Auf einige Lücken, insbesondere im Strafgesetzbuch und im Rundfunkstaatsvertrag, kann hier nicht eingegangen werden.

Zu beklagen sind die Vollzugsdefizite bei der Durchführung der Jugendschutzgesetze. Die Jugend hat heute weniger denn je eine Lobby. Bedenkt man, daß jedes Bundesland eine Zentralstelle zur Bekämpfung gewaltverherrlichender, pornographischer pp. Schriften hat, die durch die Richtlinien für das Strafverfahren angewiesen sind, die in ihrem Geschäftsbereich erscheinenden und verbreiteten Medien zu beobachten, so dürften vor allem pornographische Taschenbücher und Zeitschriften keine Chance haben, offen vertrieben zu werden. Aus Personal- und Geldgründen können aber die Zentralstellen diese Aufgaben nicht alle voll erfüllen. Bedenkt man weiter, daß die zwölf Jugendminister der Länder und des Bundes und – seit Mai 1978 – die 600 staatlichen und kommunalen Jugendämter bei der Bundesprüfstelle antragsberechtigt sind, dürften jugendgefährdende Medien kaum länger als wenige Tage/Monate auf dem Markt sein. Dies gilt insbesondere für Zeitschriften und andere Periodika, die die Bundesprüfstelle bis zu zwölf Monaten vorausindizieren kann.

Jugendmedienschutz als ein sehr einschneidendes Mittel gegen die Medienfreiheit wird von der BPS mit Augenmaß gehandhabt. Wichtig ist, daß die Jugendämter zur Wahrnehmung ihrer Antragspflicht bei der Bundesprüfstelle ermuntert werden, um die Verbreitung pornographischer, gewaltverherrlichender und sonstiger jugendgefährdender Schriften wirkungsvoll zu unterbinden. Was wir also brauchen, sind weniger neue Gesetze, sondern die Beseitigung der Vollzugsdefizite: die Anwendung der bestehenden Gesetze.

Literatur

Schönke/Schröder: Strafgesetzbuch. Kommentar, München 1985.
Eberhard Schorsch und Nikolaus Becker: Angst, Lust, Zerstörung. Sadismus als soziales und kriminelles Handeln, Reinbek 1977.

Teil II
Pornographie als gesamtgesellschaftliches Phänomen

Der kulturelle Aspekt

Freimut Duve

Die Freiheit des Marktes –
Die Freiheit der Aufklärung

Ich will eine persönliche Vorbemerkung machen:

Als jemand, der auch für Bücher verantwortlich ist, war ich dem Ansinnen der »EMMA«-Initiative gegenüber außerordentlich skeptisch. Ob überhaupt etwas über den Gesetzgeber zu machen ist, wollen wir hier herausfinden.

Ich muß sagen, daß mich die Beschäftigung mit dem Thema in den letzten Wochen zumindest sehr bewegt hat – das betrifft Erfahrungen, die ich als Mann nicht machen kann. Frauen sagen und bringen immer häufiger zum Ausdruck, daß sie sich selber bei einer solchen Darstellung der Entwürdigung von Frauen betroffen und getroffen fühlen. Ich habe mit Bekannten und Verwandten über diese Frage diskutiert, weil ich selber erstaunt war, wie unterschiedlich das Urteil von Frauen angesichts dieser Frage ist. Ich kann nur sagen, wir Männer müssen versuchen, so viel an eigener Heuchelei abzubauen, wie wir nur irgend können. Aber ganz ran an diese Betroffenheit – wie man so schön sagt –, die die Frauen hier zum Ausdruck gebracht haben, kommen wir nie. Deshalb werden wir uns über die Frage der Frauenwürde unterhalten müssen.

Unsere republikanische Verfassung stammt aus der Aufklärung und beruft sich auf die Aufklärung. Der literarische und künstlerische Umgang mit Vorgängen der Sexualität ebenfalls.

Die aufgeklärte Kultur empfindet die Härte, mit der prüde Gesellschaften ihre Mitglieder zum Verhaltenskonsens zwingen – die Zwänge des Kulturgehorsams –, auch als Gewalt.

Die Aufklärung hatte sich aus dem wenigen Wissen um das Verhalten der sogenannten Naturvölker das jeweils angenehmste herausgesucht und genutzt. Wo es kein Wissen gab, wurden Vermutungen literarisch formuliert. Die edlen Wilden und ihre »auch sexuelle Unbefangenheit« waren das europa-gemachte Material, aus dem die Freiheiträume wuchsen.

Wir diskutieren heute das Gegenteil von Aufklärung, wir diskutieren die Freiheit des Marktes Als aufgeklärte Politiker stellen wir die Frage nach der Gültigkeit des Artikels 1 unserer Verfassung:

»Die Würde des Menschen ist unantastbar.«

Und des Artikels 5:

»(1) Jeder hat das Recht, seine Meinung in Wort, Schrift und Bild frei zu äußern und zu verbreiten ...

(3) Kunst und Wissenschaft, Forschung und Lehre sind frei.«

Die Darstellung sexueller Vorgänge in Worten darf nicht von Staatsanwälten und Polizisten verfolgt werden. Wer diese Haltung vertritt – und ich tue dies –, sollte nicht unterschlagen, daß auch bei Buchverlagen kommerzielle Interessen eine Rolle spielen.

Aber das Wort bildet nicht ab. Es bewegt den Leser, sich Bilder zu machen, mit jeweils unterschiedlicher Intensität. Jeder macht sich andere Bilder, nicht unbedingt seine eigenen.

Der Film und die Fotografie übermitteln Bilder, die nachweisen, daß eine inszenierte oder echte Realität vorhanden war. Eindeutig und gleichförmig für alle Betrachter. Das Videopublikum sieht immer dieselben Bilder, immer die von einer ganz bestimmten Schauspielerin dargestellte Emmanuelle, das Lesepublikum sieht beim Lesen, was sich jeder einzelne Leser selbst vorzustellen vermag.

»EMMA« hat eine notwendige Diskussion in Gang gesetzt. Wir sehen noch keine Lösung.

Seit 1971, als ein Verwaltungsgericht Jugendschutz *vor* Kunstvorbehalt gestellt hat, nehmen Indizierungen von Büchern zu, seit 1983, seit der »Wende«, noch einmal mehr. Helmut Kentler hat für den Börsenverein überzeugend nachgewiesen, wie willkürlich die Bundesprüfstelle zuweilen vorgeht und auf wie schwachen Füßen ihre Begründungen oft stehen.

Erstaunlich ist der Tatbestand, daß weit eher Bücher aus renommierten Verlagen indiziert wurden, als etwa die bekannten Pornohefte.

Geht es um Jugendschutz?

Will der Staat renommierte Verlage vor Entgleisungen schützen?

Jugendliche jedenfalls finden rascher das Heft am Kiosk als das Buch beim Buchhändler (können es auch leichter bezahlen...)

Aber es geht heute nicht um Literatur. Es geht um *die Frage, ob die filmischen und fotografischen Porno-Massenprodukte*

dukte eine neue Qualität darstellen, oder ob wir uns am Beginn des Video-Zeitalters nur ähnlich aufregen, wie sich die Menschen aufgeregt haben, als mit der Massenproduktion von Druckwerken und Fotografien der hübsch eingezirkelte, enge Kreis der Connaisseurs durchbrochen wurde und – jedenfalls theoretisch – jeder und jede ein solches Produkt erwerben konnte.

Ich bin eindeutig der Meinung, daß hier ein qualitativer Kulturbruch zu verzeichnen ist, an dem sich auch wir Kunstvorbehalter nicht vorbeimogeln können.

Es ist der Umbruch von der vorherrschenden wort- und sprachgeprägten zur bild- und sound-geprägten (Massen-)Kultur.

Die Verwischung der Grenze zwischen Wirklichkeit und Fiktion erleben wir täglich: Wenn Menschen die Todesangst einer Frau als Krimi sehen und den Unterhaltungswert einer Geiselnahme hautnah am Fernsehschirm erleben, wenn die tödliche Gefangennahme von Menschen zum Medienspektakel wird, dann sind wir, auch im Öffentlich-Rechtlichen, im Umkreis des Problems, auf das niemand einfache Antworten geben kann.

Wer Ertrinkende in Kolumbien überfliegt und ihren Todeskampf bis zum langsamen Versinken filmt und solche Filme sendet, organisiert Massenvoyeurismus; er läßt dem Leid, dem Sterben nicht einmal einen Rest von Würde.

Wer aber zieht die Linie zwischen notwendiger Dokumentation und Information einerseits und der Verletzung der Menschenwürde im Todeskampf?

Ich möchte mit diesen Beispielen zum Ausdruck bringen, daß die fernsehbestimmte Kultur erst ganz am Anfang einer die Würde achtenden eigenen Ethik steht. Wir alle gehen mit dem Medium, das unser kulturelles Leben am intensivsten beeinflußt, noch stammelnd um.

Gefilmte Gewaltpornos sind Ware. Keine Kunst. Ich vermute, daß sie auch gefährliche Ware sind, wie Gifte oder Rauschmittel. Ich bin überzeugt, daß sie als Mittel der Sexualerziehung – anders als früher Bücher oder Lexika – eine verheerende Wirkung auf das Welt- und Menschenbild von Kindern und Jugendlichen haben können.

Ich weiß nicht, wie Kinder, die seit ihrem zweiten Lebensjahr Fernseh-Realität wahrnehmen, zu einer Zeit also, da die Grenze zwischen Wirklichkeit und Schein im kindlichen Bewußtsein noch sehr diffus ist, wie eine solche Generation in der

Pubertät auf Gewaltpornos reagiert. Sieht sie inszeniertes Theater oder authentische Wirklichkeit? Wie sieht sie Frauen? Wie Männer? Welches Bild von Sexualbeziehungen hat diese Generation? Ich weiß es nicht. Ich kann es nicht nachvollziehen. Ich habe die Abendnachrichten im Fernsehen zum erstenmal gesehen, als ich 25 war. Bei meinem ersten Kinobesuch mit acht Jahren habe ich noch entsetzt gefragt, warum denn der begabte Mensch, der den Paganini spielte, so schwer verletzt werden dürfe, nur für diesen Film!

Wo nicht nur Kunst zur Massenware wird, sondern wo auch die öffentlichen wie nicht-öffentlichen Lebensumstände der Menschen zum kommerziell verwertbaren Rohstoff für diese Massenproduktion mißbraucht werden, hat der Kunstvorbehalt eine andere Qualität.

Wir sind Fragende. Die Geschichte der Liberalisierung war ein großer Schritt in die Freiheit, war eine Verpflichtung der Aufklärung. Die Massenvermarktung von Gefühlen und Ängsten jedoch findet statt in einer Welt der allgegenwärtigen Kamera, die selbst das Sterben zur Nachricht und damit zur Ware gemacht hat.

Die Befreiung aus einem heuchlerischen Kulturgehorsam war ein großer Schritt. Wir müssen jetzt heraus aus einem nicht minder heuchlerischen Vermarktungsgehorsam, der Freiheit vorgibt und Geschäft meint.

Peter Gorsen

Die Eingrenzung der Kunstfreiheit
durch neue Pornographie- und Erotikdefinitionen
Die Kollision zwischen erotischer Kunst
und der feministischen Pornographie-Indikation

Es gibt eine lange, im einzelnen nicht erforschte Geschichte der
Pornographiedefinitionen. Aber es gibt nicht die Pornographiedefinition als universale, immer gleich verbindliche For-
mel. Unter Pornographie wird zu jeder Zeit etwas anderes verstanden, sie wird immer neu definitorisch umkreist und wird
heute fast immer als ein negativer, einschränkender, zensieren-
der Begriff gebraucht, der stets auf der rezeptiven (nachschöp-
ferischen) Seite der Kultur entsteht. Die Pornographiedefinition ist ein kultureller Kompromiß zwischen Geschlechtstrieb
und Schamgefühl, die sich gegenseitig regulieren und die
Grundlage jedes sinnlichen Bedürfnisses sind. Das triebhem-
mende, konservative Schamgefühl drückt sich in den jeweiligen
Sitten, den Regeln des Anstandes, der Modekritik, den zivili-
sierten Umgangsformen und in allem, was wir der Geschlechts-
moral zuordnen, aus. Das Schamgefühl bildet sozusagen die
Barriere für die triebanarchische Schau- und Zeigelust des
Menschen, die im Extremfall als grobe, absichtliche Verletzung
der Scham erstmals bei Rosenkranz definiert und von Freud im
»tendenziösen Witz« (dem »Männerwitz«) näher analysiert
wurde. Das Verhältnis zwischen Trieb und Scham befindet sich
in einem dauernden Wandel, ebenso ihr kultureller Kompromiß, der ein Zuviel, aber auch ein Zuwenig an Sexualität verhindert. Die Pornographiedefinition ist sozusagen einer der
Wächter und kulturellen Zensoren, der die Anarchie und In-
fantilität des Triebes in Grenzen hält und negativ indiziert. Die
Pornographiedefinition ist im Verlauf eines Zivilisationsprozes-
ses entstanden, der von einem dauernden Schwanken der
Scham- und Persönlichkeitsgrenzen bestimmt ist.

Sofern man also unter Pornographie den Antrieb zu einer nie

ganz gestillten, unausgelebten Geschlechtlichkeit und das Versprechen ihrer Befriedigung versteht, wird man das pornographische Phänomen weit zurückverfolgen können in der Menschheitsgeschichte. Pornographie im neuzeitlichen Verständnis einer pornographischen Schrift, eines pornographischen Bildes ist etwas negativ Definiertes. Wenn wir heute von pornographischen Schriften und Bildwerken sprechen, meint man ihren fiktiven Charakter: das Ausgedachte, Unwirkliche, »Pseudolistische« einer sexuellen Situation, die ganz auf den auslösenden sinnlichen Reiz ausgerichtet ist und vom zeitlichen, sozialen, historischen Rahmen des Sexuellen in der Lebenswelt abstrahiert. Dieses Surrogat für eine wirklich gelebte sexuelle Situation, das beim Pornographen zu Süchtigkeit und Wiederholungszwang führt, nannte Franz Blei sehr einleuchtend »pornographischen Idealismus«. Er verlegt dessen Entstehen in das Ende des 17. Jahrhunderts.[1] Aretinos wollüstige Sonette waren beispielsweise noch »geformte Wirklichkeit«[2], und die antike Pornographie war Zote und Karikatur der sexuellen Lebensverhältnisse der Prostitution, das Schreiben und Bilden über Huren. Sade hingegen schrieb nach Blei schon »pornographische Kolportageromane«. Die pornographische Idealistik seiner literarischen Produktion faßt Blei in dem problematischen Satz zusammen: »Wäre der Marquis ›Sadist‹ gewesen, er hätte das nach ihm benannte System wahrscheinlich nicht geschrieben.«[3] Die surrogathafte, kompensatorische Funktion der modernen Pornographie, die später die Psychopathologie der Sexualität aufgegriffen hat, ist damit klar benannt.

Trotz des fiktionalen, idealistischen Charakters soll die aufs Sexuelle reduzierte Fabel oder der zum Reiz- und Abreaktionsmuster geschrumpfte Bildinhalt der Pornographie spiegelbildlich genau das politische Machtverhältnis in der Sexualbeziehung von Mann und Frau wiedergeben. Auf diesen Punkt legt die heutige feministische Pornographieanalyse besonderen Wert, nachdem die Pornographie zu einem industriellen, wirtschaftlichen Faktor in der Entwürdigung und Ausbeutung der Frau und des Frauenbildes geworden ist. Es geht also primär nicht um die Grenzfälle »pornographischer« Kunst, sondern um die Superindustrie der Pornographieproduktion. Sie ist im ganzen gesehen mehr ein Instrument der Gewalt und Macht anstatt der Lust und ihrer Befriedigung wie das erotische Kunstwerk. Dies betrifft die negativ definierte Seite der Sinnlichkeit, auf die die radikalfeministische Bewegung mit Andrea

Dworkin (»Pornographie: Men possessing Women«, New York 1979; dt.: »Pornographie. Männer beherrschen Frauen«, Köln 1987, Frankfurt 1990) das Phänomen reduziert: »Pornographie ist kein Instrument der Lust, sondern... der Macht«. Die »Pornographie sexualisiert Macht« des Mannes.[4]

Ähnlich sind für Robert Stoller und Masud Khan Pornographie und Perversion »erotisierter Haß« und Zorn eine Phantasiebildung, die sich allerdings nicht nur beim Manne, sondern bei beiden Geschlechtern finde.[5] »Immer kommt ein Opfer vor, gleichgültig, in welcher Verkleidung: ohne Opfer keine Pornographie. Der Gebrauch solchen Materials stellt eine perverse Handlung« mit drei Komponenten dar, die für alle Pornographiebenutzer gelten. Es sind dies Voyeurismus, Sadismus und (meist verhüllter) Masochismus, die in der jeweiligen Biographie des Pornographen einen persönlichen »Perversionsstil« ausbilden.[6] Stoller erblickt das Wesentliche der Pornographie in ihrer »Feindseligkeit«, den »Haß- und Rachephantasien«[7] für ein »passiv erlebtes Trauma« in der Kindheit[8], d. h. für eine »gegen das eigene Geschlecht (als körperliche Bedingtheit) oder gegen die Geschlechtsidentität (Männlichkeit oder Weiblichkeit) gerichtete »Verletzung oder Herabsetzung«[9]. In der Pornographie (und Perversion) des Erwachsenen wird dieses Kindheitstrauma in »Lust, Orgasmus, Sieg verwandelt«[10], ein übrigens unzureichendes Triumpherlebnis, denn es muß permanent wiederholt werden, was nach Stoller »aus der Unfähigkeit, sich von der Bedrohung, dem Trauma, vollständig zu befreien«, herrührt.[11] Der wiederholte Pornographiegenuß, sein Suchtcharakter, ist die immer wieder mißglückende »Flucht vor dem früheren Trauma«, die dennoch ständig wiederholt wird, »weil Rache und Orgasmus eine Wiederholung wert sind«[12].

Und Masud Khan sieht die »einzige wirkliche Leistung der Pornographie« darin, »daß sie Zorn in erotische somatische Vorgänge transformiert... nicht sublimiert... Der transformierte Zorn wird in lustvollen somatischen Vorgängen abreagiert und verkapselt, in denen jedoch die Gewalttätigkeit des Zorns noch voll vorhanden ist... Was in der Gesundheit als sinnliche Hingabe erlebt werden kann, wird in der Pornographie zur totalen Unterwerfung durch gewalttätige Vorgänge. Dabei geht es... gleichzeitig um weibliche wie männliche Entwürdigung.« Als literarische Beispiele erscheinen de Sade und Genet.[13] (Den erotisierten Haß zeigen in Sades Schlußszene der »Philosophie dans le Boudoir« die ihre Mutter grausam vergewaltigende Tochter, eine Mutter als heuchlerische Betschwester, die für falsche Erziehung verantwortlich ist.) Die hier und anderswo schmackhaft gemachte, erotisierte Gewalt der Pornographie wird in der »Umverlagerung von Sexual- und Aggressionstrieb« gesehen: »Statt sexuelle Freiheit und Gemeinsamkeit zu erleben, werden das Körper-Selbst und das Objekt durch intellektuelle Vorgänge zu extremer Unterwerfung und Erniedrigung gezwungen.« Man könne »in diesem Zusammenhang sagen, daß die Politik der Pornographie faschistische Züge trägt.«[14] Den Ursprung für dieses vor allem männliche Trauma und die zahlreich inszenierten Fluchtversuche führt Eberhard Schorsch auf die Ablösungsproblematik vor allem des männlichen Kindes von der Mutter in der Mutter-Kind-Symbiose zurück. Die Feindseligkeit gegenüber der Mutter und Frau, die späteren kulturellen Beziehungsstörungen zwischen den Geschlechtern haben möglicherweise hier ihren Ursprung. »Die primäre Identifikation (mit der Mutter) in der Symbiose ist eine Identifikation mit einem gegengeschlechtlichen Wesen. Eine männliche Identität ist erst dann konstituierbar, wenn die primäre Identifikation mit der Mutter aufgelöst ist. Dies ist eine Voraussetzung, die für Mädchen nicht gilt, bei denen die Fundamente der Geschlechtsidentität bereits durch die Mutter gelegt werden. Die Mutter/Frau bleibt deshalb häufig für die erlebte Gewißheit von Männlichkeit bedrohlich – und dies um so stärker, je problematischer die Ablösung von der Mutter verlaufen ist. Hieraus erklärt sich die generelle Verletzbarkeit der männlichen Identität, das Phänomen, daß viele Männer in dem permanenten Kampf um ihre männliche Identität gefangen sind, sich ihrer Männlichkeit ständig vergewissern müssen.«[15]

Aggressive, frauenfeindliche Männerphantasien und -pornographien erscheinen im Licht dieser Interpretation schon fast als notwendige und generelle männliche Selbstbestimmung, als eine Ausdrucksform des geschlechtlichen Erwachsenwerdens des Mannes, was freilich nicht zur Rationalisierung einer ganzen Kulturindustrie von Gewaltpornos verführen sollte.

Die andere (positiv definierbare) Seite der Sinnlichkeit in der Pornographie betrifft das Bedürfnis nicht nach Gewalt, sondern nach Lust, sexueller Befriedigung und sinnlicher Hingabe (zu der man unfähig ist oder die nicht ausreicht), umfaßt die unerfüllten und gesellschaftlich unerfüllbaren Sexualtriebe in wie auch immer verdinglichter, deformierter, verzerrter Gestalt. Pornographie oder besser pornographische Phantasie in einem anspruchsvollen intellektuellen und künstlerischen Sinne umfaßt auch die ins Religiös-Häretische gehende Idee der Ekstase, die Transzendenz des Logos, die Verzückung in der unio mystica des Märtyrers mit Gott, das »Einswerden mit dem Göttlichen« (Plotin), das imaginierte Göttlichwerden von Mann und Frau, die erotischen Wiedergeburts- und Auferstehungsphantasien, die unerfüllten, von Sublimationskultur verdrängten Kindheitswünsche. Auf höchster Ebene verbindet sich mit dem Aspekt der Lust- und Bedürfnisbefriedigung eine Utopie von Glück (une promesse de bonheur), die im Übergang der pornographischen Gedankenonanie zur erotischen Kunst und Religion vor allem – oder vielleicht hier allein – sichtbar wird. Für die so positiv beurteilte Seite der Sinnlichkeit in der Pornographie ist der Begriff Erotik reserviert. Wenn Pornographie in ihrer alltäglichen Form nur die normativen Gewaltverhältnisse der patriarchalen Gesellschaft ausdrückt, so vermag der Einzelfall des großen erotischen Kunstwerks ein Glück jenseits von Unterdrückung und Gewalt der Geschlechter, die es thematisiert, zu antizipieren und zu imaginieren. Das Formgesetz des Kunstwerks entmächtigt den Inhalt des faktischen Schmerzes und der faktischen Unterdrückung. Das Kunstwerk ist ästhetischer Schein. Das erotische Kunstwerk ist emanzipatorisch entweder durch diese Antizipation oder dadurch, daß es den Widerspruch zwischen sexueller Unterwerfung und wahrem Glück, letztlich zwischen entfremdeter und nicht entfremdeter Sexualität (als regulative Idee) gestaltet, oder ist auch dadurch emanzipatorisch, daß es sozialkritisch die pornographischen Gewaltverhältnisse enttarnt. (Alice Schwarzer und die neue Antipornographiekampagne haben nur das letzte Kriterium vertreten.[16])

Der von »EMMA« formulierte Gesetzesentwurf, der über die geltende strafrechtliche Definition der Pornographie hinausgeht, beträfe, würde er realisiert, nicht nur das im engeren Sinne pornographische (männliche Macht sexualisierende) Produkt, sondern würde das gesamte angrenzende Umfeld der erotischen Kultur- und Kunstproduktion (die Instrumente der Lust und ihrer Befriedigung) in Mitleidenschaft ziehen.

Völlig offen bleibt bei diesem Entwurf, wie den von Schwarzer selbst gesehenen »Gefahren für die Meinungsfreiheit, Pressefreiheit und Kunstfreiheit« begegnet werden kann.[17] Es wird nur schlicht festgestellt, daß auch diese Freiheiten ihre Grenzen hätten. Nicht zufällig werde die Pressefreiheit bereits in Artikel 5 des Grundgesetzes beschränkt, wo es in Absatz 2 heißt, sie finde »ihre Schranken in den Vorschriften der allgemeinen Gesetze, den gesetzlichen Bestimmungen zum Schutze der Jugend und in dem Recht der persönlichen Ehre. Und sie hat auch ihre Pflichten, diese Freiheit. So die Pflicht, im Dienste der Aufklärung und nicht in dem der Anti-Aufklärung, der Volksverhetzung zu stehen. Antisemitische und rassistische Darstellungen verbietet in der Bundesrepublik das Gesetz. Bei sexistischen pornographischen Darstellungen sollte es nicht anders sein.«[18]

Und hier beginnen die Schwierigkeiten für die Abgrenzung von Kunst und Pornographie. Denn zweifellos läßt sich nur ein kleiner Ausschnitt der (modernen) Kunst als »eindeutig gesellschaftskritischen Zwecken« gehorchend definieren, abgesehen davon, daß jede Zweckbestimmung als dem Kunstbegriff äußerlich angesehen werden kann. Übernimmt die Kunst generell bestimmte Pflichten gegenüber der Gesellschaft? Wann und wie kollidiert das sexuelle Frauenbild mit der Kunst, wenn sie diese Aufklärungsfunktion nicht ausdrücklich übernimmt? Ohne Zweifel werden und wurden von der Kunst individuelle und gesellschaftliche Deformationen in den sexuellen Beziehungen zwischen Mann und Frau dargestellt. Pervertierte sadistische, masochistische und voyeuristische Sexualität war immer und ist noch Gegenstand der erotischen Kunst. Es ist nicht ausgeschlossen, daß sie (wie sexistische Titelblätter, die »grob anreißerische« Sexualästhetik von Waren und die pornographisierte Alltagswelt) Schäden an der Würde der Frauen verursachen bzw. daß sich ein weiblicher (oder übrigens auch männlicher) Kunstbetrachter durch künstlerische Darstellungen in seinem Recht auf Freiheit, Würde und körperliche Unversehrtheit verletzt fühlt. Auch Kunstwerke vermögen zu verletzen und nicht nur zu beglücken. In diesem Fall würden auch die Hersteller und Verbreiter von Kunst auf den Ersatz »materieller und immaterieller Schäden« nach dem von »EMMA« vorgeschlagenen Gesetz verklagt werden können. Gutachterprozesse müßten in jedem Grenzfall (und es gäbe deren unendlich viele im Zeichen des erweiterten Kunstbegriffs der Moderne) zwischen der Kunstfreiheit und der Würde des weiblichen Menschen abwägen.

Ich bezweifle, daß eine derart rechtlich befriedete, gereinigte Darstellung des weiblichen und männlichen Menschen in der Kunst wünschenswert ist, die zwar der feministischen Ethik Rechnung trägt, aber dafür die Veröffentlichung eines erheblichen Teils der gesellschaftlichen Wirklichkeit, die die Entfremdung der Menschen und Geschlechter voneinander betrifft, ausblendet und das Kunstwerk auf die utopische Verschönerung der Verhältnisse festlegt. Der Bereich der authentischen Kunst wäre hier verlassen, denn Kunst läßt sich auf kein Anstandsgefühl und keine Utopie verpflichten.

Selbstverständlich ist nicht zu übersehen, daß die sexuelle Liberalisierung in der Gegenwart entgegen der allgemeinen Erwartung die Herstellung immer »härterer«, gewalttätiger, inhumaner, anti-erotischer Pornographieformen begünstigt und auch in der zeitgenössischen Kunst zu einer Eskalierung von Gewalt- und Vergewaltigungsphantasien geführt hat. Es ist aber gleichfalls unübersehbar, daß die von Feministinnen geforderten Restriktionen gegenüber dieser Entwicklung auch die in Gewalt- und Verletzungsdarstellungen verwickelte Gegenwartskunst in einen neuen Strudel von Einschränkungen und Verboten reißen. Pornographie wird in dem feministischen Gesetzesentwurf vorerst rein inhaltlich bestimmt. Pornographische, erotische und sexuelle Darstellungen in der Kunst unterstehen hingegen einer sich selbst verantwortlichen Formgesetzlichkeit. Wer hält sich schon in der Alltagswahrnehmung an diese Differenz? Es hat sich immer wieder gezeigt, daß hier Kunstwerke (im Grenzfall beispielsweise von Francis Bacon, Salvador Dali, Allen Jones, Tomi Ungerer, Richard Lindner, René Magritte, Man Ray, Pablo Picasso, Hans Bellmer, Alfred Hrdlicka, den Wiener Aktionisten, aber auch von Künstlerinnen wie Nancy Grossman oder Sarah Schumann – letztere anläßlich ihres Titelbildes »Wechseljahre« für »Courage«, Nr. 2/ 1979) rein inhaltlich und damit auf dem Niveau von sexistischer Gebrauchsgraphik, Titel- und Reklamebildnerei vom gesunden (mit Kunst nicht vertrauten) Menschenverstand oder im Namen einer majorisierenden Moral und egalitären Volksgesinnung beanstandet werden. Es ist anzunehmen, daß die feministische Aufklärung diese fatale Tradition nicht fortsetzen, das Lebensrecht der Kunst nicht vom plebiszitären Gefallen abhängig machen will. Daß diesem ästhetischen Analphabetismus die Kunst mit sexuell-perverser und pornographischer Problematik unter dem vorgeschlagenen feministischen Gesetz ausgeliefert und damit jenes Spielraums und jener Toleranz beraubt sein würde, die ihr die Phase der sexuellen Liberalisierung ermöglicht hat, ist jedoch nicht grundlos zu befürchten.

Alice Schwarzer hat kürzlich [19] erstmals zur Abgrenzung zwischen Kunst und Pornographie Stellung genommen und gefragt: »Soll auch Kunst verboten werden? Was ist Kunst? Erkennt man Kunst daran, daß sie in Leder gebunden ist? Daran, daß sie in Filmkunstkinos läuft? Daran, daß sie einen besonders hohen Preis auf dem Kunstmarkt erzielt?« Ihre Antwort lautet: »Nein. Was *keine* Kunst ist, läßt sich schon leichter sagen: Es ist keine Kunst, platte Pornographie in Bild oder Wort von der Erniedrigung und Entmenschlichung von Frauen zu produzieren. Auch Produkte, die sich als Kunst deklarieren, müssen sich also in Zukunft den genauen Blick gefallen lassen: Pornographie oder keine Pornographie.« Damit bin ich sehr einverstanden. Auch ich glaube, daß uns im Interesse der Aufklärung eine Globalamnestie für alle Pornographieformen, die unter einem unreflektierten Vereinbarungsbegriff »Kunst« entsprechende Institutionen wie Galerien, Kunstvereine und Museen passieren, nicht weiterhilft. Daher ist es vernünftig und richtig, wenn Schwarzer feststellt: »...auch kann das Etikett ›Kunst‹ die Pornographie nicht automatisch schützen. Man kann nicht sagen: Das ist Kunst, und darum ist es keine Pornographie. Wir haben genau zu sehen: wo ist Pornographie. Pornographie hat als menschenfeindlich erkannt und entsprechend geahndet zu werden. Egal, ob sie in Schmuddelheften unterm Ladentisch liegt oder ledergebunden im Schrank steht.«[20] Das ist mit berechtigtem polemischen Elan gesagt. Problematisch wird die Sache, wenn man sich die feministisch skizzierte Pornographiedefinition ansieht, die fortan auch an Kunstwerken ausprobiert werden und darüber entscheiden soll, ob ein erotisches Kunstwerk oder künstlerisch getarnte, in Wahrheit anti-erotische Pornographie vorliegt. Für diese Entscheidung wird die sehr vage begriffliche Abgrenzung von Pornographie und Erotik bemüht. Schwarzer stellt klar, daß die neue Gesetzesinitiative nicht prüde und lustfeindlich ist. »Im Gegenteil. Denn Pornographie macht nicht nur die Frauen kaputt, sie tötet auch die Erotik. Wirkliche Erotik kann sich nur entwickeln, wenn zwei [nicht mehr? P.G.] sich gleichberechtigt gegenüberstehen; wenn also Gegenseitigkeit, Umkehrbarkeit, Überraschung und Risiko möglich sind. Pornographie aber propagiert eine Macht-Ohnmacht-Sexualität, in der der Mann der Täter, die Frau das Opfer ist.«[21]

Dieser globalen Erotikdefinition, die eine Idealisierung sexueller Lebensverhältnisse ist, folgt aber die Mehrzahl der Kunstwerke unseres Jahrhunderts nicht. Gegenseitigkeit und

Umkehrbarkeit in der Geschlechterbeziehung, Zärtlichkeit anstatt Gewalt, ist ein harmonistisches Kommunikationsmodell, das Gegenwartskunstwerken als utopische oder alternative Projektion nicht immer fremd, aber doch nicht für sie die Regel ist. Dies gilt mit unterschiedlicher Gewichtung auch für die Geschichte erotischer Kunst im ganzen. Ebenso ist die Reduktion auf eine Zweierbeziehung und Partnerschaftlichkeit, die den polygamen Eros ausschließt, eine Erotikdefinition, der die Pluralität der heutigen künstlerischen Ansätze nicht gehorcht. Kunstwerke beschreiben und problematisieren aber sehr wohl die Macht-Ohnmacht-Verhältnisse zwischen den Geschlechtern; die gesellschaftlichen Konstellationen zwischen weiblichen Opfern und männlichen Tätern werden thematisiert, aber nicht retuschierend harmonisiert; sie werden zwar nicht einfach imitiert, um das gesellschaftliche Herr-Knecht-Verhältnis zwischen Mann und Frau zu zementieren, aber die sexuelle Macht-Ohnmacht-Relation wird doch für die formalgesetzlich bestimmte Bearbeitung reproduziert.

Wir finden das heile, auf Gegenseitigkeit und Umkehrbarkeit beruhende Beziehungsmodell der feministischen Vorstellung von Erotik beispielsweise nicht in einem für unser Jahrhundert so maßgeblichen, einflußreichen Kunstwerk wie Marcel Duchamps zwischen 1915 und 1923 entstandenem »Großem Glas«, ein Werk, das die Beziehungsstörung zwischen den Geschlechtern nicht nur thematisiert, sondern das patriarchale Körperphantasma der Junggesellenmaschine im Namen einer onanistischen Hirnseligkeit und polyvalenten sexuellen Imagination feiert. Der erotische Entfremdungsmechanismus zwischen den Geschlechtern (seit Baudelaire, im künstlerischen Symbolismus und in der erotizistischen Salonmalerei des 19. Jahrhunderts als die sich prostituierende Liebe thematisiert) wurde schon in den zwanziger und dreißiger Jahren an den Surrealismus weitergereicht, findet sich in vielen Spielarten in der Kunst der Weimarer Republik und ist heute die Basis eines erotischen Zeitgeistes, der die ästhetischen Grenzüberschreitungen und methodischen Entsublimierungen der Gegenwartskunst bestimmt. Sie verfallen alle dem feministischen Pornographieverdikt, da sie, rein inhaltlich und ikonographisch betrachtet, Macht-Ohnmacht-Verhältnisse zwischen den Geschlechtern darstellen. Und auch ein erotischer Künstler wie beispielsweise Alfred Hrdlicka, der »eindeutig gesellschaftskritischen Zwecken« folgt (wie es der feministische Ansatz vom authentischen erotischen Kunstwerk fordert, während z. B. in der postmodernen Ästhetik die Ambivalenz oder Mehrdeutigkeit die zentrale Kategorie ist), gehört zu den schonungslosesten Chronisten des Herrschafts- und Gewaltverhältnisses zwischen den Geschlechtern und ist auch nicht frei von der romantischen Heldenstilisierung sexueller Außenseiter, die Hrdlicka auf der Seite der Prostituierten und Homosexuellen findet.

Die Beispiele zeigen, wie ergänzungsbedürftig und problematisch die von Dworkin und Schwarzer eingebrachte Erotikdefinition im Hinblick auf die Kunstgeschichte und die Entwicklung der modernen Kunst ist. Daß hier noch ein gewisser offener Spielraum in der definitorischen Auslegung erotischer Kunst und ihrer Abgrenzung von Pornographie vorhanden ist, der gründlichere Reflexion ermöglicht, zeigte Schwarzers Stellungnahme während der zum Thema »Pornographie – hinsehen oder wegsehen?« (vom 13. bis 14. September 1988 in Bonn) veranstalteten öffentlichten Anhörung der SPD-Fraktion. Hier wurde von ihr zwar abermals die »Pornographisierung der Medien und Kunst« konstatiert, doch gleichfalls Gewaltpornographie ausdrücklich abgegrenzt von einer »kritisch aufklärenden« und »künstlerisch aufarbeitenden Darstellung der Gewaltverhältnisse«. Was die sehr allgemein gefaßte künstlerische Aufarbeitung bedeutet, bedarf allerdings der Konkretisierung an einzelnen Kunstwerken der Gegenwart und Vergangenheit. Alice Schwarzer will sich (wie sie gesprächsweise dem Verfasser mitteilte) dieser Aufgabe mit schwer zu findenden zuständigen Mitarbeiterinnen aus Kunst und Literatur künftig unterziehen und nannte als Basis für ihre angestrebte differenzierte Einstellung zu erotischen Kunstwerken mit kritischer bzw. neutraler anstatt verherrlichender Darstellung, daß sie die Arbeiten des französischen Cartoonisten Jean-Marc Reiser nicht für frauendiskriminierende Pornographie halte und die zum Schutze der Jugend und Frauen erfolgte Anzeige nicht gutheißen könne.[22] Ein Problembewußtsein zur Abgrenzung von erotischer Kunst und Pornographie ist also durchaus vorhanden und wird den von »EMMAs« »PorNo«-Kampagnen mancherorts schon mitausgelösten Verfolgungsjagden auf erotische Kunstwerke hoffentlich bald vorbeugen können.

Die stichhaltige sachliche Abgrenzung zwischen unkünstlerischer Pornographie und dem erotischen Kunstwerk ist kein leichtes Unternehmen. Es setzt eine feministische Kunstgeschichtsforschung voraus, die sich ihrerseits nicht einseitig von der Suche nach frauenfeindlichen und frauenfreundlichen Motiven leiten läßt und damit nicht eine (häufig in der feministischen Kunstkritik zu findende) reduktionistische methodische Einstellung bestärkt, die die inhaltliche Seite, das Ikonographische, vom Formgesetzlichen, Stilistischen des Untersuchungsgegenstandes abtrennt und ihre Deutung pars pro toto als den Sinn des Kunstwerkes ausgibt. Die Kunstgeschichte ist zugegebenermaßen eine Fundgrube für die feministische Motivsuche. Doch kann es nicht der Wahrheit letzter Schluß sein, daß künstlerisch schwache, in der Form konservative Werke aufgrund ihrer perspektivischen Verschiebung auf proweibliche und feministische Inhalte einen hohen künstlerischen Rang zudiktiert erhalten, während umgekehrt formal innovative »avantgardistische« Werke mit misogynen Inhalten, deren künstlerische Modellierung nicht erkannt wird, qualitativ zurückgestuft oder zum Männerkitsch deklassiert werden.

Die spätbürgerliche Kunst des 20. Jahrhunderts reflektiert im wesentlichen die Entfremdung der Lebensverhältnisse in der kapitalistischen Gesellschaft. Für die misogynen Inhalte der Entfremdung war und ist sie noch wenig sensibilisiert. Machen wir uns in diesem Punkt nichts vor. Dem strengen Maßstab des feministischen Humanismus kann nur ein kleiner Prozentsatz der Kunst gerecht werden. Wie will die feministische Ethik mit ihrer Empfindlichkeit für die objektive und subjektive Verletzung der Menschenwürde diese Tatsache verkraften? Kann sie die die feministischen Erwartungen tendenziell enttäuschende moderne Kunst anders als durch Reflexion und kritische Toleranz bewältigen? In der Theorie kann und will die feministische Aufklärung nichts anderes tun, wenn ich Alice Schwarzer richtig verstanden habe. Doch nach dem vorliegenden pragmatischen Gesetzesentwurf wäre diese Anstrengung nicht unbedingt erforderlich, sondern es würde rechtlich schon ausreichen, daß eine Gewaltpornographie thematisierende Kunst auf das Gefühl einer Betrachterin verletzend wirkt, um die Prozedur der zivilrechtlichen Klage auf Unterlassung (mit welchem Erfolg auch immer) einzuleiten. Es ist daher verständlich, wenn befürchtet wird, daß im Gefolge dieser Gesetzesinitiative und ihrer berechtigten Kritik an den gesellschaftlichen Gewaltverhältnissen sich auch irrationale Kunstzensur, überflüssige Verdächtigungen oder sogar ein blind aktionistischer Bildersturm einstellen. Dieser in der Debatte bisher vernachlässigte Nebeneffekt ist, wie die PorNo-Kampagnen bereits zeigten, nicht auszuschließen, auch wenn er von der feministischen Aufklärung unbeabsichtigt und theoretisch ausgeschlossen ist. Alle sollten daran interessiert sein und darauf hinwirken, daß die Kunst sich der humanistischen Aufklärung in der ganzen Breite ihrer möglichen Inhalte annimmt. Durch ein neues Gesetz kann die Kunst eingeschüchtert und kontrolliert, aber nicht wirklich überzeugt und gebessert werden. Mit seiner Gesetzesinitiative untergräbt der Feminismus seine eigene erfolgreiche Aufklärungsarbeit, streut Sand in den angelaufenen Pornographiediskurs der Geschlechter.

Anmerkungen

1 Franz Blei: Formen der Liebe, Bulin-Wien 1930, S. 210.
2 A. a. O., S. 208.
3 A. a. O., S. 213.
4 Alice Schwarzer: EMMA, Nr. 12, 1987, S. 22.
5 Robert J. Stoller: Perversion. Die erotische Form von Haß, Reinbek 1979, S. 25 f., 94 u. ö.
6 A. a. O., S. 94.
7 A. a. O., S. 121.
8 A. a. O., S. 111.
9 A. a. O., S. 29.
10 A. a. O., S. 29, 26.
11 A. a. O., S. 29.
12 A. a. O., S. 29.
13 Masud Khan: Entfremdung bei Perversionen, Frankfurt 1983, S. 320, 324.
14 A. a. O., S. 324.
15 Eberhard Schorsch: Gewalt in den Beziehungen der Geschlechter, in: Martin Dannecker und Volkmar Sigusch (Hg.): Sexualtheorie und Sexualpolitik. Ergebnisse einer Tagung, Stuttgart 1984, S. 111.
16 Vgl. neue Pornographiedefinition in EMMA, Nr. 12, 1987.
17 EMMA, Nr. 12, 1987, S. 22.
18 Ebd.
19 EMMA-Sonderband Nr. 5, 1988, »PorNo«, S. 51.
20 A. a. O., S. 49.
21 A. a. O., S. 51.
22 Vgl. Der Spiegel, Nr. 26, 1988, S. 181.

Renate Berger

Lady-Killer
Überlegungen zum Verhältnis
von Kunst und Pornographie

1

Bis heute liegt keine überzeugende Definition von Kunst oder Pornographie vor.
Kunst ist – wie die Pornographie – das, was man dafür hält.
  Ich gehe von folgenden Annahmen aus:
  1. Kunst kann, sie muß kein Ausdruck von Freiheit sein. Kunst kann Freiheit nicht garantieren.
  2. Es besteht ein Unterschied zwischen Freiheit und Willkür. Pornographie ist Ausdruck sexueller Willkür.
  3. Kunst und Pornographie können, sie müssen nicht zusammengehen. Manchmal gehen sie zusammen. Die Frage, um welche, um *wessen* Freiheit es geht, die Frage nach ihren Voraussetzungen, ihrem Preis ist für jedes Werk, für jeden Kontext neu zu klären.

Es ist falsch, Kunst und Freiheit gleichzusetzen, schon der Künstler wegen. Jahrhundertelang standen sie im Dienst politisch Mächtiger. Ihr eigener Emanzipationsprozeß war mühevoll; Schutz und Ressourcen fanden sie in einer das *eigene* Geschlecht begünstigenden Grundstruktur. Sie sichert Künstlern bis heute den Zugriff auf die Arbeitskraft, die sexuelle und ästhetische Potenz von Frauen.

Diese geschlechtsbezogene Disparität in allen Lebensbereichen kommt darin zum Ausdruck, daß Frauen weltweit nicht frei über ihren Körper verfügen und geringen Einfluß auf ihre bildlich-symbolische Repräsentanz haben.

Das Wissen darum prägt die Kunst von Männern auch dort, wo sie den in der pornographischen Bildwelt ebenfalls vertretenen Prinzipien der Verneinung und lustvollen Vernichtung des Weiblichen folgen will (ich sage: *will,* nicht muß). Nur von ihnen soll hier die Rede sein.

Negation und Destruktion haben für den Anspruch auf ästhetische Avanciertheit einen prinzipiellen, auch von mir akzeptierten Stellenwert.

Doch was geschieht, wenn Künstler diese Prinzipien auf Frauen bzw. die an weibliche Körper gebundene Symbolik übertragen und sexualisieren?

Angriffe finden auf der verbalen, der Verhaltens- und Darstellungsebene statt.

1. Die verbale Ebene

Frauenverachtung ist in Aussagen von Künstlern belegt; in der jüngsten Vergangenheit lassen sich von Paul Klee bis Pablo Picasso mühelos Beispiele finden.[1] Frauenhaß ist Teil der Konvention *wie* der künstlerischen Avantgarden, doch programmatisch wird er m. W. erst im Futuristischen Manifest von 1909.

Dort heißt es:

»9. We will glorify war – the world's only hygiene – militarism, patriotism, the destructive gesture of freedom-bringers, beautiful ideas worth dying for, and contempt for women.

10. We will destroy the museums, libraries, academies of every kind, will fight moralism, feminism, and every opportunistic or utalitarian cowardice.«[2]

2. Die Verhaltensebene

Auch Künstler orientieren sich am patriarchalischen Verhaltenskodex. Dazu können gehören:
– Vergewaltigung
   von Agostino Tassi[3] über Félicien Rops[4] bis Augustus John[5] bezeugt;
– Ausnutzen von Abhängigen und Ausbeutung weiblicher Arbeitskraft
   besonders Frauen und Kinder in Privatateliers, an Kunsthochschulen und Akademien. Der »Aufstieg« von Künstlern war bis ins 20. Jahrhundert ablesbar am Grad der Verfügbarkeit von Modellen[6] und an den Finanzen, dem gesellschaftlichen Einfluß oder der Arbeitskraft ihrer »Musen« und Zuarbeiterinnen;
– Teilhabe an Prostitution

Künstler suchen Prostituierte auf. Prostitution war und ist eine Inspirationsquelle.[7]

Künstler haben immer von der Doppelmoral profitiert. Ihrer antibürgerlichen Attitüde zum Trotz finden sie sich an denselben Orten, in den gleichen Bordellen zu denselben Bedingungen wieder wie x-beliebige Männer.

Die, die es angeht, sind vorsichtig genug, ihren Frauenhaß (noch) im Schutz machtvoller Institutionen oder im Schutz einer einflußreichen Klientel, im Schutz der Öffentlichkeit entzogener Ateliers und eher dort auszuleben, wo weibliche Lust und Freiheit personell oder institutionell abgedankt haben. Selbst riskieren sie nichts: Verglichen mit Frauen ihres Einflußbereiches können Künstler als die eigentlich Beschützten und Verschonten gelten; dennoch stilisieren sie sich zu Ausgesetzten und suchen seit Jahrhunderten eine Gefährdung, die weitgehend der *eigenen* Hysterie und *selbst*erzeugter Furcht entspringt, dem weiblichen Widerpart, ja Frauen schlechthin anzulasten.

Um so größer ist für sie die Gefahr, männliche Freiheit mit sexueller Willkür, die Freiheit der Kunst mit ihrer eigenen zu verwechseln.

Andere bestätigen sie darin. Welcher Künstlerin würde man es nachsehen, wenn sie zugäbe, männliche Leichenteile mit Vergnügen verspeist zu haben? Ein Frauenfresser im wortwörtlichen Sinn kann – wie der mexikanische Maler Diego Rivera – kulinarische Freuden eingestehen, ohne daß es seinem Ruf als »fortschrittlichem« Künstler Abbruch getan oder Interpreten und Interpretinnen veranlaßt hätte, Preis und Grenzen »revolutionärer« Gesinnung ins Auge zu fassen.

»Ich entdeckte«, sagte Rivera im Hinblick auf einen Anatomiekurs in der Medical School von Mexiko City (1904), »daß es mir gefiel, die Beine und Brüste von Frauen zu essen, weil diese Teile – *wie bei anderen Tieren* – Delikatessen sind. Ich probierte auch die gebratenen Rippen junger Frauen. Am meisten Geschmack fand ich an Frauenhirnen in Vinaigrette.«[8]

Politische Orientierungen von Künstlern sind für ihre Haltung Frauen gegenüber irrelevant.

Tatsächlich hält sie in manchen Fällen kein ästhetisches, kein humanitäres Prinzip zurück.

2

Frauen erregen Mißfallen; sie gelten als defizitäre Wesen. Der Wunsch, in Kunstfiguren, Puppen eine bessere, *handhabbare* Alternative zum weiblichen Menschen zu schaffen, wird seit Hesiod, seit Ovids Pygmalion (dessen Geschöpf ja aus Abscheu vor unbotmäßigen Frauen, den Propoetiden, entstand) laufend aktualisiert und in Beziehung zu *lebenden* Frauen gesetzt: etwa von Kokoschka und seiner im Hinblick auf Alma Mahler in Auftrag gegebenen Puppe oder – ein Beispiel aus unseren Tagen – in Beate Uhses Puppenkatalog (der auch Köpfe und Rümpfe anbietet).

Vom Mißfallen zur Willkür ist nur ein Schritt. Es gibt Frauen Ding-Charakter: als Instrument (wie bei Man Ray), als Sprungbrett für einen Mann (wie bei Max Ernst), Schießscheibe, Möbel (von Anthony Redmile über Felix Labisse bis zu Alan Jones und Alan Siegel), als Rumpf (wie bei Raoul Hausmann), als Stumpf (wie bei René Magritte).[9]

Von der verschnürten Venus bis zur verschnürten lebenden Frau, vom Frauenakt zum Rumpf ist es ebenfalls nicht weit. Der künstlerische Ehrgeiz ist unerschöpflich im Ersinnen von Manipulationen am weiblichen »Substrat«. Abgeschlagene, ausgehöhlte, durch Tierschädel oder beliebige Gegenstände organischer und anorganischer Art ersetzte oder aufgelöste Frauenköpfe stellen als Sitz des weiblichen Bewußtseins besonders für Surrealisten das Ärgernis schlechthin dar.

Als Hans Bellmer 1933 seine Puppe konstruiert und damit die im Altertum geformten (aus Kokoschkas Sicht noch verbindlichen) Motive der Kunstfigurine hinter sich läßt, verabschiedet er die Vorstellung »Frau« zugunsten von Gebilden, die weiblich konnotiert mit Weiblichkeit im Sinn eines organischen Zusammenhalts aufräumen.

Frauen mit Tierblut, -eingeweiden, Abfall etc. oder vom Künstler selbst beigesteuerten Fäkalien zu beschmutzen, fördert nach Auffassung von Otto Muehl oder Hermann Nitsch *unserer* (?) *aller* (?) *Freiheit* (?), sofern dies in »Aktionen« geschieht. Ihr Versuch, ein von Sexualwissenschaftlern längst widerlegtes Triebmodell als befreiend auszugeben, wirkt altbakken und naiv.[10]

Sind »Freiheiten« von Künstlern wirklich stets mit dem großen und unverzichtbaren Prinzip der Freiheit der Kunst gleichzusetzen? Müssen wir nicht genauer hinsehen?[11] Müssen wir nicht fragen, wie sie sich zur Freiheit des weiblichen Menschen verhalten?

So komisch das genitale Pathos im Wiener Aktionismus wirkt – Hysterie und sexueller Infantilismus stellen eine Gefahr dar. Und eine Drohung (an der die Tatsache, daß Männer als Teilnehmer eingesetzt werden, nichts ändert): Während sie den Körper ihrer Mitspielerinnen traktieren, suchen sie in ihm alle Frauen zu treffen. Es ist nur konsequent, wenn Otto Muehl seine Auffassung aus den 60er Jahren, »Kunst ist nur ein Mittel zum perverseren Leben«,[12] längst im außerkünstlerischen Bereich verwirklicht.

Sofern sie auf ästhetischer Ebene oder unter künstlerischem Etikett abgehandelt werden, gelten Sadismus, nekrophile Obsessionen, die medienwirksame Verteilung von Fäkalien des Künstlers, offen eingestandener und keineswegs als pathologisch begriffener Frauenhaß als gerechtfertigt.

Auch *künstlerische* Machtphantasien können sich der sexuellen Symbolsprache auf eine Art bedienen, die an Folterkammern oder die Truhe eines Schlachters erinnern.[13] Solche Werke dürfen als Bestandteile der generell zu beobachtenden »sadist revolution« gelten.[14] Wie ist die Tatsache zu werten, daß sich
- Fetische
- aus Bestandteilen des weiblichen Körpers gefertigte »Möbel«
- kopflose oder mit einem »Ersatz« für den Menschenkopf versehene
- verschnürte
- mit Exkrementen beschmutzte
- als lebende Stempel gebrauchte[15]
- mit Gebrauchsgegenständen verschweißte
- willkürlich auseinandergenommene und neu montierte
- gehäutete
- verkrüppelte
- ermordete
- gefolterte
- denaturierte
- bisweilen noch als Rumpf oder Stumpf geduldete »Frauen«
  in der Kunst des 20. Jahrhunderts häufen?

Für die Ursachen dieser Entwicklung gibt es m. W. noch keine überzeugenden Erklärungen – es ist aber auch die *Art* der Auseinandersetzung mit solchen Werken, die zu denken geben sollte.

Wie der vorauseilende Gehorsam ist auch die Rechtfertigung

dieser Darstellungen unter »ästhetischen«, »freiheitlichen«, »avantgardistischen« Vorzeichen der Frage nach den Ursachen vorgelagert, und die Gewohnheit, die *inhaltliche* zugunsten einer formalästhetischen Diskussion zu umgehen, wurde lange ebensowenig als Problem empfunden wie das offenkundige Fehlen vergleichbarer *Männer*darstellungen von *weiblicher* Seite.

Weibliche Freiheit als Maß und Grenze männlicher Willkür überhaupt in Erwägung zu ziehen blieb vielen ein fremder Gedanke.

Das ändert sich.

3

Geschichte und Gegenwart lehren, daß der Vernichtung von Menschen ihre Entwertung vorausgeht.

Pornographie und pornographische Kunst haben Teil an der Entwertung des weiblichen Menschen. Die Kunstgeschichte zeigt, daß es unrealistisch ist, ausgerechnet von Künstlern eine avantgardistische Haltung im Kampf um die Menschenrechte für Frauen zu erwarten; zu viele sind heute stolz darauf, die Nachhut in diesem Kampf zu bilden, sofern sie sich nicht offen als Gegner deklarieren. Es gab, es gibt Ausnahmen – nicht von ihnen soll hier die Rede sein, sondern von denen, die im pornographischen Konsens Haß und Verachtung artikulieren. Künstler – das sei klar gesagt – bilden nicht deshalb ein Bollwerk des Humanen, weil sie Künstler sind. Sie können ihren Teil dazu beitragen, daß das Gefühl für Leid und Erniedrigung von Frauen schwindet, wenn deren Darstellung ein sexueller, ein ästhetischer Genuß abzugewinnen ist. Hier werden Abstumpfung, Unberührbarkeit sichtbar und in den Betrachtenden neu erweckt. Die Unberührbarkeit von Männern *und* Frauen angesichts fremden, speziell weiblichen Leidens, weiblicher Erniedrigung sind keine modernen Erscheinungen, sondern pathologische Konstanten unserer Geschichte.

Auch der Entwertung von Frauen kann ihre Vernichtung folgen – der Hexenwahn und seine intellektuellen Wegbereiter beweisen es ebenso wie die gezielte Abtreibung weiblicher Embryos in Indien oder China.

Pornographie bedeutet eine ungleiche Verteilung von Risiken – meist auf Kosten des weiblichen oder »schwächeren«

Parts. Möglicherweise bietet eine Beobachtung Arthur Schnitzlers Erklärungshilfe für Risikoscheu und Frauenhaß: »Nicht dort hassen die Menschen am unversöhnlichsten, wo ihnen die triftigsten Gründe dazu geboten sind, sondern dort, wo die Betätigung ihres Hasses mit *der verhältnismäßig geringsten Gefahr für sie selbst* verbunden ist oder ihnen sogar Vorteil, Gewinn und Ehre zu bringen vermag. Da in solchen Fällen die wirklichen Momente des Hasses: Minderwertigkeitsgfühle und Neid, nicht gern eingestanden, ja häufig genug nicht einmal bewußt werden, nimmt man zu Vorwänden seine Zuflucht, als welche auch die lächerlichsten und verlogensten gut genug zu sein pflegen. So werden besonders gern die etwa vorhandenen schlechten Eigenschaften der Menschen übertrieben, *die zu hassen man sich entschlossen hat,* es werden nicht vorhandene Eigenschaften dazu erfunden, ja, damit dem Haß nachträglich noch ein Schein von Berechtigung verliehen werde, und gewissermaßen automatisch werden in den gehaßten Personen schlechte Eigenschaften künstlich gezüchtet.«[16]

Sogenannte »weiche« Pornographie sexualisiert Käuflichkeit, Benutzbarkeit – manches von dem, was in »harten« Versionen oder in gar nicht als Pornographie betrachteten Gewaltfilmen vor Augen geführt wird, ähnelt einer executio in effigie. Liberale, mit so vielen Hoffnungen befrachtete Impulse haben nur einen Teil der in sie gesetzten Erwartungen erfüllt; von liebgewordenen Irrtümern mußte man sich verabschieden: So hat die Freigabe pornographischen Materials eben *nicht* dazu geführt, daß eine einzige Frau *weniger* vergewaltigt, ermordet oder als Kind »mißbraucht« worden wäre.

Eine Erklärung dafür könnte (ich will hier nicht mehr als eine Vermutung äußern) in der Verlagerung von Todeswünschen liegen.

Todesmetaphern im männlichen Sexualslang sind unüberhörbar – sie gelten Frauen.

Lange mußten Männer sich allein durch sexuelle Kontakte zum andern Geschlecht mit dem Tod im Bunde begreifen. Der Schmerz, eine Frau im Kindbett zu verlieren, ist glaubwürdig belegt – doch ebenso das Gegenteil.

Martin Luther betonte in seiner Ehelehre, es sei unstatthaft, sich die »ehelichen Pflichten« gegenseitig zu verweigern. Bestraft werden sollte diese Weigerung jedoch nur bei Frauen: »Darum muß hier die weltliche Obrigkeit das Weib zwingen oder umbringen. Wo sie das nicht tut, muß der Mann denken, sein Weib sei ihm genommen von Räubern und umgebracht und nach einer andern trachten.«[17]

Für diesen Themenkreis werden Vergewaltigung und Ermordung der Ehefrau gebilligt. Luther, ein scharfer Beobachter der Plagen von Schwangerschaft und Niederkunft, tadelt den Überlebenswillen an Frauen, die dem Tod selten so nahe kommen wie in dem Moment, in dem sie Leben spenden, also jenen, »die sich vor dem Tod fürchten und die Schmerzen gern übergehen wollten, das ist nicht recht noch christlich«.[18] Als Mann vom Vater der Schöpfung verschont, mag er doch andere nicht entkommen sehen. Er verweist Frauen auf das Gottgewollte ihres Leidens und macht wenig Federlesens um ihren Todeskampf: »Soll sie nur am Gebären sterben, dafür ist sie da.«[19]

Das Massensterben von Frauen ist keine Erscheinung der frühen Neuzeit (wie die Hexenvernichtung), sondern im 19. Jahrhundert mit dem Entstehen der modernen Klinik verbunden. Im Kampf gegen das Kindbettfieber, im mutigen Einsatz für das *Leben* der ihm anvertrauten Gebärenden wurde Ignaz Semmelweis selbst zum Opfer der patriarchalischen Ordnung, als deren Repräsentanten sich die Mediziner seiner Epoche verstanden.[20]

Der Wunsch eines Teils der männlichen Bevölkerung, Frauen konkret oder auf symbolischer Ebene den Tod zu bringen, hat sich – so meine Vermutung – in dem historischen Moment, als sexueller Umgang mit Männern Frauen weder degradieren noch automatisch zu Todeskandidatinnen machen kann – also heute –, auf Selbstjustiz (Mißhandlung, Vergewaltigung, Mord) und Pornographie verlagert. Die allgegenwärtige Entwertung des weiblichen Menschen in Wort, Bild, Tat sorgt dafür, daß Freiheit von Frauen sich erneut zur Frage von Leben und Tod, d. h. existentiell zuspitzt. Der schon in Luthers Vorstellung enthaltene Tötungswunsch findet in pornokratischen Bildwelten seine säkulare Fassung.

Daß weiblicher Ikonoklasmus sich heute eher gegen Pornoshops, Videotheken oder eine Ausstellung von Tomi Ungerer richtet, kann niemanden überraschen. Vor 75 Jahren war der Schauplatz für Proteste noch das Museum. Als die junge Suffragette Mary R. Richardson im März 1914 Velasquez' berühmte »Venus vor dem Spiegel« zerschnitt, begründete sie das mit der von ihr verachteten Grundhaltung, Frauen im Abbild zu »verehren«, ihnen *im Leben* aber Menschen- und bürgerliche Rechte vorzuenthalten.[21]

Für Velasquez gab es noch ein Wesen, das von Venus nicht wegzudenken war.

Mal folgte es ihr, mal ging es eigene Wege.

Es hatte Flügel, hatte Pfeile im Köcher.

Es war leichtsinnig, tyrannisch, unberechenbar.

Es legte den Liebenden ein Joch auf, half ihnen aber gleichzeitig, es zu tragen.

Das ist lange her.

Pornographie ist die Todesmetapher der Postmoderne. Sie trennt Venus auf immer von ihrem Begleiter:

Amor.

Anmerkungen

Es handelt sich um einen revidierten, d. h. in Einzelzügen ergänzten Vortragstext.

1 Felix Klee (Hg.): Tagebücher (1898–1918) von Paul Klee, Köln 1957, S. 125; Bernhard von Arx: Der Fall Karl Stauffer, Bern/Stuttgart 1969, S. 46; Françoise Gilot: Leben mit Picasso, München 1965, S. 74, 93.
2 In: Futurismo & Futurismi, Milano 1986, S. 514.
3 Mary R. Garrard: Artemisia Gentileschi. The Image of the Female Hero in Italian Baroque Art, Princeton, N. J. 1989; Quellen zum Prozeß von 1612, S. 409 f.
4 Nach eigener Aussage in einem Brief von 1882, in: Friederike Hassauer/Peter Roos: Félicien Rops, Zürich 1984, S. 126.
5 Catlin Thomas with George Tremlett: Catlin. A Warring Absence, Suffolk 1986, S. 26 f.
6 Lovis Corinth: Legenden aus dem Künstlerleben, Berlin 1918, S. 57 f.; vgl. Lothar Grisebach: E. L. Kirchners Davoser Tagebuch, Köln 1968, S. 79.
Rudolf Schlichter begann 1919 mit dem Studium an der Großherzoglichen Badischen Akademie in Karlsruhe. Zu seinen Lehrern gehörten Hans Thoma, auch C. Ritter und Wilhelm Trübner, deren Meisterschüler er war. In Schlichters Erinnerungen an diese Zeit heißt es: »Zu den unerfreulichsten Erscheinungen in dieser organisierten Schlamperei gehörten die weiblichen Modelle. Auch sie entstammten zum größten Teil dem Dörfle. Sie rekrutierten sich hauptsächlich aus jener undefinierbaren Schicht von Frauen, die zwischen Prostituierten und Proletarierinnen beständig hin und her wechseln.

Ihre Wirkung war bei der mangelnden Kontrolle an der Schule eine überaus demoralisierende. Durch die Einrichtung der Meisterateliers war jeder Ausschweifung Tor und Tür geöffnet. Es verging kaum ein Semester, das nicht seine Skandale aufzuweisen hatte. Wie oft hörte man nicht, daß dieser oder jener sich angesteckt hätte... Rückte einer in die Kategorie der Meisterschüler auf, so war die erste Frage, welche die Kollegen an ihn richteten, nach der Chaiselongue. Dieses Möbel wurde allgemein als der wichtigste Gegenstand einer Meisteratelier-Einrichtung angesehen. Der Zynismus, mit dem man diese heiklen Dinge behandelte, war allgemein. Auch die Professoren teilten ihn. Solange sich alles in den Akademiemauern abspielte, tolerierte man die schlimmsten Ausschreitungen. Durch nichts könnte man die Lotterei besser illustrieren als durch die Bemerkung, die sich eines der hervorragendsten Mitglieder des Professorenkollegiums Fuchs [einem Mitschüler] gegenüber erlaubte. Der Betreffende nahm einmal Fuchs nach der Korrektur beiseite und fragte ihn lächelnd, ›ob er vor oder nach der Sitzung drübergehe‹, und als jener verlegen schwieg, meinte er: ›Ich rate Ihnen, Herr Fuchs, mache se das vorher ab, Sie könne dann ruhiger schaffe, die Spannung ist weg!‹ Und dieser Mann war eine der geachtetsten Persönlichkeiten der deutschen Kunst.« Rudolf Schlichter, Tönerne Füße, Berlin 1933, S. 83–84.

Welche Wege der manipulative, die *eigene* Unvollkommenheit still übergehende Ehrgeiz gehen kann, zeigt das Beispiel von Adolf Loos. In ihren Erinnerungen schreibt Elise Altmann-Loos u. a.: »Wenn ich auch weiß, daß Sexus nichts mit Moral zu tun hat, es fiel mir schwer, mich an alle diese Neuigkeiten zu gewöhnen. Besuche in Bordellen, Orgien und andere Vergnügungen waren an der Tagesordnung. Und dann kam noch etwas hinzu. Ich war immer ein kindlicher Frauentyp, und eben das liebte Loos an mir. Jetzt aber fand er plötzlich, daß ich keinen Sex-Appeal hätte und außerdem zu kurze Beine. Hätte ich längere Beine, würde sich mein ganzes Leben ändern, meinte er. Und so hatte Loos beschlossen, mit mir zu einem Chirurgen zu gehen, mir beide Beine brechen und sie dann dehnen zu lassen. Er behauptete, daß dies in meinem Alter (ich war 25 Jahre alt) eine ganz einfache Operation wäre. ›Man bricht dir die Beine, und dann hängt man dir Gewichte an die Füße, und die Knorpelmasse, die sich zwischen den gebrochenen Knochen bildet, dehnt sich um mindestens zehn Zentimeter‹, sagte Loos. ›Dann heilen die Beine, und du bist ein Vamp wie Mae West.‹ Wie leicht ist das gesagt. Ich weiß nicht, ob diese Idee in seinem Kopf entstanden war oder ob sie ein Rat seiner neuen Freunde war; jedenfalls wollte ich nichts davon wissen. Und über diese Angelegenheit stritten wir beinahe täglich. Ich konnte nicht verstehen, warum er mich der Gefahr, ein Krüppel zu bleiben, aussetzen wollte.« In: Elsie Altmann-Loos: Mein Leben mit Adolf Loos, hg. von Adolf Opel, Frankfurt 1986,

S. 205–206; zum Prozeß im Hinblick auf »Die kleinen Mädchen«
vgl. S. 214ff.

7 So bei A. Hrdlicka und A. Frohner, Cf. dazu Ulrike Jenni: Die Prostituierte als Muse in der Kunst Alfred Hrdlickas, in: Frauen. Bil-
der. Männer. Mythen. Kunsthistorische Beiträge, hg. von Ilsebill
Barta u. a., Berlin 1987, S. 261–278. Dort heißt es: »Hrdlicka war
Kunde vieler der von ihm dargestellten Prostituierten, was konkret
heißt, daß er als Konsument und Mann den Warencharakter ihrer
Sexualität bestätigte. Aus dem Umgang mit den Frauen zog er
Energie, Energien für künstlerische Darstellungen. Hrdlicka ist
kein Kämpfer gegen die Prostitution ...« (S. 275). In seinem Beitrag
»Was wäre Bildnerei ohne Pornographie?« verwechselt der Künstler die schlichte Benennung phallischer schon mit pornographischen
Assoziationen, *seine* Vorlieben mit denen der Allgemeinheit
(»...daß gerade das Obszöne am Sex das ist, was *uns* an ihm gefällt«; H. d. V.). Dieser Beitrag enthält die ebenso groteske wie zynische Feststellung: »Die Frau mit der Sünde gleichzusetzen ist ein
Privileg der Männergesellschaft. Es fragt sich nur, ob dies unbedingt nur Erniedrigen ist oder nicht auch Auszeichnung der Betroffenen.« Wie Frauen aussehen, die von Männern lange in Form der
Prostitution »aus-gezeichnet« wurden, ist Hrdlicka dank eigener
Erfahrung klar: Das absehbare *Aus* der Prostituierten dürfte es
sein, was ihn als Zeichner inspiriert. Amüsant ist, daß er sich zu
einer »Ehrenrettung« der *Pornographie* aufgerufen sieht, als
handle es sich um eine mutige, riskante Tat. Deutsche Volkszei-
tung Nr. 5, 5. Februar 1988, S. 9. Zur Realität von Prostituierten
vgl. Kathleen Barry: Sexuelle Versklavung von Frauen, Berlin
1983, S. 12ff.
Zu Frohner vgl. Adolf Frohner/Peter Gorsen: Körperrituale. Mo-
nographie und Werkkatalog, München 1975.

8 H. d. V. Übertragung des Passus aus: Diego Rivera/Gladys March:
My Art, My Life. An Autobiography, New York 1960, S. 44–46.

9 Man Ray: Le Violon d'Ingres, 1924. New York. Sammlung Mr. und
Mrs. Melvin, Jacobs Collection; Max Ernst: Frontispiz für Hans
Arp, Gedichte: Weißt du schwarzt du, Zürich 1930; Anthony Redmile: Körper-Stuhl, 30er Jahre, London; Kurt Seligmann: L'ultra-
meuble, 1938; Felix Labisse: Buttocks Table, Neuilly; Alan Jones:
Stuhl, 1969, Berlin, Galerie Springer (ein Beispiel von vielen); Alan
Siegel: Torso-Stuhl, 1980; Raoul Hausmann: Danae, Fotomontage,
1932, Mailand, Sammlung Schwarz; René Magritte: Die symmetri-
sche List, 1928, Paris, Galerie Isy Brachot.

10 Vgl. dazu die Aktion »Mariae Empfängnis« von Hermann Nitsch,
München 1969; und die Aktion von Otto Muehl in Braunschweig
1969.

11 Linda Nochlin hat schon am Beispiel von Otto Dix darauf hingewiesen: »The whore as a metaphor for corrupt society is not, of course,

Dix' own invention, nor does it end with him. Having served effectively from Zola's Nana down to Goddard's Sauve qui peut, it is an eminently satisfying trope in patriarchal culture because it does double service. It allows male artists to articulate their hatred of women's sexual being (and their degrading need for her) under the justifying cloak of social criticism. The hate-filled distortion of female bodies, the terryfying grotesquerie of the images of women in the work of Grosz, Dix and others is presumably sanctioned by a larger social rage... It must be admitted that, for those of us today for whom feminism constitutes a central political position, it is hard to swallow this unremitting hostility towards women rationalized as valid social criticism of the Left.« In: Art in America, September 1981, S. 80.

12 Im Manifest »Die Blutorgel«, in: Adolf Frohner/Peter Gorsen 1975, S. 58; vgl. auch Otto Muehl: Weg aus dem Sumpf, Nürnberg 1977.

13 So stellt Christine Madelung von amnesty international, Sektionsarbeitskeis »Menschenrechtsverletzungen an Frauen«, fest: »Was bei uns als harte Pornographie vermarktet wird, ist in vielen repressiven Ländern tägliche Realität; sexuelle Folter und Vergewaltigungen in Haft- und Verhörsituationen.« Zit. nach EMMA-Sonderband Nr. 5, 1988, S. 53.

14 Nach Auffassung der amerikanischen Juristin Catherine A. MacKinnon »wird immer deutlicher, daß die Pornographie in Wirklichkeit der Faschismus des modernen Amerika ist – ein Faschismus, der weltweit exportiert wird«. In: EMMA-Sonderband Nr.5, 1988, S. 20–21.
Kathleen Barry (1983, S. 232) glaubt in Pornographie eine »Ideologie des kulturellen (übrigens nicht auf eine Kultur/ein Land beschränkten) Sadismus« zu erkennen: »Pornographie beschreibt längst nicht mehr nur die sexuellen Aktivitäten zwischen Prostituierten und ihren Kunden. Die sexuelle Befreiungswelle hat viele der bizarren Sexualhandlungen, die Männer von Prostituierten verlangen, ins private Heim getragen. Die Pornographie veranschaulicht nicht nur, was man mit einer Hure, sondern auch was mann mit seiner Geliebten, seiner Ehefrau und sogar mit seiner eigenen Tochter alles machen kann. Dank der Pornographie verschwimmen nunmehr althergebrachte gesellschaftliche Unterscheidungen und schließt sich zusehends die Kluft zwischen Liebe und Gewalt...« David Holbrook spricht in: Sex and Dehumanization in Art. Thought and Life in Our Time, London u. a. 1972, von einer »sadist revolution«.

15 Catherine Kramer gibt diesem, bei Yves Klein beobachteten Vorgang eine »witzige« Note: »Das ist also die nächste Phase in Yves' Entwicklung: nach dem monochromen und immateriellen Abenteuer die ›lebenden Pinsel‹! Die Darstellung [dies wird mit liebevol-

ler Nachsicht für den Künstler bemerkt] ist typisch für ihn: eine anmutige, listige Schilderung, die mit dem wirklichen Ablauf wohl nicht ohne weiteres gleichgesetzt werden darf. Die erste Arbeit mit einem ›lebenden Pinsel‹ war tatsächlich ein vollständig monochromes Bild; ein zusammengerolltes nacktes Mädchen übernahm die Arbeit der früher verwendeten mechanischen Rolle. So gesehen ist die Benennung ›Lebender Pinsel‹ nicht unpassend, denn die späteren Bilder mit einzelnen Körperspuren sind mehr Abdruck als Pinselführung. Halten wir ruhig an der hübschen Vorstellung fest, die ersten Versuche in Yves' Atelier seien unter plötzlicher, zwingender Eingebung der nackten weiblichen Modelle ausgeführt worden... Während Yves noch im Juni 1959 im Hessenhuis verkündigt hatte: ›Dieser Raum, den ihr mir zugewiesen habt, ist ganz von mir erfüllt; das ist mein Werk, waren die ›lebenden Pinsel‹ schon längst bei ihm tätig gewesen, wie ›Heinzelmännchen‹ beschäftigt an seinem zukünftigen Werk. Yves blieb der Verantwortliche und der Dirigent: junger Pascha im Kreise seiner Sklavinnen.« Catherine Kramer: Der Fall Yves Klein, München 1974, S. 105.

16 Arthur Schnitzler: Beziehungen und Einsamkeiten. Aphorismen, Frankfurt 1987, S. 49. H. d. V.

17 »Wo nu eyns sich sperret und nicht wil, da nympt und raubet es seynen leyb, den es geben hatt dem andern, das ist denn eygentlich widder die ehe unnd die ehe zuryssen. Darumb muß hie welltliche ubirkeyt das weyb zwingen oder umb bringen. Wo sie das nicht thutt, muß der man dencken, seyn weyb sey yhm genomen von reubern und umb bracht und nach eyner andern trachten.« In: Martin Luther: Vom ehelichen Leben (1522), Weimarer Ausgabe, Bd. 10, II, S. 267 ff.

18 »Darumb soll man die weiber in kindesnöten vormänen, das sie jren müglichen vleis alda beweisen, das ist ir höchste krafft und macht dran strecken, daß das kind genese, ob sie gleich darüber sterben.
Denn etliche frawen sorgen mehr für sich, wie sie mit dem leben davon kommen, dann für das kind, als die sich vor dem todt fürchten und die schmertzen gern ubergehen wolten, das ist nicht recht noch Christlich.« Ibid.

19 Zit. nach Andrea Dworkin, Pornographie, Köln 1987, S. 69.

20 Georg Silló-Seidl, Die Affaire Semmelweis, Wien/München 1985. Vergl. Dworkin 1987, S. 70.

21 David Freedberg, Iconoclasts and their motives, Maarssen 1985, S. 15 f.; Lisa Tickner, The Spectacle of Women, Imagery of the Suffrage Campaign 1907–1914, London 1987, S. 134.

Gisela Breitling

Pornographie – Kunstzensur – Medien
oder über eine pornographische Gesellschaft mit beschränkter Haftung

Erstens, eine Feststellung:

»Künstlerische Objektivität« gibt es nicht. Kunst entsteht nicht aus »künstlerischem Interesse«, und sie wird nicht aus solchem Interesse erworben, gezeigt oder bewundert. Jedes künstlerische Interesse ist in Wahrheit ein politisches.

Zweitens, ein Stoßseufzer:

Vergib ihnen nicht, denn sie wissen, was sie tun.

Drittens, ein Zitat:

Ich bin eine Frau. Haben nicht Frauen Augen? Hat eine Frau nicht Hände, Gliedmaßen, Werkzeuge, Sinne, Neigungen, Leidenschaften? Mit der selben Speise genährt, mit den selben Waffen verletzt, den selben Krankheiten unterworfen, mit den selben Mitteln geheilt, gewärmt und gekältet von eben dem Winter und Sommer als ein Mann? Wenn Ihr uns stecht, bluten wir nicht? Wenn Ihr uns kitzelt, lachen wir nicht? Wenn Ihr uns vergiftet, sterben wir nicht? Und wenn Ihr uns beleidigt, sollen wir uns nicht rächen? (frei nach Shakespeare: Shylock)

Zensur

Seit unter Feministinnen diskutiert wird, wie Pornographie eingeschränkt oder unterbunden werden könne, steht das Wort Zensur im Raum. Zensur: gewaltsame, diktatorische Unterdrückung der künstlerischen oder wissenschaftlichen Freiheit, der Freiheit der Meinung. Von Zensur ist auch die Rede, wenn die Macht der Meinungsmacher beschrieben und wenn nachgewiesen wird, daß durch Unterschlagung bestimmter Nachrichten und Meinungen eine verzerrte Wahrnehmung der Wirklichkeit entsteht. Bei der Erörterung dieser Art Zensur, dieser

Schere im Kopf, ist allerdings von der unterdrückten weiblichen Meinung nie die Rede. Und die Tatsache, daß alle Massenmedien, ob öffentlich-rechtlich oder privat, sich auf die Rede von Männern beschränken und daß die Belange von Frauen nicht als Nachricht und nicht als vermittelnswert gelten, fällt nicht unter den Begriff der Meinungsmanipulation bzw. der Zensur. Vor diesem Hintergrund der unterdrückten, wegzensierten frauenbezogenen Nachrichten wirkt die in den Medien als Leckerbissen zu- und angerichtete Frau auf mehrfache Weise entwürdigend. Als Subjekt, als denkende, arbeitende, Entscheidungen treffende Person existiert sie nicht oder gilt nicht als darstellenswert. In dieses Vakuum wird Weib als Genußmittel, als bloßer Körper abgefüllt. Die Amputation weiblicher Personalität markiert den Pegelstand normaler Frauenverachtung, deren Gewalttätigkeit beständig geleugnet wird. Das nenne ich Zensur.

Den Frauen, die die Aufhebung dieser Zensur fordern und gegen die Herabwürdigung der Frauen zum passiven, gebrauchsfähigen Objekt protestieren, den Vorwurf der Zensur zurückzugeben ist nur ein Beispiel unter vielen für das Ausmaß der Gewalt gegen Frauen.

Hinter diesem Zensurvorwurf verbirgt sich die unausgesprochene Übereinkunft, schon eine bloße Willensbekundung von Frauen sei skandalös und indiskutabel. Männliche sexuell pornographische Willensäußerungen, gleichgültig, wie zerstörerisch und menschenfeindlich sie sind, haben Vorrang. Kollidieren Interessen von Frauen mit denen der Männer, so gelten sie als irrelevant.

Den Frauen zu empfehlen, als Gegenmittel ihrerseits Pornographie zu produzieren, ist absurd. Eine Umkehrung der Standards ist nicht möglich. Selbst wenn Männer in pornographischen Darstellungen von Frauen als entwürdigte, sexualisierte Objekte eines weiblichen Sadismus vorkämen, würde dies keinen »Ausgleich« bedeuten. Denn faktisch sind nicht die Männer, sondern die Frauen Objekte sexueller Gewaltphantasie – und sie sind darüber hinaus weltweit seit Jahrtausenden die Opfer realer männlicher Gewalt.

Gegen Männer gerichtete sexuelle Gewaltphantasie von Frauen – das läuft auf eine besonders widerwärtige Anpassung an männliche Sexualpraxis hinaus. Es wäre die am tiefsten gehende Enteignung weiblicher erotischer Gefühle. Dieses Ansinnen dient der Verschleierung der realen Macht- und Gewaltverhältnisse zwischen den Geschlechtern. Daß Männer etwa zur Besinnung auf ihre eigene gewalttätige Sexualphantasie kämen, wenn ihnen die umgekehrte Rechnung präsentiert würde, ist nicht anzunehmen. Im Gegenteil. Nach meiner Einschätzung dürfte dies allenfalls ihre Domina-Phantasien anregen. Das Beispiel des Herrn Sacher-Masoch sollte eine Lehre sein. Wurde doch das Spiel, in dem er der Sklave war, ausschließlich nach seinen Wünschen und gegen die Wünsche seiner Venus im Pelz gespielt, die auf diese Weise gerade gehindert wurde, ihre eigenen Erotikvorstellungen zu realisieren, und sich wie üblich den Wünschen ihres Partners anpassen mußte.

Daß weibliche Gewaltphantasie gegenüber Männern erotisch bzw. sexuell intendiert sein soll, jedenfalls nach den Empfehlungen einiger Befürworterinnen von nach männlichen Standards konstruierter Frauenpornographie, halte ich für eine psychologische Unmöglichkeit. Weibliche Gewaltphantasie kann allenfalls *sozial* intendiert sein, Ergebnis unserer alltäglichen Wut und Empörung, die sich vielleicht einmal Luft machen will. Es hieße, diesem berechtigten Zorn die Spitze zu nehmen, wenn Frauen dazu gebracht würden, ihn in Gewaltpornographie mit umgekehrten Vorzeichen umzumünzen. Daß Frauen auf diese Weise sexuell erregt werden könnten, dürfte zudem kaum realistisch sein. Anders sind die masochistischen Phantasien von Frauen zu verstehen. Sie dürfen nicht mit der veröffentlichten Männerphantasie in einen Topf geworfen werden. Sie sind Re-Aktionen auf eine pathologische Situation: auf die Geschlechtskrankheit Sexismus.

Die Grenzen zwischen Pornographie und Kunst

Es wird allgemein befürchtet, daß die Freiheit der Künste in Gefahr sei, wenn Pornographie verboten würde. Besonders künstlerische Produkte von Frauen seien dann gefährdet. Diese Sorge um die Kunst kann ich nicht teilen. Die Freiheit der Kunst ist ein Phantom: Für Frauen hat es sie nie gegeben. Kunst von Frauen spielt in unserer Gesellschaft keine Rolle, sie wird marginalisiert, behindert, kaum gezeigt oder gefördert und so gut wie nicht rezipiert, in der Kunstgeschichte kommt sie nicht vor. Solange dies der Fall ist, gibt es keine Freiheit der Kunst, unterliegt sie vielmehr einer Geschlechtszensur. In Wahrheit geht es bei der Freiheit der Kunst ausschließlich um die Freiheit, die Männer meinen.

Viele männliche Künstler bekennen sich zur »Faszination an der Gewalt«. Gewalt ist offenbar besonders für zeitgenössische Künstler eine Quelle der Inspiration. Sie bildet die Grundlage für Innovationen, weil sie dem Konsens der Gegenwart, dem Zeitgeist, entspricht bzw. zuarbeitet. Faszination durch Gewalt bemäntelt sich manchmal mit Anklage, zumeist will sie als Provokation verstanden werden: als Provokation allerdings, die nicht angenommen werden soll, sondern auf Einverständnis spekuliert. Daß es, um aus dem Faszinosum Gewalt künstlerisches Kapital zu schlagen, einer bestimmten Mentalität bedarf, versteht sich von selbst. Dies hat zur Folge, daß kreative Impulse, die sich aus einer anderen Haltung speisen, keine Erfolgschance haben. Vor allem Frauen, für die Faszination durch Gewalt wohl kaum ein künstlerischer Impetus sein wird, geraten dadurch ins Abseits, und ihre Bildphantasie hat nur geringe Aussicht, als innovativ zu gelten. Der Impuls zu Innovation in dem Sinn, wie sie derzeit verstanden wird, dürfte bei Künstlerinnen nur selten vorkommen, da ja Frauen stets die ersten Opfer von Gewalt sind. Eine weibliche Gegenposition kann sich in dieser Atmosphäre nicht entwickeln, denn was Kunst ist, wird von Männern bestimmt, und Frauen stehen unter einem Leistungsdruck besonderer Art, da sie als Exilierte in einer fremden, ihnen unangemessenen Kultur, der Männer-Kultur, leben. Die Kunst der Frauen muß vor einer männlichen Jury bestehen, Kunst der Männer jedoch nicht vor einer weiblichen, von der die antifeministischen Fotos eines Helmut Newton sicher ebenso wenig akzeptiert würden wie die Porno-Möbel eines Allan Jones.

Durch nichts ist der Mythos belegt, bei hochqualifizierter Kunst handle es sich auch um ethisch oder menschlich Hochstehendes. Ähnlich wie in der Wissenschaft, wo sich ungebremste Forscherneugier inzwischen der Frage nach ihrer ethischen Vertretbarkeit stellen muß, verhält es sich auch in der Kunst; und so wenig in der Wissenschaft der Gedanke, alles, was machbar sei, dürfe, ja müsse auch tatsächlich gemacht werden, heute noch unhinterfragt akzeptiert wird – zu offenkundig sind die lebensbedrohenden Konsequenzen dieser Freiheit –, so wenig ist einzusehen, weshalb Fragen der Ethik nicht auch an die Kunst gestellt werden dürfen.

Wird Kunst von Pornographie abgegrenzt, so können

frauenverachtende Artefakte unter dem Kunstvorbehalt »gerettet« und an reputierlicher Stelle, nämlich in öffentlichen Ausstellungsräumen mit hohem Prestige – etwa einem Museum – präsentiert werden. Solche erotische Kunst arbeitet dem heimlichen Lehrplan dieser Institutionen zu und koppelt ihn mit der Sexualbotschaft. Der heimliche Lehrplan der Museen vermittelt Frauen nicht als Handelnde, als Künstlerinnen, sondern als Objekte männlicher Kunstausübung, als »Männersache«.

Erotische Kunst ist in der europäischen Tradition überwiegend frauenfeindlich. Die Themen seit der Antike: Frauenraub, Vergewaltigung. Der Raub der Proserpina, der Raub der Sabinerinnen, Apoll und Daphne, Nymphen, von Satyrn verfolgt – diese Bilder werden mit großem Respekt betrachtet und vermitteln die fraglose Berechtigung männlicher Übergriffe auf Frauen, Liebe und Vergewaltigung als ein und dasselbe. Der hohe künstlerisch-ästhetische Rang dieser Bilder macht den Inhalt nebensächlich bzw. reflektiert ihn als Schönheit und in der Schönheit die Normalität von Gewalt.

Doch gibt es daneben eine andere künstlerische Tradition von Gewaltdarstellung, nämlich die der christlichen Märtyrer und vorrangig des gemarterten Christus selber. Diese Gewalt ist alles andere als erotisch gefärbt. Ihre Darstellung soll Entsetzen, Mitleid und Erschütterung hervorrufen, und sie tut es auch. Doch sind in der Kulturgeschichte gerade die Blutrünstigkeit etlicher solcher Bilder der Gewalt und ihre gefährlichen bewußtseinsprägenden Folgen beklagt worden. Vor allem Nietzsche kritisierte die Leib- und Sinnenfeindlichkeit christlicher Marterbilder und ihre zerstörerische Wirkung auf die erotische Empfindungsfähigkeit. Der Philosoph George Steiner ging so weit, in der Hölle von Auschwitz die letzte, zwingende Konsequenz aus dem durch Jahrhunderte gewohnten Anblick von Folter und Tod zu erkennen.

Sicherlich zu Recht ist bisher noch niemand auf die Idee gekommen, Frauen könnten den Anblick des nackten, gequälten Mannes am Kreuz sexuell genießen. Schon der bloße Gedanke erscheint blasphemisch, und Frauen würden ein solches Ansinnen als Beleidigung ihrer humanitären und erotischen Identität zurückweisen. Wie aber, wenn der Mensch am Kreuz weiblich wäre? Dann ist sexueller Genuß jedenfalls nicht unmöglich. So delektierte sich der Religionsphilosoph Paul Tillich am Anblick von Bildern mit gekreuzigten Frauen, die er zwischen die Seiten seiner gelehrten Bücher legte. Kein Erbarmen mit den Frauen.

Mitleid und Entsetzen – die einzig angemessenen Gefühle gegenüber gequälten und entwürdigten Menschen – sind weder gemeint, noch werden sie vermittelt, sobald es sich um weibliche Opfer handelt. Im Gegenteil, die sexuelle Intention löscht jedes menschliche Gefühl aus. Mit anderen Worten, sobald Gewalt sexuell »gemeint« ist, handelt es sich nicht mehr um Gewalt, sondern um kühne, alle Konventionen überschreitende sexuelle Leidenschaften.

Erotische Kunst und Pornographie haben dieselbe Botschaft, nämlich, daß der Wille und die Gefühle von Frauen nicht berücksichtigt zu werden brauchen, daß die Gewalt des Sexus, die Gewalt des Eros gleichbedeutend sei mit Gewalt gegenüber Frauen, daß Eros und Sexus an und für sich gewalttätig seien.

Die Flut dieser Gewalt, die sich auf Meinungsfreiheit (wessen?), auf Freiheit der Kunst (wessen?), auf Freiheit der sexuellen Entfaltung (wessen?) beruft, steht Frauen inzwischen bis zum Hals. Sie unterläuft alle bürgerlichen Rechte, die Frauen in jahrhundertelangen Kämpfen errungen haben, und schränkt ihre Freiheit auf allen Ebenen der Gesellschaft ein: ihre Bewegungsfreiheit, ihre intellektuelle, künstlerische und erotische Freiheit. Rücksichtslose männliche Sexualphantasie und auch ihr konkretes Handeln (geschlagene Frauen, Vergewaltigung und sogenannte Lustmorde lösen ja in der Regel bei Männern keine Betroffenheit aus) unterlaufen die geltenden Gesetze und Rechte und setzen die alten patriarchalischen Einschränkungen weiblicher Autonomie dagegen durch. Massenmedien, Werbung, Pornobilder: jeder Junge lernt, noch bevor er lesen kann, daß das Weib ein Gebrauchsgegenstand ist, mit dem man nach Gutdünken verfährt, daß das Weib geil ist (»geile Titten«, »geiler Hintern«) und vergewaltigt und benutzt werden darf, soll, will, muß.

Und jedes Mädchen lernt, daß es ein Objekt ist, daß Weiblichkeit verächtlich ist, der weibliche Körper die Stigmata eines entwürdigten, benutzten Gebrauchsgegenstandes trägt und daß es sich dieser Gewalt zu beugen hat. Jedes Mädchen lernt, daß es gefährdet ist, wenn es Bewegungsfreiheit beansprucht. Jedes Mädchen lernt Rechtsverzicht.

Die Hure macht Sexualität dienstlich. Sie trägt Dienstkleidung, eine groteske Aufmachung, die Männer anmacht, aber nicht weil und wie die Frau es will. Durch die Präsentation sexueller Dienstlichkeit wird vielmehr demonstriert, daß die Frau eben gerade *nicht will,* sondern daß sie dieses Wollen *dienstlich* betreibt. Es ist ein vorgebliches Wollen, die Darstellung von erotischem Wollen nach männlicher Regieanweisung. Daß die Hure sich im Dienst als sexuell Fordernde oder Bereite zeigt, hebt jedes sexuell selbstbestimmte erotische Wollen von Frauen auf. Denn jede Frau, die ungefragt und unaufgefordert sexuelle Wünsche zum Ausdruck bringt, muß sich auf das Schimpfwort Hure gefaßt machen, eben dann, wenn und weil sie es gerade *nicht dienstlich* tut. Deshalb bedeutet das Vorhandensein von Prostitution eine permanente Enteignung des weiblichen Begehrens. Solange es Prostitution gibt, kann es keine erotische Freiheit von Frauen geben.

Die Prostituierte ist die große Kultfigur männlicher sexueller Phantasie, Heldin der Erotika und der Pornographie. Daß sie es für Geld macht, für einen Zuhälter und nicht etwa, weil sie Lust hat, das macht sie für Männer attraktiv. Männer können zu fast jeder Zeit und an fast jedem Ort über Frauen verfügen, die es dienstlich und für Geld tun und die jedenfalls nicht selber wollen. Macht haben heißt, sich nicht anpassen müssen. Pornographie und Prostitution machen männliche Anpassung an weibliche Wünsche überflüssig. Sie kastrieren Frauen.

Meine Forderung an jenen Staat, nach dessen Grundgesetz meine Würde unantastbar ist und als dessen Bürgerin mir durch meine Zugehörigkeit zum weiblichen Geschlecht keine Nachteile erwachsen dürfen:
Erstens:
Die Pornographie beleidigt meine Würde, und ich wünsche, daß sie verschwindet, ob durch endliche Anwendung bereits vorhandener oder mit Hilfe weiterer ergänzender Gesetze.
Zweitens:
Das Geschäft mit dem Körper von Frauen muß aufhören.
Drittens:
Ich fordere die Aufhebung der gegenwärtig praktizierten geschlechtsspezifischen Kunstzensur. Ich fordere die Präsenz von Frauen in allen gesellschaftlichen Entscheidungszusammen-

hängen, damit die ausschließlich männliche Interpretation von Kunst, Innovation, Sexualität und Erotik mit einer kritischen Auseinandersetzung konfrontiert wird.

Die Meinungen und Wünsche von Frauen müssen in der Öffentlichkeit hörbar und sichtbar werden, damit aus der männlich bestimmten Monokultur eine zweigeschlechtliche Kultur wird. Um neue und andere Paradigmen in den Künsten und allen gesellschaftlichen Zusammenhängen zu erreichen, bedarf es eines Prozesses der Bewußtseinsbildung mit dem Ziel, beiden Geschlechtern gleiche Rechte auf Entfaltung und Entscheidung in allen gesellschaftlichen, künstlerischen und politischen Belangen zuzugestehen. Um diesen Prozeß voranzutreiben, fordere ich die Hälfte des Kulturetats für Frauen.

Der ökonomische Hintergrund

Klaus E. Heinig

Erotische und pornographische Videofilme: Eine Marktübersicht

Zur Zeit werden pro Jahr etwa 1300 Videofilme pornographischen Inhalts auf dem Markt angeboten mit ca. 2,2 Millionen legal hergestellten Videofilmen (Vervielfältigungsstücken).

Seit 1976 ist die »Gesellschaft zur Übernahme und Wahrnehmung von Filmaufführungsrechten m.b.H.« (Güfa) auf der Grundlage des Urheberrechtswahrnehmungsgesetzes mit der treuhänderischen Verwertung von Urheber- und Leistungsschutzrechten aus diesen Filmen betraut. Die Güfa ist – wie die GEMA – eine sogenannte Wahrnehmungsgesellschaft. Der Güfa sind Filmhersteller angeschlossen, die insbesondere erotische und pornographische Filme produzieren. Als Geschäftsführer der Güfa werde ich anhand der mir vorliegenden Zahlen einen kurzen Überblick über den Markt geben.

Ich möchte zunächst eines klarstellen: Sogenannte Horrorvideos werden von unseren Mitgliedern nicht produziert. Die Güfa bedauert sehr, daß in der gegenwärtigen Diskussion derartige Produkte, denen der Gesetzgeber mit der Einführung des § 131 StGB zu Recht Einhalt geboten hat, mit den seit der Strafrechtsreform in den 70er Jahren legalisierten pornographischen Filmen in einen Topf geworfen werden. Harte Pornographie ist verboten und in § 184 StGB Abs. 3 klar definiert. Die in diesem Absatz 3 genannten Schriften – Bildtonträger fallen in diesem Zusammenhang unter Schriften – werden weder von Beate Uhse noch von anderen Filmproduzenten, die Mitglieder der Güfa sind, hergestellt oder vertrieben. Einige Feministinnen können es nicht lassen, immer wieder von harter Pornographie – die, ich wiederhole es, bei uns verboten ist – zu sprechen und dies zur Diskussion zu stellen.

Selbstverständlich kommen aus Dänemark, Holland und England Filme, die verboten sind, die also unter § 184 Abs. 3 StGB fallen. Diese Filme werden illegal eingeführt. Einzelfälle werden von bestimmten Feministinnen immer wieder in die Diskussion gebracht und sind völlig fehl am Platz.

Zulässig ist die Verbreitung pornographischer Schriften (Filme) unter Beachtung des § 184 Abs. 1 und 2 StGB. Pornographische Filme sind Filme, in denen der detaillierte Koitus, detaillierte Darstellungen von Geschlechtsteilen sowie alle denkbaren sexuellen Handlungen zwischen Frauen/Frauen, Männern/Frauen, Männern/Männern gezeigt werden. Im Gegensatz dazu werden in den im Sprachgebrauch sogenannten »Soft-Pornos oder -Filmen« die sexuellen oder geschlechtlichen Handlungen nur angedeutet (entschärfte Fassung eines normalen Pornofilms). Der Betrachter braucht bei einem »Soft-Film« mehr Phantasie – anscheinend ist dies nicht mehr gefragt, denn der Anteil der »Soft-Filme« am Markt ist eher gering. Soft-Pornos werden aber z. B. auch ab 23 Uhr von manchen Sendeanstalten ausgestrahlt. Unter diese Kategorie fallen auch Sexfilme oder erotische Filme ab 16 bzw. 18 Jahre. Solche Filme werden auch in normalen Filmtheatern ab 18 Jahre gezeigt.

Zurück zur Güfa. Der Güfa sind z. Zt. 75 Filmhersteller angeschlossen, die für ihre rund 4500 Filmtitel die Urheber- und Leistungsschutzrechte mit Wahrnehmungsvertrag ausschließlich der Güfa übertragen haben. Die Güfa nimmt somit insbesondere die öffentlichen Filmvorführungsrechte für Videofilme in der Bundesrepublik Deutschland und West-Berlin sowie Österreich wahr. (Die Güfa beschäftigt zwölf Arbeitnehmer.) Die Erlöse aus diesen Verwertungsrechten belaufen sich in diesem Jahr (1988) auf rund 10 Millionen DM; die Verteilung an die berechtigten Filmhersteller erfolgt – nach Abzug der rund 27 % Verwaltungskosten – jährlich.

Nach unserer Einschätzung gibt es in der Bundesrepublik 80 Produktionsfirmen, die sich mit der Herstellung von Erotika und Pornographie beschäftigen, mit einem geschätzten Jahresumsatz von 150 Millionen DM und rund 2500 Beschäftigten. Wie bereits erwähnt, werden pro Jahr etwa 1300 Videofilme pornographischen Inhalts auf dem Markt angeboten mit etwa 2,2 Millionen legal hergestellten Videofilmen (Vervielfältigungsstücken).

Insgesamt 13,2 Millionen Videofilme werden in rund 5500 Videotheken bereitgehalten, das entspricht pro Videothek ca. 2400 Stück. Davon kommen rund 95 % zur Vermietung, der Rest wird verkauft. In den Videotheken sind rund 16000 Arbeitnehmer beschäftigt. Der Umsatz wird in 1988 insgesamt 1,6 Milliarden DM betragen, davon ca. 300 Millionen DM (ca. 19 %) aus pornographischen Bildträgern. (Zur Klarstellung sei erwähnt, daß es auch noch rund 2300 weitere Verkaufs- und Vermietstellen gibt, in denen keine Pornographie angeboten wird: Warenhäuser, Versandhandel, Tankstellen, Fachgeschäfte, Kioske usw.)

In ca. 700 *Sex-Shops* mit angeschlossenen *Kleinkinos* und ca. 300 *Videokabinenbetrieben* und rd. 150 *35-mm-Kinos* werden ca. 6000 Arbeitnehmer beschäftigt, mit einem geschätzten Jahresumsatz von 120 Millionen DM. Die Besucherzahlen in den Pornokinos sind rückläufig. Hinzu kommen noch etwa 150 *Betriebe ohne* Filmvorführungen, in denen Sexartikel, Dessous, Magazine u. ä. angeboten werden, mit ca. 600 Beschäftigten und einem geschätzten Jahresumsatz von 15 Millionen DM.

Darüber hinaus gibt es ca. sechs *Großhandelsfirmen*, die fast ausschließlich mit pornographischen Artikeln handeln (Bildtonträgern, Magazinen, Printmedien, Hilfsmitteln und dergleichen), mit ca. 150 Beschäftigten und geschätzten 140 Millionen DM Jahresumsatz.

Aus dem bereits Gesagten ergibt sich, daß die direkt betroffenen Arbeitsplätze – wenn man so will – der »Pornoindustrie« (ein, wie wir meinen, unzutreffender Name) rd. 10000 ausmachen.

Dazu kommen in rund 1000 *Nachtbetrieben* (Bars, Mischbetriebe, Saunen, Filmbars und dergleichen) pornographische Filmvorführungen. Die Anzahl der Beschäftigten oder Umsätze sind uns nicht bekannt.

Indirekt betroffen sind aus verschiedenen Gründen natürlich wesentlich mehr Arbeitsplätze. Nehmen Sie die Beschäftigten der Industrie, Videorecorderhersteller, Leerkassettenhersteller, die rd. 20000 Beschäftigten in den Videotheken und anderen Verkaufs- und Vermietstellen; die Beschäftigten in den gastronomischen Nachtbetrieben und dergleichen, Arbeitnehmer in Druckereien, Lithoanstalten oder Techniker – nicht zu vergessen, die am Film künstlerisch und technisch Mitwirkenden!

Zur Art und Thematik der im Handel befindlichen Pornofilme ist im allgemeinen zu sagen, daß ästhetische und saubere Pornos mit Handlung gefragt sind und nicht irgendwelche Sonderbehandlungen und/oder extreme Auswüchse. Der Anteil an sogenannten Soft-Pornos ist eher gering einzuschätzen.

Der Gesamtumsatz der – wenn man so will – Pornobranche dürfte rd. 750 Millionen DM betragen. Im Vergleich zur gesamten Videofilmbranche, Jahresumsatz 1988 geschätzt, 2,5 Milliarden DM – darin sind enthalten Videoleerkassetten und Zubehör, *ohne Videorecorder* –, entspricht das 30 %. Das geschätzte Steueraufkommen aus dieser speziellen Branche dürfte über 350 Millionen DM ausmachen.

Abschließend sei noch auf das Problem der sogenannten Videopiraterie, das Herstellen von Raubkopien, hingewiesen. Es wird damit gerechnet, daß 15 bis 20 % der im Handel befindlichen Pornovideos Raubkopien sind. In diesem Zusammenhang sei erwähnt, daß die Güfa Mitglied bei der GVU (Gesellschaft zur Verfolgung von Urheberrechtsverletzungen e. V.) in Hamburg ist und auch hier die Interessen ihrer Mitglieder wahrnimmt.

Beate Uhse

Bedarf, Bedürfnis, Befriedigung

Ich wurde gebeten, zum Thema Pornographie aus meiner Kenntnis als Unternehmerin Fakten und Zahlen über die Entwicklung im Laufe der Jahre beizusteuern. Ich bin seit über 40 Jahren in der Erotik-Branche tätig und habe die Entwicklung seit Ende des Zweiten Weltkriegs miterlebt: die Änderung der Gesetzgebung zunächst in Dänemark, die Diskussionen in der Bundesrepublik, dann die Liberalisierung, die veränderte Rechtsprechung und schließlich die Verhaltens- und Kaufmuster meiner Kunden.

Zunächst möchte ich betonen: Ich bin Kauffrau und damit absolute Praktikerin. Deshalb enthält mein Bericht auch keine Theorien und keine Hypothesen, sondern ich stütze mich auf Fakten, Tatsachen und Zahlen über das Kaufverhalten der Deutschen auf dem Sektor Erotik und Pornographie.

Ein kurzer Blick zurück

Als Kauffrau habe ich von Anfang an auf die – mehr oder weniger offen eingestandenen – Bedürfnisse der Menschen geachtet. Was heute vielleicht schwer vorstellbar erscheint: es gab nach dem Krieg einen großen Nachholbedarf an Lebenslust, an Erotik und Sexualität, gleichzeitig aber wenig Wissen um die dringend nötige Kontrazeption, wenig Wissen über sexuelle Dinge überhaupt. Das änderte sich nur langsam. Auch dazu ein paar Zahlen:

Im Sommer 1961 war erstmals die sogenannte »Antibaby-Pille« erhältlich. Zwar rezeptpflichtig und noch nicht hinreichend auf Langzeitwirkung getestet, aber trotzdem hatten Frauen damit endlich die Möglichkeit, sich frei für oder gegen eine Schwangerschaft zu entscheiden.

Der Gebrauch der Pille verbreitete sich zunehmend, unter verheirateten und nicht verheirateten Frauen, Müttern und

Töchtern. 1970 ergab eine Untersuchung an Schülerinnen von Gymnasial-Oberklassen einer norddeutschen Großstadt, daß immerhin 13 % von ihnen die Pille nahmen.[1] Auch wenn vielleicht nicht alle schon sexuelle Kontakte hatten, so wollten sie doch, wie dazu erklärt wurde, sich nicht aus Angst, ungeschützt zu sein, »das versagen müssen, was sie gerne erleben möchten« – wenn sie es wollten.

An diesem kleinen Beispiel wird die Veränderung, die durch die Pille eingetreten ist – und die ich nur aufzeigen, nicht bewerten möchte –, schlaglichtartig beleuchtet: Erstmalig in der uns bekannten Geschichte der Menschheit haben Frauen die Möglichkeit, zu lieben – oder sexuelle Begegnungen zu haben – wie Männer: ohne Angst vor Folgen.

Die Folgen sind anderweitig unmißverständlich zu erkennen: im Sinken der Geburtenzahlen, dem sogenannten »Pillenknick«, und – sicher auch damit im Zusammenhang – im Ansteigen des Anteils berufstätiger Frauen. Innerhalb weniger Jahre stieg dieser von 14 auf 35 %.[2] Die Frauen werden unabhängiger und freier und bekennen sich auch zu ihren sexuellen Wünschen. Insgesamt wird es im Sexualleben der Deutschen lebendiger.

1969 wird in Dänemark das Verbot der Herstellung und des Vertriebs von Pornographie aufgehoben. Weitere Wünsche – oder zumindest Neugierden – werden deutlich: Es setzt ein reger Reiseverkehr nach Dänemark ein. In Kopenhagen werden nun an diversen Zeitungsständen neben Ansichtskarten und Stadtplänen auch Pornohefte angeboten. Bald reichen bei den Zollämtern die Fächer nicht, um das Pornomaterial aus den skandinavischen Ländern zu erfassen.[3] Das Interesse an diesen Dingen war nicht auf bestimmte Kreise beschränkt, sondern ging quer durch die Gesellschaft. Auch Frauen waren beteiligt.

Durch Umfragen aus den 70er Jahren (Hite-Report, RALF-Report) wird noch einmal deutlich, was Männer und Frauen in Sachen Erotik und Sexualität wünschen. Shere Hite[4] ermutigt insbesondere die Frauen, aktiver die Befriedigung ihrer Bedürfnisse zu verfolgen. Immer mehr Frauen und Männer lassen sich durch Erotika und Pornographie anregen.

Die Liberalisierung des § 184 im Jahre 1974, also die Freigabe einfacher Pornographie für Erwachsene, brachte für unsere Branche zwar einige größere Freiheiten, aber insgesamt noch mehr Komplikationen. Das Gesetz in sich ist sehr kompliziert: Wer darf wann, wo, unter welchen Begleitumständen

Pornographie anbieten und verkaufen? Wir haben zwei Volljuristen beschäftigt, die dafür sorgen, daß in unserem Unternehmen alles so richtig und legal gemacht wird, wie es vom Gesetzgeber bestimmt ist.

Zum jetzigen Stand:
das Wirtschaftsunternehmen Beate Uhse

Unser Unternehmen besteht aus den Betriebszweigen Beate-Uhse-Läden, Dr. Müller-Läden, Beate-Uhse-Versandhaus und Beate-Uhse-Video. Insgesamt sind etwa 600 Mitarbeiter fest angestellt. In der Flensburger Zentrale sind rund 100 Mitarbeiter beschäftigt; die übrigen in den Läden und Kinos in zahlreichen Städten der Bundesrepublik. An Lohn und Gehalt zahlten wir im Jahre 1987 rund 15,6 Millionen DM.

In unsere ca. 50 Verkaufsstellen kommen täglich 50000 bis 60000 Besucherinnen und Besucher. Das sind 15 Millionen im Jahr. Sicherlich kauft nur ein Teil von ihnen. Alle aber interessieren sich für das präsentierte Erotik- und Pornographieangebot.

Verkauft wurden im Jahre 1987 in unserem Unternehmen für mehr als 100 Millionen DM erotische Produkte. Die Hauptwarengruppen sind Bildbände, Bücher, Magazine, Verhütungsmittel, Hilfsmittel (wie z. B. Vibratoren), Dessous und Videos.

Im Teilbereich Versandhandel sind etwa 600 Artikel der o. a. Art im Angebot. Keiner davon ist pornographisch, da Pornographie im Versandhandel verboten ist. Die Videos, die im Versandhandel angeboten werden, sind soft.

In unseren rund 50 Verkaufsstellen führen wir ebenfalls etwa 6000 Artikel, davon rund ein Drittel (37 %) Pornographie, und zwar in erster Linie Magazine und Videokassetten.

Vor allem Frauen interessieren sich für Bildbände und Bücher. Knapp die Hälfte unserer Kundinnen (46 %) kaufen diese, 31 % der Frauen kaufen Vibratoren. Dabei fällt auf, daß bei jungen Menschen – in der jüngsten Altersgruppe der 18- bis 21jährigen – die Kaufintensität bei Frauen und Männern fast gleich ist. Mit zunehmendem Alter scheinen die Männer prozentual mehr zu kaufen. Das kann aber auch daran liegen, daß in festen Partnerschaften – verheirateten oder zusammenlebenden – der Mann häufiger als Absender erscheint.

Zur Alters- und Sozialstruktur unserer Kunden

Nach neuesten Ergebnissen (August 1988) bilden die 18 bis 35jährigen den Hauptanteil unserer Kunden. (Die ältesten Kunden sind über 80 Jahre alt.) Etwa 30 % der Käufer sind Frauen. Hier fällt auf, daß besonders die jungen Frauen – zwischen 18 und 25 Jahren – sehr kaufaktiv sind. Sie bilden fast die Hälfte (46,6 %) des Gesamtanteils der Frauen. Früher war der Anteil der Frauen natürlich nicht so hoch.

Unser Kundenstamm rekrutiert sich überwiegend aus der städtischen Bevölkerung: Nach unseren Unterlagen lebt der »typische Beate-Uhse-Kunde« in Klein-, Mittel- und Großstädten.

Nach einer Untersuchung der Firma Regio-Select, die in unserem Auftrag erstellt wurde, gehört die größte Käufergruppe zum sogenannten »klassischen Bürgertum«, gefolgt von »Konservativen« und »Upper class« (fast gleich stark vertreten). Die letzte Gruppe bilden die »Aufstiegsorientierten«. (Diese Begriffe stammen aus der o. a. Untersuchung.) Ich möchte betonen: Dies sind Angaben aus unserem Unternehmen, nur die kann ich mit Sicherheit präsentieren. Als Illustration möchte ich aus dem Brief einer Kundin zitieren, die stellvertretend für Tausende gesehen werden kann. Diese Kundin ist etwa 35 Jahre alt. Sie ist medizinisch-technische Assistentin und lebt mit ihrem Freund zusammen. Sie war unzufrieden mit dem Erotik-Video, das sie vom Versandhaus Beate Uhse erhalten hatte, und schrieb:

»... Was dann – von mir mit Spannung erwartet – ankam, ist ein mittelmäßig witziger und spannender Film, die wenigen erotischen Szenen haben ein Niveau, das man unbedenklich auch im Nachmittags-Kinderprogramm des Deutschen Fernsehens zeigen kann. Selbst in dessen Abendprogrammen (20.00 – 22.00 Uhr) kann man erotischere Filme sehen. Da heutzutage auch alle Videotheken recht scharfe Sexfilme im Programm haben, hatten mein Freund und ich uns – offensichtlich irrtümlich – eine gewisse Steigerung bei Ihren Filmen vorgestellt.«

Hier haben wir den typischen Fall: eine intelligente, gut ausgebildete Frau, die mitten im Leben steht. Sie möchte zusammen mit ihrem Freund Pornographie konsumieren, schreibt ans Versandhaus und erhält dort einen Sexfilm, der längst nicht das bietet, was sie sich vorstellt. Natürlich habe ich dieser Kundin geschrieben, habe ihr die komplizierte Rechtslage erklärt, ihr das Geld für den Film zurückgeschickt und ihr empfohlen, sich das reichhaltige Kassettenangebot in unseren Läden anzuschauen.

Sie sehen also: Der Normalbürger glaubt, in der Bundesrepublik könne Pornographie ohne Einschränkung vertrieben werden. Er wird total verunsichert durch die Debatten um die Definition von Erotik und Sex und Soft-Porno und Pornographie und Hart-Porno und Gewalt.

Als Unternehmerin, die 40 Jahre in dieser Branche tätig ist, finde ich es wirklich bedauerlich und auch ziemlich unfair, wie falsch Pornogegner argumentieren. Es ist ihr gutes Recht, gegen Pornographie zu sein, denn wir leben ja glücklicherweise in einer Demokratie, und da kann jeder das meinen und äußern, was er für richtig hält. Aber ich finde es unfair, daß in den Medien durch falsche Darstellung bewußt Verwirrung gestiftet wird. Es wird argumentiert, daß Pornographie stets mit Gewalt gleichzusetzen sei. Das finde ich unrecht. In einer Demokratie, meine ich, muß der Bürger wahrheitsgemäß informiert werden. Erotika darf man nicht mit Pornographie verwechseln, und es darf auch nicht der Eindruck erweckt werden, daß Pornographie zwangsläufig mit Gewalt einhergeht. Gewalt-Porno ist in Deutschland illegal, in einem normalen Sex-shop nicht vorhanden und selbst für Branchenkenner auf dem Schwarzmarkt schwer erhältlich. Ein Beispiel: Wir waren aufgefordert, für eine Studie zwei Gewaltpornos zu besorgen, und meine Leute im Außendienst haben eine ganze Woche gebraucht, um zwei Videos in irgendeiner Hafenkaschemme aufzutreiben. Wenn also immer von Gewalt-Pornos gesprochen wird: diese sind die absoluten Ausnahmen.

Zu den Arbeitsbedingungen von Pornomodellen

Ich wurde noch gebeten, etwas zu Arbeitsbedingungen von Pornomodellen zu sagen. Dazu kann ich kaum etwas aus unserem Unternehmen sagen, da wir bisher nahezu ausschließlich in den USA gedreht haben. Deshalb zunächst einmal diese Angaben, wahrscheinlich sind die Werte in Deutschland aber ähnlich.

Pornomodelle werden in der Regel – genau wie andere Schauspieler auch – durch Agenturen, Künstleragenturen, angeworben. Die Auswahlkriterien für Männer und Frauen sind gleich: Sie müssen gut sein, attraktiv aussehen und spielen können. Das Zahlenverhältnis zwischen Frauen und Männern ist etwa 60 : 40. In den Filmen geht es ja um lebensnahe Geschichten, und da kommen eben öfter Frauen vor als Männer.

Zu den Anforderungen: Sie müssen, wie gesagt, spielen können und gut aussehen, und man muß ihnen den Spaß am Sex vor der Kamera anmerken. Bei einem guten Pornofilm müssen der Sex und die Erotik von der Leinwand auf den Zuschauer überspringen. Man sollte nicht daran denken, daß die Leute das für Geld machen. Wenn die Kamera sagt: »Schnitt«, muß man das Gefühl haben, die würden weitermachen.

Die Art der Anforderung – das, was gespielt werden soll – wird vorher abgesprochen und vertraglich festgelegt. Eine normale Tagesgage in den USA liegt zwischen 1000 und 3000 Dollar. Das ist wie beim Sport: Es ist ziemlich viel Geld.

Zum Vergleich noch etwas zu anderen Modellen, z. B. Wäsche-Modellen in der Bundesrepublik. Diese Modelle, die wir für unsere Dessous fotografieren, bekommen zwischen 800 und 3000 DM pro Tag. Da ist von Porno gar nicht die Rede: Es heißt nur, einen flotten Body anziehen, ein Paar Stockings und dann ein bißchen schick stehen. Das bringt, wie gesagt, 800 bis 3000 DM pro Tag. Ein Beispiel: Auf der Video-Messe in Wiesbaden hatten wir ein Modell – Tracy Adams – gebeten, uns fünf Tage dort zur Verfügung zu stehen, um für unsere Messebesucher Autogramme zu schreiben und sich mit ihnen fotografieren zu lassen – selbstverständlich angezogen, nicht etwa pornomäßig. Das Mädchen bekommt 5000 Dollar für die fünf Tage.

Ich möchte in diesem Zusammenhang noch etwas zum Videokonsum überhaupt sagen. Fachleute sind der Auffassung, wir leben in einem visuellen Zeitalter. Daraus ist sicher auch der hohe Bedürfniszuwachs für erotische und pornographische Videos zu erklären. Die Leute sehen sich ja nicht nur – wie oft behauptet wird – wie wahnsinnig Pornos an, sondern sie sitzen überhaupt sehr viel vor dem Bildschirm. Nach neuesten Erhebungen gibt es inzwischen in 39 % aller Haushalte in der Bundesrepublik einen Videorecorder. 10 % der Haushalte haben sogar mehr als einen Recorder. Üblicherweise kauft oder leiht jeder Videobesitzer in unterschiedlichen Abständen zwei oder mehr pornographische Videos. Von den etwa 4500 Videotheken in der Bundesrepublik müßten schätzungsweise 90 % ihr Geschäft aufgeben, wenn es z. B. zu einem Verleih-Verbot für pornographische Kassetten käme.

Zur Erotik-Branche insgesamt

Hier ist es mir nicht möglich, verläßliche Zahlen vorzustellen. Wir gehen davon aus, daß mindestens 100000 Menschen in der Bundesrepublik ihren Arbeitsplatz in dieser Branche haben. Als Mitarbeiter in Sex-shops, in Videotheken, bei Versandgeschäften, in Kinos, in Nachtbars usw. Indirekt müßte man Mitarbeiter der Druckereien, der Lithographieanstalten, der Produzenten von Kassetten und schließlich auch von Werbefirmen dazurechnen. Zum Umsatz-Volumen der Gesamtbranche kann ich nichts Schlüssiges sagen, da die Firmen sich hier sehr bedeckt halten. Ich möchte jedoch nachdrücklich festhalten: Die Medien-Stories vom Überschwappen der Pornowelle, von Milliarden-Umsätzen, von horrenden Gewinnen der Branche sind tolle Headlines, die sich gut verkaufen und nicht allzuviel mit der Realität zu tun haben. Ich kenne viele meiner Kollegen in der Branche, und ich weiß, daß sie alle hart arbeiten, wie jeder Unternehmer, und nicht von den goldenen Klo-Deckeln träumen, von denen in den Medien immer geschrieben wird. Sie sind froh, wenn sie am Ende des Jahres schwarze Plus-Zahlen in ihre Bilanz schreiben können.

So viel zur kaufmännischen Seite.

Abschließende Bemerkungen

Zum Schluß möchte ich noch auf eine Frage eingehen, die mir hin und wieder gestellt wird: was ich als Frau beispielsweise dabei empfinde, wenn in meinem Unternehmen weibliche Gummirümpfe – von den Fragenden als »Sex-Krücken« – angeboten werden; wie ich gedanklich und gefühlsmäßig reagiere, wenn ich eine solche Luxus-Puppe sehe, die in bestimmter Weise auf den lebenden weiblichen Körper abgestimmt ist und mehr oder weniger als Ersatz dienen soll.

Dazu muß ich erst einmal ergänzend feststellen: Es werden ja auch männliche »Gummipuppen« angeboten. Und darüber hinaus möchte ich mit einem Vergleich antworten:

Die Besitzerin einer Mode-Boutique trägt selbst nicht alles, was sie verkauft, und findet auch nicht alles für sie passend und kleidsam. Und ich habe mehr als 6000 Produkte und finde sicher nicht alles – für mich persönlich – wahnsinnig gut. Das ist auch nicht möglich: Ich bin Kauffrau und muß das vorrätig haben und anbieten, was die Kundschaft möchte – vorausgesetzt, dies ist im Einklang mit den deutschen Gesetzen.

Ich bin 40 Jahre in diesem Metier und habe unheimlich viel gesehen und von Menschen gehört, die auf diese Hilfen angewiesen sind. Natürlich sind auch Menschen darunter, die diese Puppen zur Schau kaufen. Oder aus Jux: Da kommen so junge Marinesoldaten und kaufen eine solche Puppe für einen Kollegen, der vielleicht keine Freundin hat, als Geburtstagsjux. Natürlich gibt es das. Aber ich habe auch viele ernsthafte, sorgenvolle Briefe bekommen und mit Leuten gesprochen, die auf diese Dinge – aus unterschiedlichen Gründen – angewiesen sind. Wenn ich all die seelischen Hintergründe hier ansprechen würde, die ich in den 40 Jahren gesehen habe, müßte ich ein dickes Buch füllen. Deshalb konnte ich mich nur auf die statistischen Zahlen beziehen.

Noch einmal zur Puppe: Auch wenn ich so etwas für mich persönlich nicht goutiere: ich weiß, daß sie gebraucht wird, daß sie gewünscht wird. Ich bin ja kein Künstler, der sagen kann, ich mache nur das, was ich toll finde. Sondern ich muß auch schon mal das verkaufen – ich denke jetzt wieder an das Beispiel der Boutique –, was ich persönlich gar nicht besonders schätze.

Außerdem: Diese Dinge werden ja niemandem aufgedrängt. Nur auf Wunsch kann man sie erhalten. Auch dieser sogenannte Puppen- oder Hilfsmittelprospekt ist niemals frei irgendwo erhältlich, sondern wird immer nur auf spezifische Anforderung zugeschickt. Menschen, die so etwas nicht sehen möchten, kommen also gar nicht damit in Berührung.

Ich möchte abschließend – ausgehend vom Alter und dem sozialen Hintergrund unserer Kunden sowie von ihren aus dem Kaufverhalten abzulesenden Wünschen – doch noch eine Vermutung aufstellen.

In den letzten Jahren beobachten wir, daß die Wünsche stark nach anregender Erotik tendieren. Sexy Dessous, erotische Kosmetik, Pornographie, Bildbände und -hefte, Videos sind gefragt. Ich glaube, das Interesse breiter Bevölkerungsgruppen an Erotika und Pornographie, insbesondere auch an Pornovideos, ist unter anderem auch mit der Aids-Bedrohung zu erklären. Die Menschen besinnen sich wieder mehr auf ihre eigene Partnerschaft, in der sie sich sicher und geborgen fühlen und kein Ansteckungsrisiko eingehen. Für diese ihre Partnerschaft suchen sie sich Anregungen visueller Natur. Nicht jeder Mensch hat genug erotische Phantasie, sich ganz allein und ohne Anregung ein abwechslungsreiches Sexualleben zu gestalten. Ich meine, es ist ein legitimes Recht der Menschen unseres Landes, sich diese Anregung zu verschaffen, und es ist ein begrüßenswerter Ansatz zu mehr sexueller Zufriedenheit und damit Glück in der Partnerschaft.

Ich möchte mit einem Zitat des bekannten Kieler Gerichtsmediziners Prof. Dr. Wilhelm Hallermann schließen (er war übrigens auch als Sachverständiger an der öffentlichen Anhörung der Sachverständigenkommission zur Strafrechtsreform 1970 beteiligt). Prof. Hallermann sagte einmal als Gutachter in einem Prozeß:

»Die Partnerschaften leiden nicht an zu viel Erotik und Attraktion, sie leiden an zu wenig anregender Sexualität. Alles, was hilft, diese Anregungen zu fördern, ist positiv zu bewerten.«

Anmerkungen

1 Protokoll der Anhörung der 28., 29. und 30. Sitzung des Sonderausschusses für die Strafrechtsreform am 23., 24. und 25. November 1970, Seite 997. Archiv des Deutschen Bundestags, Bonn.
2 Vgl. die Statistischen Jahrbücher 1960–1970.
3 Rede von Dr. Willfried Penner, Stellvertretender Vorsitzender der SPD-Bundestagsfraktion, zum Thema »Pornographie – hinsehen oder wegsehen« am 13. 9. 1988 in Bonn.
4 Shere Hite: Hite-Report. Das sexuelle Erleben der Frau, München 1977

Biggy Mondi

(K)ein Job wie jeder andere
Bericht aus der Praxis
einer Pornodarstellerin

Ich arbeite seit drei Jahren als Pornomodell und glaube, die Szene so weit zu kennen, daß ich einen einigermaßen zutreffenden »Bericht aus der Praxis« geben kann. Meine eigenen Erfahrungen werden im Vordergrund stehen, da meine Geschichte aber eher eine Ausnahmegeschichte ist, werde ich meine Erfahrungen noch durch ein paar Beobachtungen aus der Szene ergänzen.*

Es gibt verschiedene Möglichkeiten, an diesen Job zu kommen: Man kann sich selbst bewerben, indem man – mit Aktfotos – an verschiedene Pornoproduzenten schreibt, man kann von sogenannten Modell-Vermittlern angesprochen werden, und man kann durch Bekannte »reinrutschen«. Das passiert meist ganz jungen, unerfahrenen Mädchen am Rande des »horizontalen Gewerbes«.

Bei mir war es so: Ich hatte schon länger für Akt-Fotos posiert. Angefangen hatte es mit einer Pärchen-Geschichte in der »Neuen Revue«: Da hab ich mich mit meinem damaligen Freund mal gemeldet, und wir haben mitgemacht. Ich arbeitete damals noch in einem ganz normalen, sicheren Angestelltenberuf und bekam Spaß daran, nebenbei als Aktfotomodell zu posieren. Ich entdeckte, daß ich mich gerne nackt zeige und fotografieren lasse, daß ich Lust habe, meinen Körper zu zeigen. Das hat nichts mit sexueller Befriedigung zu tun. Mich reizt dabei die Vorstellung, für so viele attraktiv und gleichzeitig unerreichbar zu sein... Außerdem spielt wohl auch eine Rolle, daß ich es ganz gern habe, durch das, was ich tue, die Leute ein bißchen zu schockieren.

* Ich möchte mich an dieser Stelle sehr herzlich bei Cornelia Lillelund, Journalistin in Hamburg, für ihre Gesprächsbereitschaft und für ergänzende Informationen bedanken.

Vor drei Jahren habe ich mich dann bei einem Pornoproduzenten beworben und bekam eine Einladung zu einem »Casting«, einer persönlichen Vorstellung. Um mein Talent unter Beweis zu stellen, mußte ich eine Selbstbefriedigungsaktion vor der Kamera machen. Das fand ich damals ziemlich schlimm: vor einer Kamera zu liegen, nackt oder nur mit so einem kleinen Tanga, mit einem Vibrator in der Hand und dann eine geile Show abziehen zu sollen. Ich weiß noch genau, für einen Moment war mir nach Heulen zumute, nach Abhauen – aber dann hab' ich innerlich die Zähne zusammengebissen und diese Nummer durchgezogen. Wie ich mich fühlte, ging schließlich keinen was an, und außerdem wollte ich Erfolg haben.

Bei manchen Castings ist auch gleich ein männliches Modell vor Ort, mit dem man zeigen soll, was man kann. Hat man Glück, bekommt man bei einem Casting bis zu 300 DM, dazu Spesen und Fahrtkosten ersetzt. Aber das passiert in den wenigsten Fällen. Ich habe schon oft miterlebt, daß einige Frauen sich mit dem Pornoproduzenten persönlich beschäftigen mußten, ohne Entgelt, und den versprochenen Auftrag dann doch nicht erhalten haben.

Normalerweise wird schon bei der Kontaktaufnahme besprochen, welche Art Film gedreht werden soll, was an Praktiken erwartet wird. Man wird zu keinen Sachen gezwungen und handelt seine Gage selbst aus.

Männliche Pornodarsteller werden in der Regel nicht zu einem Casting eingeladen; bei ihnen genügt ein Aktfoto, das ihre Leistungsfähigkeit unter Beweis stellt. Allerdings sieht es in der Praxis so aus, daß viele dann doch nicht in der Lage sind zu agieren. Wahrscheinlich wirkt die alles andere als intime Umgebung, die grelle Beleuchtung zusammen mit den kurzen Anweisungen des Kameramannes als Blockade. Jedenfalls ist die Versagerquote beträchtlich. Die, die's schaffen und als Pornodarsteller arbeiten, meinen dann natürlich, sie sind die Größten – und verhalten sich entsprechend. Da muß man als Anfängerin ganz schön aufpassen, denn sie sind der Auffassung, ihre Partnerinnen seien dazu da, ihre Männlichkeit »aufzubauen«, sie mit Hand oder Mund in die entsprechende Kondition zu bringen. Und viele Frauen denken, das gehöre zu ihrem Job, und tun es.

Außer der direkten Bewerbung gibt es die Vermittlung durch sogenannte Modellvermittler. Diese Leute inserieren in Magazinen und Tageszeitungen oder sprechen Frauen und Männer in

Cafés oder auf der Straße (beispielsweise auch in der Nähe von Arbeitsämtern) an. Sie erhalten für jedes neue, brauchbare weibliche Modell eine Vermittlungsprovision von 100 bis 200 DM, für neue männliche Modelle 50 bis 100 DM. Viele Modellvermittler, die ich kenne, zweigen sich dann von den Modellen auch noch eine Provision ab, und nicht zu niedrig. Manche Frauen und Männer sind auf den noch übrigbleibenden Verdienst so angewiesen, daß sie auf die Forderungen der Modellvermittler eingehen. Den Produzenten ist diese Angelegenheit egal, für sie ist nur wichtig, neue Gesichter für ihre Produktionen zu bekommen.

Die Gagen sind ganz gut, allerdings bei weitem nicht so hoch wie in den USA. Ich möchte hier nur Durchschnittswerte angeben, meinen Preis möchte ich nicht nennen. Ein weibliches Modell kann für einen Drehtag (das sind ungefähr drei bis vier Stunden Arbeit vor der Kamera, natürlich mit Pausen) mit etwa 500 bis 800 DM rechnen. Da an männlichen Modellen ein größeres Angebot besteht, erhalten sie im Schnitt weniger, etwa zwischen 300 und 500 DM. (Manche Pornodarsteller würden, glaube ich, auch gern umsonst arbeiten, weil es natürlich auch um den Spaß, um ihre Befriedigung dabei geht.) Otto Normalverbraucher denkt, er kann umsonst reinstecken und kriegt auch noch Geld dafür. Aber so einfach ist es nicht: Wenn die Scheinwerfer angehen, geht der psychische Streß los, und oft geht dann nichts mehr.

Auf den Produktionen wird unter den einzelnen Modellen wenig über die Höhe des Verdienstes gesprochen. Ich habe aber schon miterlebt, daß ein Mädchen, das einen viel härteren Job hatte (sie mußte mit drei Männern gleichzeitig aktiv werden), weniger Geld bekommen hat als ein anderes Mädchen, das nur eine kleine Lesbenszene hatte. Der Verdienst der einzelnen hängt also von dem einzelnen Pornoproduzenten ab. Viele Mädchen werden schamlos durch ihre Naivität ausgenutzt. Bevorzugt werden natürlich sehr junge Mädchen genommen, die für wenig Geld alles mitmachen.

An meinem ersten Drehtag hatte ich das Glück, daß noch eine Frau dabei war. Ich empfand es irgendwie als Unterstützung, wenn ich ihr Gesicht sah. Allerdings mußte ich bei meiner Ankunft am Drehort erst einen gelinden Schock überwinden. Ich hatte nicht an das ganze technische Drumherum gedacht und war ziemlich schockiert, daß da mit einemmal acht bis zehn Leute einfach nur rumstanden, mit Tonträgern und riesigen

Aufbauten. Ich kam mir sehr verlassen vor. Unglücklicherweise war der Mann, mit dem ich drehen sollte, überhaupt nicht mein Typ, benahm sich auch noch ziemlich plump-anmaßend, so daß ich wieder die Zähne zusammengebissen hab' und nur auf »Durchziehen« schaltete. Ich hatte mir einfach nicht vorgestellt, wie abgefahren das alles ist, ohne jegliche Beteiligung. Es kann z. B. gar keine Erregung zustande kommen, weil man in völlig verrenkten Stellungen agieren muß, damit der Kameramann die entscheidenden Stellen richtig ins Bild bekommt. Ich wurde total verkrampft, außerdem wollte ich immer mein Gesicht wegdrehen und die Augen zumachen, was natürlich nicht geht. Man soll ja was zeigen: Wenn die Kamera draufhält, muß man halt ein geiles Gesicht machen. Ich war, wie gesagt, froh, daß noch eine Frau dabei war. Sonst war alles ziemlich ätzend.

Aber als es dann zu Ende war und ich sah, wieviel Geld ich in so kurzer Zeit verdient hatte, war alles andere vergessen. Irgendwie war ich auch stolz, daß ich das, trotz allem, geschafft hatte. Und so bin ich dabei geblieben: Es ist interessant, bringt gutes Geld, ich kann mich zeigen – aber mit sexueller Lust hat das nichts zu tun. Auch wenn die Pornodarsteller erzählen, wieviel Spaß ihre Partnerinnen haben, ich habe noch keine Kollegin kennengelernt, die beim Filmen einen Orgasmus hatte. Man konzentriert sich auf den Gesichtsausdruck und schaltet unten völlig ab, hält durch, bis der Kameramann sagt: o.k., neue Einstellung. Dann geht es weiter.

Einen wirklich tollen Film habe ich mal zusammen mit einer Kollegin gemacht, die ich von einem anderen Film her kannte und mochte. Ich bin nicht lesbisch, aber vielleicht ein bißchen bi. Wir hatten uns schon vorher überlegt, wie wir diesen Film machen wollten. Der Kameramann sollte kein einziges Mal schneiden müssen. Wir wollten, daß das, was wir machten, wirklich mal rüberkommt wie ein Liebesakt; daß es nicht nur ein Aneinanderreihen von Stellungen ist. Es hat geklappt, und der Film ist spitzenmäßig geworden. Ich hatte dabei keinen Orgasmus, aber es war wirklich gut, gut für uns beide.

Ich habe noch nie in einem Porno für Frauen gedreht. Da wären aber wohl auch ganz andere Dinge wichtig: Zärtlichkeit, Streicheln und so. Mehr Andeutungen, nicht diese völlig unrealistischen Verrenkungen, nur damit die Kamera in Großaufnahme die Genitalien zeigen kann. Dabei weiß jede Frau, die so etwas sieht, daß man als Frau dabei überhaupt nichts empfinden kann. Das turnt mich als Frau, wenn ich einen solchen Film sehe, doch überhaupt nicht an. Mich würde es anmachen, wenn ich z. B. bei Oralverkehr nur den Hinterkopf, den Haarschopf des Mannes sehe, aber in der richtigen Stellung. Den Rest macht dann meine Phantasie. Das wäre ein Film für Frauen.

Bei allen Pornoproduktionen wird von den Darstellern verlangt, daß sie ohne Kondome arbeiten. Im Hinblick auf Aids eigentlich eine Ungeheuerlichkeit, aber das muß jedes Modell mit sich selbst abmachen. Es ist paradox: In der Presse und überall wird damit geworben, daß man nur mit Kondom Sexualverkehr ausüben soll, und in den Pornos geschieht dies nicht. Zwar wird im Vorspann mancher Pornofilme vor Aids gewarnt, aber im Film wird fröhlich ohne Kondom losgemacht. Ich habe schon in vielen Gesprächen den Pornoproduzenten auseinandergesetzt, wie hoch doch die Ansteckungsgefahr ist, aber ohne Erfolg. Auch risikoreiche Sexpraktiken wie Analverkehr werden nach wie vor verlangt. Der Konsument soll sich angesprochen fühlen, und dazu verhilft – nach Meinung der Pornoproduzenten – ein Kondom nun wirklich nicht. Einige Produzenten verlangen vor jeder Produktion Aids-Tests von den Modellen. Dies finde ich bei der bekannten Inkubationszeit von drei Monaten geradezu lächerlich. Meiner Meinung nach sollten Pornofilme, in denen keine Kondome verwendet werden, verboten werden. Allerdings muß ich sagen, daß ich selbst versuche, mich von der Angst vor Ansteckung nicht allzusehr in meiner Arbeit beeinflussen zu lassen. Ich gehe regelmäßig zur Kontrolle, und im übrigen komme ich ja relativ mit wenig Sperma in gefährliche Berührung. Im Film wird ja fast immer außerhalb der Frau abgespritzt, auf den Hintern, die Brüste oder ins Gesicht. Man(n) soll ja den Erfolg sehen. Ich weigere mich aber, Sperma in den Mund aufzunehmen.

Auch sonst lehne ich verschiedene Sachen ab, alles, was mit Gewalt zu tun hat. Diese ganzen Sado-Maso-Sachen, diese Nadelsetz-Dinger, Ring-Einziehen in die Brustwarzen und in die Schamlippen, da fließt ja richtig Blut. Es ist in Deutschland zwar verboten, diese Dinge zu drehen, aber es wird von einigen, für die die Gesetze um Sex und Gewalt anscheinend so etwas wie Gummiparagraphen sind, doch gemacht. Nicht mit mir.

Ich bin selbstbewußt genug und kann es mir leisten, nur die Sachen vor der Kamera zu machen, die im vorhinein abgesprochen waren, mit denen ich einverstanden bin. Andernfalls verlasse ich die Produktion. Da kann mich auch niemand mit einem höheren Verdienst locken.

Es gibt jedoch auch andere Fälle. Viele Pornodarstellerinnen und -darsteller haben schlechtere Bedingungen: Sie haben keinen oder nur einen schlechten Schulabschluß, keine oder eine abgebrochene Ausbildung, haben nur Gelegenheitsjobs und/oder sind seit längerer Zeit arbeitslos. Für diejenigen, die aus der Prostitution kommen, ist es besonders schwer.

Ich kann nicht verstehen, wie sich manche Mädchen so naiv in Abhängigkeiten begeben können, aber es passiert immer wieder. Frust zu Hause, mit den Eltern oder einem Elternteil, dazu oft arbeitslos – irgendwann wollen sie dann ein anderes Leben anfangen. Und der Kontakt zur »Szene« ist in einer Großstadt leicht zu finden, da zieht man einfach mit einem Typen zusammen. Und schon kann man drinhängen. Viele glauben, es sei die große Liebe – selbst dann noch, wenn sie schlecht behandelt werden. Das sind dann eben »Macken« des Typen: etwa, daß der Freund mit anderen Frauen rummacht, überhaupt nicht zu ihnen hält – und sie dann schließlich Anschaffen schickt. Das passiert immer wieder. Meist will das Mädchen erst nicht, aber dann droht der Typ, sie rauszuschmeißen und Schluß zu machen. Und weil sie nicht zurück zu ihren Eltern will oder kann, gibt sie nach. Geht vielleicht zuerst in die Peep-Show arbeiten, später dann doch anschaffen. Es kostet bestimmt Überwindung, aber sie machen es, um den Freund nicht zu verlieren. Auch wenn sie ihn zwischendurch hassen, weil er mit ihrem Geld mit anderen Frauen weggeht und denen Geschenke kauft. Die Gelegenheit, in einem Pornofilm mitzumachen, erscheint dann als Ausweg. So weiß ich von einem Mädchen, das ganz entgegengesetzte Erfahrungen als ich machte: Sie wurde – über einen Vermittler – zu einem Casting eingeladen. Sie fand es schlimm, weil es eine Selbstbefriedigungsaktion war und sie sich nicht anfassen mochte (auch nicht, wenn sie allein ist). Auch das Agieren mit dem Vibrator haßte sie. Noch schlimmer fand sie dann den Film, da es ein Lesbenfilm war, was sie eigentlich nicht ausstehen kann. Es mit einer Frau zu machen ist »überhaupt nicht ihr Ding«, und dazu noch diese Vibratoren. Nur der Gedanke half, daß diese Szene bald vorüber sein würde und ihr so viel Geld wie fünf Tage Peep-Show oder zehn bis fünfzehn Freier bringen würde (500 DM).

Sie findet, Pornofilme machen sei viel schwerer, als mit Freiern »rumzumachen«: Bei den Freiern muß sie nicht spielen, daß es toll für sie ist. Die akzeptieren das, wenn die Frau nichts empfindet. Sie möchte am liebsten aufhören, trotz des guten Geldes. Aber ihr Freund wird das wohl nicht zulassen, und sie kann sich nicht vorstellen, sich von ihm zu trennen. Manchmal denkt sie daran, wie es wäre, ein Kind zu haben: Vielleicht würde ihr Freund dann bei ihr bleiben und sie dann auch nicht mehr arbeiten schicken.

Ich weiß, daß solche oder ähnliche Geschichten immer wieder vorkommen. Und ich finde, es müßte konkrete Hilfe und Unterstützung geben für diejenigen, die aus solchen Teufelskreisen herauswollen und es aus eigener Kraft nicht schaffen (können). Möglichkeiten, wieder in die solide Arbeitswelt hineinzukommen, um wirklich aus diesem Milieu aussteigen zu können.

Ich persönlich denke nicht ans Aussteigen, obwohl ich da für mich keine Schwierigkeiten sehe, weil ich eine abgeschlossene Berufsausbildung habe in einem Beruf, in dem ich auch wieder arbeiten könnte.

Trotz aller Belastungen macht es mir jedoch Spaß, Pornodarstellerin zu sein. Ich bin selbstbewußt, und meine schauspielerische Ader sowie das prickelnde Gefühl, mich darzustellen, verhelfen mir dazu, diesen Job zu meistern. Daß ich durch die Pornofilmerei in die Prostitution verfalle, halte ich für ausgeschlossen. Aber das kann ich natürlich nur für mich sagen.

Das psychosoziale Dunkelfeld

Dora Traudisch

Von einer, die auszog und das Fürchten lernte
Beobachtungen zur weiblichen Sexualität im Pornofilm

Als ich im Sommer 1988 anläßlich der Feminale in Köln an einem Workshop über Pornographie teilnahm, hatte ich schon viel über Pornographie gelesen und gehört, aber noch keine entsprechenden Filme gesehen. Meine Neugier war also groß. Ebenso wie mir ging es auch den anderen Teilnehmerinnen: Alle hatten wir ein großes Informationsdefizit in Sachen Pornographie, wir wußten kaum etwas Konkretes über diesen Bereich sexueller Kultur bzw. Subkultur. Kaum eine Frau hatte bisher den Mut gehabt, sich selbständig zu informieren, d. h. sich in der Porno-Ecke einer Videothek frei zu bewegen, eingehend Cover und Titel der Filme zu studieren und ein paar Videos auszuleihen. Die Porno-Ecke in der Videothek also eine letzte Männerbastion, so wie früher der Stammtisch?

Wir alle waren froh, daß wir auf diesem Workshop endlich sehen konnten, worüber wir uns schon häufig Gedanken gemacht hatten. Wir hofften, daß dieser Streifzug durch die Pornofilmwelt uns einige Klarheit über die Vielfalt des Angebots bringen und unser mulmiges Gefühl im Hinblick auf die Inhalte der Filme *nicht* bestätigen würde.

Diese Hoffnung wurde enttäuscht. Wir mußten zur Kenntnis nehmen, daß die Inhalte vieler Filme frauenfeindlicher, grausamer und entmenschlichter waren, als wir sie uns vorgestellt hatten, und daß sie in keiner Weise den vom Sprachgebrauch nahegelegten Kategorien zuzuordnen waren.

Wir begriffen, daß die Bezeichnungen »Soft« und »Hard-Core« Marktbezeichnungen sind, die sich auf die Deutlichkeit der dargestellten sexuellen Handlungen beziehen und nicht – wie wir bisher aus der Diskussion um ein Anti-Pornogesetz geschlossen hatten – auf das Vorhandensein bzw. Nichtvorhandensein von Gewalt. Im Hard-Core werden die sexuellen Handlungen, insbesondere auch die Genitalien, in Nahauf-

110

nahme gezeigt. In Soft-Pornos ist dies nicht der Fall, in diesen Filmen sind die sexuellen Handlungen auch meist in einen mehr oder minder konstruierten Handlungsrahmen eingebettet.

So weit, so gut bzw. so recht und schlecht. Wir sahen nämlich, daß gerade diese Filme häufig die Vergewaltigung von Frauen verherrlichen, also durchaus Gewaltanwendung thematisieren und ästhetisieren können. Was aber ist dann Gewaltpornographie? Wie erkennt und benennt man diese Filme? Ist es überhaupt noch Pornographie, wenn es im Film zu keiner dargestellten sexuellen Handlung kommt, sondern wenn (wie in dem Porno »Bondage Classics 12«) Frauen 120 Minuten lang auf alle erdenkliche Arten durch Männer gefoltert werden?

Solche Filme lagen uns am meisten im Magen und machten uns zu schaffen: Sind sie nur vereinzelte Randerscheinungen auf dem Videomarkt, die von ein paar Perversen gesehen werden, für die Gewaltanwendung zum Sexualitätsäquivalent geworden ist? Oder gibt es viele dieser Filme, die von allen möglichen Leuten (auch Frauen?) regelmäßig ausgeliehen und als Feierabendstimulans genossen werden? Andererseits: Wieviel Gewalttätigkeit ist in gemeinhin als harmlos geltenden Pornos enthalten?

Fragen über Fragen. Um wenigstens einige beantworten zu können, begann ich, mich intensiv mit der Analyse von Pornofilmen zu beschäftigen und die von mir erarbeiteten Ergebnisse an andere Frauen zu vermitteln. Ich beschränkte meine Arbeit auf Pornofilme aus sogenannten »Familienvideotheken« (Zutritt ab 18 Jahre). Filme aus diesen Videotheken sind für ein heterosexuelles Publikum konzipiert und werden im allgemeinen als harmlose erotische Stimulantien angesehen (und »verkauft«) – gewalttätige Inhalte werden hier kaum erwartet. (Trotzdem – oder deshalb? – sind neben »So grün blüht die Heide« und »E. T.« auch Titel wie »Analtriebtäter der Lust« und »Geschlitzte Orchideen« zu haben.) »Anfänger« – z. B. 18jährige – werden ihre Neugier also eher in Familien-Videotheken als in speziellen Sexfilm-Videotheken befriedigen und haben damit Zugang zu Filmen wie den im folgenden vorgestellten.

Die von mir gesichteten und analysierten Pornofilme (etwa 50) stammen alle aus zwei Großstadt-Videotheken (Köln und Frankfurt). Ich habe versucht, die verwirrende Vielfalt der Filme mit Hilfe eines selbst erstellten Fragengerüsts zu strukturieren und zu kategorisieren. Diese von mir vorgenommene

Strukturierung ist ein behelfsmäßiges Konstrukt: Der Markt ist unüberschaubar, und genau festgelegte »Genres« gibt es nicht, sondern lediglich Tendenzen.

Bei der Analyse der Filme interessierten mich vor allem folgende Fragestellungen:

1. Zum Frauenbild und der weiblichen Sexualität
– Welche Frauen (Alter, Hautfarbe, sonstige Merkmale) werden in den Filmen dargestellt, und welche sexuellen Techniken werden ausgeführt?

2. Zur Gewaltanwendung
– Wie sind die Machtverhältnisse bei der sexuellen Begegnung gewichtet? Ist die Möglichkeit eines Rollentauschs zwischen den Geschlechtern gegeben?
– Inwieweit hat die Weigerung einer Frau (Zögern, Mißmut, ein klar artikuliertes Nein) einen Einfluß auf den Verlauf der sexuellen Begegnung?
– In welcher Form wird Gewalt angewandt, psychisch (z. B. verbal) und/oder physisch (durch Körperkraft oder auch Waffen)?

3. Zur Authentizität der Filme
– Auf welche Weise wird durch Einsatz von Technik der Eindruck von Fiktionalität bzw. Authentizität des Dargestellten vermittelt?

Durch meine Analyse der Pornofilme ziehen sich also zwei rote Fäden:
– das darin wiedergegebene Bild der Frau und der weiblichen Sexualität,
– die Verzahnung von Sexualität und unterschiedlichen Formen von Gewalt in sogenannten (laut Etikett) Soft- und Hard-Core-Pornos.

Um einen unmißverständlichen Eindruck von den ausgewählten Filmszenen zu geben, habe ich mich nicht auf deren Beschreibung beschränkt, sondern werde typische Dialoge im Wortlaut (Nachschrift von mir) wiedergeben.

Schweinegeil oder Frauen machen alles mit

(Szenen aus dem Teresa-Orlowski-Film »Teresa, the woman, who loves men«)

Die Szene beginnt mit einer harmlosen Handlung: Eine junge Frau – eher unauffällig, bieder gekleidet – geht mit einer

Sammeldose von Tür zu Tür und bittet um Spenden für Hungerleidende in der dritten Welt. Ein wohlsituierter junger Mann bittet sie in seine Wohnung und reicht ihr einen Geldschein mit der Bemerkung, das sei für die Hungerleidenden in der dritten Welt, aber dafür müsse sie ihm einen Gefallen tun: »Mögen Sie blasen?« Die Frau zeigt Befremden bzw. Nicht-Verstehen, danach Ablehnung. Der Mann geht darüber hinweg, in der selbstverständlichen Annahme, daß sie ihm zu Willen sein wird. Er verdoppelt die »Spende«, und sie ergibt sich: »In Ordnung, ist ja für 'ne gute Sache.« Der Mann baut sich lässig-souverän vor ihr auf, öffnet seinen Hosenschlitz und steckt der sitzenden Frau seinen Penis in den Mund. Er hält ihren Kopf fest (Botschaft: er kontrolliert ihre Handlung), und siehe da: die zunächst so biedere Spendensammlerin entpuppt sich als sexuell versiertes, als »versautes« (»Du bist ja absolute Spitze – wer hat dir sowas Versautes beigebracht?«) Luder.

Sexualität also als Mittel zur Unterwerfung und Erniedrigung: Transportiert wird die Botschaft, daß praktisch jede Frau (selbst eine so bieder daherkommende) zu sexuellen Handlungen, zur Befriedigung des Mannes, gebracht werden kann bzw. insgeheim allzeit bereit ist – und daß Sexualität (zumindest in der o. a. »Spielart«) etwas »Versautes« ist...

Doch das »Spiel« geht weiter. Während des nun folgenden Analverkehrs – die Frau in Hundestellung auf dem Sofa – kommt ein weiterer Mann dazu, steckt der Frau wie selbstverständlich seinen Penis in den Mund und bemerkt (über die Frau hinweg): »Die kenn' ich ja noch gar nicht, wo hast du die denn aufgetrieben?« Schließlich ejakulieren beide Männer außerhalb der Frau, die so viel Sperma wie möglich schlucken muß, und klopfen sich abschließend über der liegenden Frau nach »Sportsfreundsart« auf die Schultern: Gut gemacht...

Die Pornoproduzentin Teresa Orlowski spielt in diesem und zahlreichen anderen Pornofilmen die Hauptrolle selbst. (Sie ist nicht die Darstellerin der o. a. Szene.) Ihre Filme sind in allen von mir aufgesuchten Videotheken vertreten und laut Auskunft der jeweiligen Videothekarinnen bei den Kunden sehr beliebt. Aus dem eben erwähnten Film möchte ich noch eine weitere Szene vorstellen. Darin wird ein ähnlicher Vorgang wie der eben geschilderte dargestellt – (Vergewaltigung? Nötigung?) –, und zwar zwischen Pornomodell und Fotograf. Der Penis wird hier unmißverständlich als Disziplinierungsinstrument eingesetzt; die Szene gewinnt an Authentizität, da sie als zufällig sich ergebende, scheinbar »aus dem Leben gegriffene« Episode dargeboten wird.

Der Fotograf ist nicht zufrieden mit der seiner Auffassung nach eher lustlosen und langweiligen Art, in der das Pornomodell agiert. Daraufhin zeigt die Produzentin (Teresa Orlowski) dem Modell einige aufreizende Posen und erzielt – wen wundert's? – sofort die erwünschte Wirkung bei dem Fotografen, natürlich ohne ihn zu befriedigen. Im Gegenteil, sie läßt ihn mit der Anfängerin allein. Verärgert herrscht der Frustrierte das Modell an: »Scheißjob. Nichts als Ärger. Und geil bin ich auch noch... Als Strafe (!) wirst du mir einen ablutschen!« Gesagt, getan: Er öffnet stehend seine Hose... usw. (s. o.). Während er ihren Kopf festhält, bemerkt er: »Nicht schlecht – nächstes Mal wirst du mir erst einen blasen!«

Ähnliche Sequenzen wiederholen sich mit ermüdender Stereotypie in ähnlichen, als harmlos und unterhaltend geltenden Filmen, die durchaus repräsentativ für einen Durchschnittsporno aus einer deutschen Videothek sind. Die Botschaft ist klar: Ist ein Mann nur fordernd und dominant genug, wird es ihm gelingen, jede Frau jederzeit zur Befriedigung jedes seiner sexuellen Bedürfnisse zu zwingen. Jedenfalls sind Zögern oder Unwillen einer Frau nicht weiter ernst zu nehmen. Die Befriedigung der sexuellen Bedürfnisse des Mannes hat in jedem Fall Priorität.

Ein zentrales Bedürfnis scheint zu sein, den Penis in den Mund von Frauen zu rammen: Diese Art Fellatio ist eine dominante Technik im Pornofilm. Dabei fällt auf, wie häufig der Penis als Disziplinierungsinstrument fungiert: Es wird der Eindruck erweckt, als sei ein »zur Strafe« in den Mund einer Unwilligen oder Widerstrebenden gerammter Penis das Mittel, um Widerstand zu ersticken und Kooperation herbeizuführen. Auf jeden Fall wird der Mund der Frau nachhaltig gestopft – vor allem dann, wenn sie dabei jede Menge Sperma schlucken muß (darauf wird noch eingegangen).

Ein weiteres immer wiederkehrendes Motiv ist die Story, daß Frauen, die in Pornofilmen spielen, so viel »Spaß an der Arbeit« haben, daß sie nicht nur für die Kamera posieren, sondern darüber hinaus dem Fotografen zu Diensten sind. Auf diese Weise wird die Mär, daß die Darstellerinnen ihre Erregung nicht spielen, sondern an Ort und Stelle mit dem Fotografen »ausleben« wollen, perpetuiert.

Die Kombination Fotograf – Modell ist im Porno ähnlich be-

liebt wie die Konstellation Arzt – Patientin: Aus einer beruf-
lichen oder gesellschaftlichen Begegnung, in der die Frau aufgrund von Sachzwängen eine untergeordnete Stellung ein-
nimmt, erfolgt im Porno zwangsläufig ein Sexualakt im Sinne
einer sexuellen Unterwerfung der Frau.

Penetration durch die Kamera

(Szenen aus »The Girls of Foxy Lady«. Produktion: Teresa Orlowski)

Der große Reiz der Konstellation Fotograf–Modell besteht
zweifellos darin, daß der Pornofotograf – für den Zuschauer –
die jeweilige Frau mit der Kamera »heranholt«. Durch Identifikation mit ihm können die Zuschauer das »Aufreißen« einer
Frau hautnah miterleben: Wenn der Fotograf nur noch genug
»rangeht«, kann der Betrachter das Geschlecht der Frau mit
den Augen vereinnahmen: Die Penetration erfolgt durch die
Kamera.

In der Teresa-Orlowski-Produktion »The Girls of Foxy
Lady« übernimmt Orlowski–Ehemann Hans Moser – alias Sascha Alexander – die Rolle des Fotografen, der neue Modelle
»antestet«. Doch es sind keine gewöhnlichen »Castings«, die
gezeigt werden, denn es geht nicht nur um Talentproben sich
bewerbender Darstellerinnen, sondern darum, welche der
Frauen »am geilsten wichst«: Die Zuschauer können per
Stimmzettel (analog zu Victor Worms' Hitparade) ihre Meinung abgeben, welche Frau ihrer Meinung nach dieses Prädikat
verdient: Diejenige, die die meisten Stimmen erhält, wird
»Wichskönigin«.

Dieser Film zeichnet sich in Aufbau und Inhalt durch einen
hohen Grad an Authentizität aus: Der Zuschauer erlebt die
Vorstellung der neuen Modelle gleichsam aus erster Hand mit.
Vorgestellt werden verschiedene Repräsentantinnen des »Mädchens von nebenan«: von der »süßen Schüchternen mit dem
Engelsgesicht« bis zur aufreizenden »scharfen Biene«, die
schon zum Casting in Reizwäsche und im Intimbereich rasiert
erscheint. Während Hans Moser alias Sascha Alexander den
Models aus dem Off mehr oder weniger drängende Anweisungen zur Selbstbefriedigung gibt – mal in freundlichem Tonfall,
häufig auch aggressiv –, kann der Zuschauer beobachten, wie
alle diese Mädchen auf Mosers Couch »schweinegeil« werden.

O-Ton eines Dialogs des fotografierenden Produzenten (M.) mit einer der Bewerberinnen (B.), die einen Dildo in die Vagina eingeführt hat:

M.: »Komm, steck ihn dir in den Arsch... Steck ihn dir in den Arsch, steck ihn dir in den Arsch. Hörst du? (drohend) Kannst du nicht davon lassen?«

B.: »Nein.« (stöhnt)

M.: »Bist du so geil?«

B.: »Ja!«

M.: »Willst du jetzt 'nen richtigen Schwanz haben, 'nen ganz großen?«

B.: »Ja.«

M.: »Auch einen in den Mund?«

B.: »O ja!«

M.: »Kriegst du gleich. Gleich hol ich meinen Schwanz raus und fick dich in den Mund!«

B.: »O ja!«

M.: »Jetzt steckst du ihn (den Vibrator, D.T.) erst in den Arsch!«

Der Fotograf schafft es schließlich, die Lust der (sich) darstellenden Frau dahingehend zu dirigieren, daß sie sich den Vibrator in den Anus einführt, bevor sie »abspritzen« darf. (Für den weiblichen Orgasmus scheint es im Porno keinen eigenen Begriff zu geben.) Zeitpunkt und Intensität des Orgasmus der Frau werden also durch den unsichtbaren, aber durch seine Stimme anwesenden Fotografen bestimmt. Indem nur die Stimme hörbar ist, wird dem Zuschauer die Identifikation mit diesem unsichtbaren Voyeur erleichtert. Obwohl in diesem Fall faktisch kein Geschlechtsverkehr zwischen Fotograf und Modell gezeigt wird, so findet doch durch die Kameraführung (Nahaufnahmen von der gespreizten Scham bildfüllend) und die realitätsgetreue Sprache (detaillierte Masturbationsanweisungen in drängendem Tonfall) eine Penetration der dargestellten Frau statt: Der Fotograf macht mit Hilfe seines Penetrationswerkzeugs Kamera die abgebildete Frau für den Zuschauer »zugänglich«.

Im weiteren Verlauf dieses Films wird ein (Männer)Thema dargeboten, das in vielen Pornos eine Rolle spielt und eine merkwürdig verzerrte Mann-Frau-Beziehung wiedergibt: das (bettelnde) Verlangen einer Frau, das Sperma des Mannes schlucken zu wollen.

Der Produzent und Fotograf fragt eine der »Wichskönigin«-Bewerberinnen:

M.: »Magst du Schwänze?«

B.: »Ja!«

M.: »Erzähl mir, was du liebst.«

B.: »In den Mund nehm ich ihn.«

M.: »So 'nen ganz großen, starken?«

B.: »Ja!«

M.: »Lange?«

B.: »Ja, sehr lange, am liebsten, bis er spritzt.«

M.: »Ahhh, magst du das, wenn er spritzt in deinen Mund?«

B.: (stöhnend) »Ja.«

M.: »Schmeckt das geil?«

B.: »Ja.«

Ob gespielt oder echt, die Rollen sind hier unmißverständlich klar: Der unsichtbare Mann steuert das Geschehen, die zur Betrachtung freigegebene Frau erscheint nahezu willenlos vor Begierde. Die Szene wirkt wie eine Hommage an den »kleinen weißlichen Schatz«[1], den kostbaren Nachweis männlicher Potenz.*

Wird in dem eben beschriebenen Film noch die – vermeintlich echte – Bereitschaft der Frau gezeigt, zur Steigerung ihrer Lust den Samen des Mannes zu schlucken, so geht es, wie das folgende Beispiel zeigt, auch anders.

»Teenie Sex« oder: So jung und schon so »geil« (Keine Angabe zur Produktion)

In dem Video »Teenie Sex« wird unter anderem die orale Befriedigung eines »Onkels« durch zwei seiner »Nichten« gezeigt (eine von ihnen mit Zöpfen, Kinderkleid, Söckchen). Nachdem die ältere »Schwester« den »Onkel« oral befriedigt hat, spritzt er dem »Teenie« sein Sperma mit den Worten ins Gesicht: »Hier, schluck es!« Diese gehorcht anscheinend gern und bemerkt, an die Zuschauer gewandt: »Ganz schöne Familienverhältnisse, nicht wahr? Ficken ist schöööön!« (Und Teenies sind besonders »geil« auf »Onkels«: Am Anfang des Films hatte

* Sollte die Häufigkeit, mit der in zahlreichen Pornos Frauen als unersättlich nach Sperma dargestellt werden, ein Hinweis darauf sein, daß Männer die Bestätigung brauchen, Frauen seien in einem (von niemandem sonst zu erfüllenden) Grundbedürfnis von ihnen abhängig? Die »Versorgung« der Frau mit Sperma als Funktion, die den Männern ihre Unersetzlichkeit bestätigt? (Vgl. Anmerkung 2)

diese »Nichte« den »Onkel« verführt . . . So einfach lassen sich Probleme wie Geschlechtsverkehr mit Minderjährigen im Pornofilm aus dem Weg räumen.

Im Gegensatz zu den in zahlreichen Filmen abgegebenen Beteuerungen von Frauen, wie genußvoll es sei, als Zielfläche für das Ejakulat des Mannes zu dienen, steht eine Aussage von Teresa Orlowski selbst. Die Pornoproduzentin erklärte vor Jahren in einem Interview: »Keine Frau mag das Abspritzen ins Gesicht. Das ist echt ekelhaft.« Davon könne sie Alpträume kriegen. Doch sie glaubt: »Darauf stehen die Männer nun mal allesamt von Natur aus – erst die Frau ficken und dann so richtig einsauen, sie in den Dreck stoßen.«[3]

Diese vermeintlich naturgegebene Vorliebe »der Männer«, Frauen, die ihrer sexuellen Befriedigung gedient haben (oder diese auch nur anreizen), mit Sperma »einzusauen«, ist offensichtlich unabhängig von Alter und Hautfarbe der Frau. In dem Pornofilm »Dampfendes Lustfleisch« beispielsweise wird die etwa vierzigjährige, abnorm übergewichtige »Big Mama« beim Sex in allen möglichen Variationen gezeigt. Als die Darstellerin in einer Szene – dem Zuschauer frontal zugewandt – ihre riesigen Brüste aufreizend hin und her schlenkert, ertönt eine männliche Stimme aus dem Off: »Jawohl, meine Negerbombe (!), so will ich auf dich wichsen können.«

Frauen aller Art dem Manne zu Diensten – diese Botschaft wird schließlich auch in den sogenannten Schwangeren-Pornos vermittelt, in denen schwangere Frauen die Hauptdarstellerinnen sind.

»So schwanger und doch so geil«
(Keine Angabe zur Produktion)

In dem Film »So schwanger und doch so geil« wird in einer Szene eine hochschwangere, kindlich dargestellte Frau, mit einem Dildo masturbierend, von einem unsichtbaren Dr. Vögelbart vorgestellt: ». . . sie ist eine meiner Patientinnen, die auch im Zustand guter Hoffnung ihre Lustgefühle nicht auf den Sperrmüll zu schmeißen gedenkt.« Man wird nicht lange im Unklaren gelassen, worin diese bestehen bzw. zu bestehen haben: vermehrtes »Blasen«, denn Dr. Vögelbart weiß, was gut für schwangere Frauen und insbesondere ihre Männer ist: mündlicher Kontakt durch Fellatio. Anscheinend soll das Ganze einen Anstrich von (bemüht komischer) Wissenschaftlichkeit erhalten, denn Dr. Vögelbart doziert:

»In meinem berühmten Werk ›Die samenhafte Rolle des werdenden Vaters und sein Einfluß auf die Geschwängerte‹... habe ich vermerkt, daß der stoßfreudige Erzeuger seiner Geliebten vermehrtes Blasen ermöglichen möge, das wiederum dem Fortbestand des mündlichen Kontakts förderlich und der ununterbrochenen sexuellen Lustbarkeit nützlich ist...«

Diese Worte werden von entsprechenden Handlungen verdeutlicht: Zu der schwangeren Frau hat sich zunächst eine Freundin, dann der werdende Vater gesellt. Beide Frauen sind diesem – mit Mund und Hand – behilflich, »ununterbrochene sexuelle Lustbarkeit« per Fellatio zu genießen...

An diesem Film wird – trotz der anfänglichen Vorgabe, es ginge um die Befriedigung der Frau – deutlich, daß die Befriedigung des Mannes oberstes Gebot ist. Gezeigt wird, wie der Mann trotz des Hindernisses Bauch, der quasi dem Penis im Wege steht, seinen »genitalen Orgasmus« haben kann: Notfalls müssen eben zwei Frauen zu seiner Befriedigung zur Verfügung stehen...

Transportiert wird eine sehr subtile, dennoch wirkungsvolle Art von Gewalt: das Nicht-Eingehen auf die tatsächlichen Bedürfnisse von Frau (und Kind?); dazu die Vorspiegelung, Handlungen, die eindeutig der Befriedigung männlicher Bedürfnisse dienen, geschehen im Interesse der jeweiligen Frauen.

Schon die bisher vorgestellten Beispiele machen hinreichend deutlich, daß die für ein heterosexuelles Publikum verkauften Pornofilme eindeutig an den Wünschen oder Phantasien des heterosexuellen Mannes orientiert sind. In diesen Filmen wird nicht nur die unermüdliche Bereitschaft von Frauen und die unbegrenzte Potenz von Männern verherrlicht. Propagiert wird auch die Vorstellung, daß Sex eine »Dienstleistung« von Frauen ist, die jedem Mann kraft seines Geschlechts zusteht und zu deren Erbringung jede Frau – Teenager, »Emanze« (s. u.), werdende Mutter (und der ganze Rest sowieso) – verpflichtet ist.

Um ganz unauffällige Frauen und Männer – Leute »wie du und ich« – geht es in der folgenden Reihe.

Auf Hempels Sofa – »Happy Video privat«

Die erfolgreiche Reihe »Happy Video Privat« (Silwa Filmvertrieb GmbH Essen) bezieht ihren besonderen Reiz aus der anscheinend völlig aus dem Leben gegriffenen Handlung: In dieser Reihe agieren keine professionellen Darstellerinnen und Darsteller, sondern auf Einladung interessierter Paare (seltener: Einzelpersonen) kommt ein Filmteam ins Haus. Die Paare sind bereit, über ihre sexuellen Praktiken zu sprechen und diese zu demonstrieren. Die Filme wirken authentisch, da offensichtlich keine Fiktion abgebildet wird, sondern die Zuschauer quasi life im »Schlafzimmer nebenan« dabei sein können.

Die Aufmachung der Filme erhöht diesen »Schlüsselloch-Effekt«: Die Interviews werden optisch dadurch eingeleitet, daß erst ein kleiner Ausschnitt der angekündigten Situation gezeigt wird, der sich langsam erweitert, bis die Interviewten bildfüllend zu sehen sind. Die Ausschnitte haben – bei gleichbleibender Technik der Darbietung – bei jedem Interview eine andere Form, die an Rahmen von Familienfotos erinnert. Dieses scheinbar Familiäre verstärkt wiederum den Eindruck des Authentischen.

Der Interviewer – der übrigens immer mit Schirmmütze und Sonnenbrille quasi vermummt und dadurch den spärlich bekleideten oder nackt agierenden Interviewpartnerinnen und -partnern »überlegen« ist – kommt in der Regel mit plump-vertraulichen Fragen über das Intimleben des Paares schnell zur Sache. Dabei stellt sich häufig ein Einverständnis »von Mann zu Mann« heraus, wobei sich auch Gelegenheit bietet, gängige Klischees über die Rollen von Frau und Mann zu bestätigen.

Beispiel 1: Gaby und Michael, seit zehn Jahren verheiratet.
(15. Ausgabe des 4. Jahrgangs der o. a. Reihe)
Der Interviewer (I.) sitzt mit dem Ehepaar in der holzgetäfelten Küche (»alles Heimarbeit«) und stellt den beiden, bevor sie auf dem Wohnzimmersofa »eine Nummer zeigen werden«, seine Fragen. Dabei hält sich die Frau (F.) sehr im Hintergrund, während der Mann (M.) auch auf unverblümte Fragen immer schnell eine Antwort parat hat.
Einleitend die Frage, wie man es schafft, auch nach zehn Ehejahren noch »gut drauf zu sein«:
M.: »Indem man zusammen etwas aufbaut... und ich hab da noch 'ne private Ansicht: Emanzipierte Frauen mag ich nicht!

Wenn 'ne Frau sich von ihrem Mann schlagen läßt, ist 'se selbst schuld.

Also, es muß einer in der Ehe das Sagen haben, und wir beide haben Glück: Wir haben ungefähr denselben Geschmack. Also wenn ich in ein Geschäft geh' und irgendein Möbelstück kaufe, dann gefällt ihr das hundertprozent auch, das weiß ich.«

F.: Nickt.

Dann die Frage, auf die alle gewartet haben: »Wie schaffen Sie es, nach zehn Jahren Ehe noch Spaß am Sex zu haben?« Das Rezept (für zeitgemäße Abwechslung sorgen!) im O'Ton:

M.: (deutet auf die Brust seiner Frau, auf die eine Rose tätowiert ist) »Ja, die Rose zum Beispiel. Das gefiel mir vor zwei Jahren, da hab' ich gesagt: Du mußt mal was dran machen.«

I.: »Du hast die Idee dazu gehabt?«

M.: »Ich hab' die Idee dazu gehabt. Sie hat sich natürlich gesträubt wie alle Frauen.« (!)

I.: (zu Gaby): »Wieso, hast du Angst gehabt?«

F.: »Ein bißchen Angst schon, am Anfang fand ich das nicht so gut.«

M.: (führt ein anderes offenbar früher strittiges Thema ein) »Und mit dem Rasieren, da hat sie sich auch jahrelang gesträubt, kann man sagen.« (Gaby ist, wie fast jedes Pornomodell, im Intimbereich total rasiert.)

I.: »Wer rasiert denn hier?«

M.: »Ich habe sie mal geschnitten, seitdem macht sie das lieber selber.«

Im weiteren Verlauf des Gesprächs erwähnt Michael eher beiläufig eine weitere Bereicherung ihres Intimlebens:

M.: »Die neue Richtung haben wir jetzt eingeschlagen...«

I.: (weiß sofort Bescheid) »Ein Ringlein wodurch?« (Man beachte die Verniedlichung.)

M.: »Durch die Brustwarze.«

I.: (zu Gaby) »Du glaubst, daß das für dich positiv ist als Frau?«

F.: »Ganz bestimmt!«

I.: »Später gibt's dann ein kleines Gewichtlein dran?«

Gaby und Michael verneinen im Chor: »Nee, nee.« Michael erläutert:

M.: »Das ist rein zur Zierde. Ich hab da nix von, wenn ich da jetzt meinetwegen ein Kilo dranhänge, und die Brust wird immer länger, und dann hat sie eines Tages so Lappen vor dem Bauch.«

I.: »Nee, nee, das ist schon klar.« (Wendet sich an Gaby) »Vielleicht kannst du mal ganz kurz aufsteigen, äh, aufstehen und...«

Gaby folgt der Aufforderung, zieht ihr Top runter und zeigt die beringten Brustwarzen.

Die Botschaft ist klar: Also, liebe Frauen, wenn selbst Gaby »von nebenan« Intimschmuck trägt, dann braucht ihr auch nicht weiter zimperlich zu sein. Außerdem: Das »Ringlein« durch die Brustwarzen gefällt dem Ehemann, trägt zu eurer Werterhöhung für ihn bei und ist deshalb für euch »als Frau« positiv zu bewerten: Emanzipation durch den neuen sado/maso-Trend?

Das Reizwort Emanzipation fällt auch in einem der nächsten Interviews:

Beispiel 2: Fernando und Svenja, seit dem letzten Sommerurlaub ein Paar.

(15. Ausgabe des 4. Jahrgangs der o. a. Reihe)

Der Portugiese Fernando antwortet auf die Frage des Interviewers, was er als Ausländer an deutschen Frauen schätzt.

M.: »Ja, die sind sehr gut. Ich komm' sehr gut zurecht mit den deutschen Frauen. Die sind sehr emanzipiert. Und sind sehr fröhlich, sportlich, hübsche Figur haben die. Die gefallen mir am besten, die sehen gut aus, und man kann ganz gut Liebe machen mit denen!«

Svenja: kann nichts sagen, denn während Fernandos Aussage wird die ganze Zeit nicht etwa der schwärmende Fernando oder das Paar, sondern in Nahaufnahme die Frau gezeigt, die ihre Qualitäten unter Beweis stellt, indem sie ihren Freund eifrigst oral befriedigt.

Auch hier ist die Botschaft wieder klar: Als Qualität Nr. 1 der »deutschen Frau« wird herausgestellt »Liebe machen«, und das heißt offensichtlich, den Mann – möglichst oft und möglichst gut – so, wie er's gerne hätte, zu befriedigen...

Zur Vervollständigung ein kurzer Auszug aus einem anderen Interview der gleichen Ausgabe: An den weiblichen Part eines gutsituierten Pärchens wird vom Interviewer die Frage gestellt, was sie empfindet, wenn ihr Freund in ihren Mund ejakuliert. Wie selbstverständlich lautet die Antwort: »Wenn er abspritzt, bin ich glücklich, ist doch klar!«

Scheinbar umgekehrt ist die Rollenverteilung bei dem Paar, das als Besonderheit der Konstellation »Dominante Frau, devoter Mann« vorgestellt wird:

Beispiel 3: Wolfgang und Andrea, seit sieben Jahren verheiratet.

(14. Ausgabe des 4. Jahrgangs der o. a. Reihe)

Das Paar hat den Hobbykeller des Eigenheimes zur »Folterkammer« ausgebaut. Ich möchte hier keine Einzelheiten des Interieurs beschreiben, sondern nur den Teil des Interviews wiedergeben, der sich auf das Machtverhältnis zwischen den Partnern bezieht.

I.: fragt den Mann, was ihm daran gefällt, wenn ihm seine Frau beim Sex physischen Schmerz zufügt:

M.: »...Das Gefühl für mich als Mann – weil ich eben sonst ein ziemlich aggressiver Typ bin –, von ihr beherrscht zu werden. Es tut unheimlich gut, weil man weiß, ich bin ihr überlegen, ihre Stiefel abzulecken.«

I.: fragt die Frau nach dem Unterschied zwischen einem dominanten Mann und einer dominanten Frau:

F.: »Bei einem dominanten Mann ist das so, weil er eben jederzeit der Frau überlegen ist: ob im privaten Bereich, ob s/m – er ist ihr wirklich überlegen in jedem Bereich.«

Die »Domina« aber spielt nur... Die Frau ist nach eigener Aussage – in einer Art Rollenspiel – nur dominant im sexuellen Bereich.

An diesem Beispiel wird deutlich, daß hier nur eine temporäre Rollenumkehrung stattfindet. Auslöser für den Rollentausch ist der Wunsch des Mannes, seine »devote Ader« auszuleben, um auf diese Weise erhöhten oder sonst nicht möglichen Lustgewinn zu erlangen. Die dominante Frau ist also die Verkörperung einer (anscheinend für viele Männer sehr reizvollen) Männerphantasie. Die nach Absprache erfolgende Machtausübung der »Domina« ist zeitlich von der Situation her genau eingegrenzt und wird als solche klar erkannt. Von daher stellt die dominante Frau im Pornofilm das »richtige« bzw. »selbstverständliche« Verhältnis der Geschlechter, in dem die Frau dem Mann zu Willen zu sein hat und eine Umkehrung undenkbar ist, nicht in Frage. Sie stellt für den betroffenen Mann – sei es als Partner oder Zuschauer – keine Bedrohung dar, im Gegenteil: Sie dient seiner Befriedigung. Dies wird besonders deutlich in den Filmen, in denen eine Domina explizit die Anweisungen eines Mannes erfüllt (s. u.).

Mit den folgenden Beispielen verlassen wir den Bereich dessen, was nach allgemeinem Vorverständnis als »normal« gilt, und betreten das weite Feld der »Sonderwünsche«, die – bzw.

deren Darstellung – auch in den Familienvideotheken zahlreich vertreten sind. Maßgeblich für meine Auswahl war nicht die (wie auch immer definierte) Ausgefallenheit der dargestellten Handlungen. Ich ließ mich vielmehr von der Frage nach der Verteilung von Macht und Gewalt bzw. Zerstörung im dargestellten Mann-Frau-Verhältnis leiten – und erfuhr die Unmöglichkeit, diese in die gängigen Kategorien einordnen zu können. Anscheinend ist Gewalt nicht mehr Gewalt und Zerstörung keine Zerstörung, wenn diese in einen Rahmen sexueller Handlungen eingebettet sind. Anders kann ich mir nicht erklären, daß Filme wie die unten beschriebenen trotz § 131 StGB in bundesdeutschen Videotheken feilgeboten werden.

Zur Sklavin geweiht

In dem Amateurfilm »Slavesex« bringt ein Mann seine »Freundin« zu einer Domina, um sie durch Einsetzen eines Ringes in ihre Schamlippen zu seiner Sklavin machen zu lassen.

Der Film ist technisch schlecht gemacht: Der Bildaufbau ist chaotisch, es wurde weder geschnitten noch nachvertont. Gerade dieses technische Manko erhöht aber die Authentizität des Films: Nichts scheint arrangiert oder gestellt, so daß der Eindruck entsteht, gleichsam einen Blick in den »Keller von nebenan« zu tun.

Vor der Ringeinsetzung, die stilecht im gynäkologischen Stuhl vorgenommen wird, empfängt die zukünftige »Sklavin« (S.) ihre Anweisungen von der Domina (D.):

D.: »Weißt du, was mit dir passieren wird?«

S.: »Ich bekomme einen Ring.«

D.: »Und was bedeutet das? ... sich auf Lebzeiten unterzuordnen, nur das zu machen, was dein Zuchtmeister lustig ist, nur das zu machen, was dein Zuchtmeister Spaß dran hat. Bist du sicher, daß du das kannst?«

S.: (leise) »Ja.«

Die Domina und der »Zuchtmeister« tragen bei der Ringeinsetzung Plastikhandschuhe. Letzterer bestimmt, wohin er den Ring haben will. Die Domina weist den Mann an, der jungen Frau die »Schamlippen langzuziehen« und fragt diese:

D.: »Bist du nervös? – Genau das ist schön. Tut das weh? – Oh, das ist schön!«

Blut rinnt herunter und an den Schenkeln entlang.

124

D.: (betrachtet ihr Werk) »Ich finde, er steht dir ausgesprochen gut!« Sie zieht einmal an dem Ring, so daß die andere aufschreit. Kommentar der Domina:
»Du leidest doch gerne für deinen Herrn, ist das nicht richtig?«

S.: »Ja.«

D.: »Schmerzen zu erleben und zu wissen, daß es für den anderen das Schönste ist überhaupt, muß für dich die absolut größte Genugtuung sein, die du dir überhaupt vorstellen kannst!«

In dem Film »Lady de Sade« (Koikuss Film und Video Produktion), der seinem Inhalt nach trotz des Titels nicht in das Genre s/m einzuordnen ist, sondern durchgehend auf Komik getrimmt ist, werden die von Frauen zu erduldenden Schmerzen verharmlost und glorifiziert. In einer Szene geht es um eine Vergewaltigung. Besondere Pikanterie: eine sogenannte »Schleimemanze« wurde vergewaltigt.

Personen der Handlung: die »Süße Schleimemanze« und ihr Gebieter, »Dr. Nympho«. Die Frau berichtet, daß sie vergewaltigt wurde.

M.: »Aber, was hast du dagegen einzuwenden?«

F.: »Ich danke!« (Gelächter)

M.: »Warst du schon bei der Polizei?«

(Schnitt. Man sieht eine Anzahl Penisse mit Nummernschildern.)

F.: »Erinnere mich bloß nicht daran! Ich sollte meinen Vergewaltiger identifizieren. Da hatte ich keine Schwierigkeiten: die Nr. 17 war's – die Spermkeule würde ich unter tausend anderen wiedererkennen…«

So einfach läßt sich das Problem Vergewaltigung also auch darstellen… Weniger einfach ist die Zuordnung solcher und ähnlicher Filme (die keine Rarität in deutschen Videotheken darstellen) zu den gängigen Kategorien: Handelt es sich um Soft-Pornos, weil die Darstellung sexueller Handlungen unterbleibt? Ist es ein Hard-Core, da die Genitalien einige Male in Nahaufnahme gezeigt werden? Oder sind diese Filme – insbesondere diejenigen in der Art von »Slavesex« – Gewaltpornos, da in ihnen die Anwendung von Gewalt wenn nicht verherrlicht, so doch zumindest verharmlost wird? Bis jetzt gibt es noch keinen Katalog, der exakt benennt, worin »grausame und unmenschliche Gewalttätigkeiten« (§ 131 StGB) bestehen. Meiner Erfahrung nach sind vielfältige Arten von Gewaltanwendungen selbstverständlicher Bestandteil zahlreicher Pornos. Auch sogenannte »Action-Filme« enthalten eindeutig pornographische und gewaltverherrlichende Elemente: Wie ist z. B. ein Film einzuschätzen, in dem eine Frau, die mit gespreizten Armen und Beinen gefesselt am Boden liegt, von einem Mann eine Stange Dynamit zwischen die Beine geschoben bekommt mit der Bemerkung: »Was du brauchst, ist ein dickes Kaliber, einen richtigen Prügel für den letzten Bums«? (Dieser Filmausschnitt sorgte in der Anhörung der SPD-Fraktion zum Thema Pornographie für Aufregung in der Diskussion: Hatte dies noch etwas mit Pornographie zu tun oder nicht?«)

Es bleibt die bedrückende Frage: Woher kommt dieser Haß, diese Zerstörungswut von Männern gegen Frauen, gegen das weibliche Genital? Für mich wurde in vielen Filmen deutlich: Die Vagina muß für Männer etwas Dunkles, Unergründliches, Bedrohliches darstellen. Wie sonst ist zu erklären, daß sie im Porno durch Totalrasur offengelegt, daß mit Techniken wie dem »Faustfick« (Penetration der Vagina mit der Faust, teilweise mit dem ganzen Unterarm) weit in sie eingedrungen wird, daß sie durch phallische Waffen (Flaschen, Dynamit, Holzpfähle) zerrissen, zerstört werden muß? *

Eine letzte Steigerung von – an Frauen ausgeübter – männlicher Zerstörungswut stellen die eingangs erwähnten Folterfilme, wie z. B. »Bondage Classics 12« (Produktion Gold Medal Video[4]) dar. Hier wird nicht mehr versucht, irgendeine Begründung für Mißhandlung und Folterung zu geben:

Dieser Film thematisiert in verschiedenen Szenen die absolute Unterwerfung von Frauen durch Männer. Jede zufällige Begegnung einer beliebigen Frau mit einem beliebigen Mann (sie hat z. B. eine Autopanne, und er kommt als erster des Wegs) mündet in eine Unterwerfung der Frau durch Folterung. Die Folterungen sind in keine weitere Handlung eingebaut, eine Kommunikation findet nicht statt. Man sieht zwar das Entsetzen und die Qual der Frauen (weitaufgerissene Augen, schreiender Mund), ihre Schreie aber bleiben ungehört, da der

---

* Ist es so, wie Jutta Brückner[5] schreibt: »Im Pornofilm wird deutlich, wo das rastlos forschende Sehen des Mannes sein Ende hat. Selbst in der Scham in Großaufnahme, selbst in den gespreizten Schamlippen ist das Beunruhigende für ihn nicht zu finden. In psychoanalytischer Betrachtungsweise ist dieser Zwang Teil männlicher Kastrationsangst, die selbst in Soft-Pornos ein Element des Tödlichen, die Frau Zerreißenden hereinbringt, weil anders an das Innere ihres Körpers, sprich: ihres Geheimnisses nicht heranzukommen ist«?

O-Ton ausgeblendet ist und die Folterungen durch schöne Musik, wie z. B. sphärische Harfenklänge untermalt und auf diese Weise ästhetisiert werden. Ein Beispiel: In der Episode »Escape to Wilderness« des o. a. Filmes wird eine nur mit Tropenhemd und Slip bekleidete Frau von einem Mann verfolgt. Die Frau trägt auf ihren Schultern ein Holzjoch mit Gewichten. Um ihren Körper ist – zwischen den Beinen hindurch – ein Strick so straff gespannt, daß er bei jedem Schritt tief einschneidet. Nachdem der Mann sie eingeholt hat, fesselt er sie, hängt sie an den gefesselten Armen an einem Baum auf und peitscht sie aus. Striemen werden überall sichtbar, die Kamera verweilt lange auf den mißhandelten Körperpartien und den Füßen, die hilflos gerade knapp über dem Boden zappeln. Später werden der Frau die Lippen und eine Brustwarze mit Stacheldraht aufgerissen und Dornen in die Vagina gestoßen.

Die Reihe von Erniedrigungen und Folterungen an Frauen in diesem Film ließe sich noch lange fortsetzen – die grauenhaften Bilder erinnern an Unterwerfungen von Frauen, wie sie z. B. aus dem Vietnamkrieg bezeugt wurden.[6]

Und wieder drängt sich die Frage auf: Was bringt Männer dazu, solche Bilder zu »brauchen« bzw. sich an solchen Bildern zu weiden? Was haben diese Bilder mit Sexualität zu tun? (Die »Bondage«-Filme werden in der Porno-Ecke gehandelt.)

Ich möchte die Reihe der Beispiele abschließen mit der Beschreibung eines Filmes, der mit den eben beschriebenen grausamen Bildern auf den ersten Blick nichts, bei näherem Hinsehen jedoch eines gemeinsam hat: die Abwesenheit jeder Kommunikation zwischen den Geschlechtern. Dieser Film führt nahezu in Vollendung die im Porno sich manifestierende Unmöglichkeit lebendiger Begegnung vor – für mich eine »Todesmetapher« der Moderne. (Vgl. den Beitrag von Renate Berger in diesem Band.)

Keimfrei verpackt –
Die Latexklinik von Frau Dr. Monteil
(Produktion Viola Video, Wiesbaden)

Diese Filme scheinen einen neuen Trend einzuleiten, jedenfalls sind bis jetzt erst wenige Folgen produziert worden. Folgendes Handlungskonstrukt ist kennzeichnend: Frau Dr. Monteil und »Sklavin« Iris bemühen sich um einen Patienten, der wegen sexueller Schwierigkeiten in Behandlung ist. Bemerkenswert ist das Ambiente: Das Ganze spielt sich in völlig steriler Umgebung ab. Der Patient liegt in Latex verpackt, mit einer Gummimaske versehen, auf einer Bahre. Nur sein Penis ist sichtbar. Ähnlich gekleidet sind Ärztin und Helferin bzw. »Sklavin«, allerdings sind bei der Ärztin Mund, Anus und Vagina-Öffnung ausgespart; Sklavin Iris trägt eine Gasmaske, deren Vorderseite geöffnet ist. Sie bearbeitet – mit latexbehandschuhter Hand und Gasmaskenrüssel – emsig wie ein gieriges Insekt den Penis des Patienten. Die Szene wirkt tragikomisch, ist aber in ihrer Radikalität konsequent: Die Anonymität und Mechanisierung der im Porno immer gleichen Sexualpraktiken »Wichsen« und »Blasen« wird drastisch deutlich. Auf Körperkontakt wird verzichtet, die Körper erscheinen wie »lebende Panzer der Vereinsamung«[7]. Diverse medizinische Instrumente müssen zwischengeschaltet werden, um Kontakt zu ermöglichen. Medizinisch-mechanische Eingriffe wie Einlauf, Blasenspülung, Magenspiegelung und Kathetersetzung sind Sexualitätsäquivalent: Jedenfalls bewirken sie beim behandelten Mann unter der Gummimaske ein wohliges Grunzen. Als Höhepunkt schließt sich die Ärztin mit Hilfe eines Gummischlauchs mit »Patient Nr. 17« kurz: Die sexuelle Verbindung wird durch den mit Hilfe des Gummischlauchs transportierten Urinstrahl hergestellt. »Komm nicht zu nah. Bleib nicht zu fern«[8] – symptomatisch für den derzeitigen Stand der Geschlechterbeziehung?

Abschließend möchte ich noch eine Bemerkung zu einem Kommunikationsdefizit besonderer Art machen, das mich beim Beschreiben der Filmausschnitte immer wieder zögern ließ. Eine Art hilfloser Sprachlosigkeit überkam mich, wie ich sie auch schon bei anderen Frauen in den von mir geleiteten PorNO-Workshops erlebt hatte: Wie diese Dinge benennen? Sollte ich, um mich klar auszudrücken, die drastische Sprache der Pornos übernehmen, also »Votze«, »einen blasen«, »abspritzen« schreiben? Oder sollte ich diese Vorgänge medizinisch korrekt und distanziert mit den Begriffen »Vagina«, »Fellatio«, »Ejakulation« benennen? Beides ist nicht meine Sprache.

Nicht nur beim Beschreiben von Pornofilmen, auch beim Erkennen oder Entwerfen einer freieren (?) Sexualität im 20. Jahrhundert, ja selbst beim Hinterfragen und In-Worte-Fassen eigenen sexuellen Erlebens wird ein Defizit spürbar: Wenn wir Gewalttätigkeit, Frauenfeindlichkeit und Menschenverach-

tung ablehnen, was haben wir dann diesen Tendenzen konkret –
auch schon sprachlich – entgegenzusetzen? Wird es uns gelingen, das entstandene Vakuum auszufüllen?

Anmerkungen

1 Pascal Bruckner / Alain Finkielkraut: Die neue Liebesunordnung.
  München 1980, S. 80.
2 Jutta Brückner: Sexualität als Arbeit im Pornofilm, in: Das Argument, 141/1983, (S. 674–684), S. 676.
3 Interview mit Ulrike Meyer, in: Schädelspalter, Nr. 9, 1985, S. 13.
4 Die Angabe »Gold Medal Video« besagt nichts: Meine Recherche
  nach dem Produzenten verlief über viele Umwege – Videothek,
  Pornogrossist in Wiesbaden, Telefonnummer der Firma Scala in
  Holland, Telefaxnummer in den USA – schließlich ins Nichts. Auf zah-
  reiche Telefaxe in die USA erhielt ich nie eine Antwort. So war es unmöglich, die Rechte an diesem Film (für eine vom WDR gesendete Dokumentation) zu bekommen; ebenso unmöglich ist es, die verantwortlichen Produzenten zu belangen.
5 Jutta Brückner: a. a. O., S. 678.
6 Susan Brownmiller: Gegen unseren Willen. Vergewaltigung und
  Männerherrschaft, Frankfurt 1980, S. 110.
7 Barbara Renchkowski-Ashley, David Ashley: Sexualität und Gewalt: Der pornographische Körper als Waffe gegen Erotik und Nähe,
  in: Psychologie und Gesellschaftskritik, Heft 2, 1986, (S. 7–36), S.
  34.
8 Christa Wolf. Ohne Titel zitiert in: Demokratische Fraueninitiative
  (Hg.): Wir Frauen, Köln 1989.

Eberhard Schorsch

Zur Frage von Sexualität, Lust, Angst und Gewalt

Ich muß gestehen, daß ich gewisse Schwierigkeiten hatte, mich zur Vorbereitung dieser Anhörung zu motivieren. Es ist in den letzten Jahren so vieles über Pornographie geschrieben, gesagt und debattiert worden; ich selbst habe Veranstaltungen, Seminare usw. zu diesem Thema mitgemacht. Ich habe den Eindruck, daß alles längst schon zur Genüge gesagt und geschrieben worden ist, daß eigentlich alles bekannt ist. Wahrscheinlich hat aber dieses Gefühl des Gesättigtseins viel mit meinem Berufsfeld zu tun, und ich kann es nicht ohne weiteres generalisieren.

Daß die in den USA von Frauen initiierte Diskussion um die Pornographie sich in die Bundesrepublik fortgesetzt hat, ist wesentlich auch ein Verdienst von Alice Schwarzer. Es ist ein Verdienst, weil ich es für eine wichtige Diskussion halte, die Aufmerksamkeiten weckt, manches zurechtrückt und vieles ins Bewußtsein gehoben hat. Diese Diskussion hat mit dazu beigetragen, daß die Pornographie den Anschein von Belanglosigkeit und ihre Unschuld, die sie nie besaß, verloren hat.

Es ist ferner unmittelbar eingängig, daß Frauen auf Pornographie anders reagieren als Männer und auch anders betroffen sind. Die Herabwürdigung besonders der Frau in der Pornographie, der Aspekt von Mißachtung und Bedrohung machen es verständlich, daß sich Frauen dagegen wehren, und ich glaube, daß solche Widerstände langfristig auch gesellschaftlich von Bedeutung sind.

Dennoch – und dies will ich mit Nachdruck betonen – ist in diesem emotionalisierten Diskussionsklima die Pornographie auf eine Ebene geraten, auf die sie nicht gehört, ist ihr ein Rang, eine Bedeutung beigemessen worden, die ihr in keiner Weise zukommt. In den Diskussionen und vor allem in den daraus abgeleiteten politischen Forderungen hat es den Anschein, als sei Pornographie die Waffenschmiede, das Hauptmunitionslager im Kampf und in den Grabengefechten der Geschlechter, ein Arsenal, das es auszuheben gilt, um, wenn schon nicht Frieden, so doch Waffenstillstand herzustellen.

Demgegenüber ist festzuhalten, daß Pornographie Symptomcharakter hat und ein Epiphänomen ist, nicht mehr und nicht weniger. Pornographie ist eine Konkretion kollektiver Phantasien, die vorhanden sind und die nicht erst geweckt werden müssen. Pornographie trifft sozusagen ins Schwarze dieser Phantasien, sonst würde sie sich nicht so gut verkaufen. Das durchgängige Muster von Pornographie zeigt, daß bei Männern Feindseligkeit mit einer aggressiven Reaktionsbereitschaft zumindest ein Aspekt des kollektiven Frauenbildes ist. Auf die Hintergründe dieses kollektiven Phantasmas will ich hier nicht eingehen. Zur Erklärung gibt es plausible sozialpsychologische und psychoanalytische Theorien über die kollektive Geschlechterbiographie. Der Aspekt der Feindseligkeit geht einher mit einer aggressiven Durchsetzung sexueller Phantasien.

Pornographie spricht solche Phantasien an, sie ist die Konkretisierung solcher Phantasien und nicht Abbild der Realität; dies ist dem Pornographiekonsumenten auch immer bewußt. Ohne hier die komplexe Problematik des Verhältnisses von Phantasie und Realität erörtern zu wollen, kann nur so viel festgehalten werden, daß Phantasie nicht die Funktion der Handlungsanweisung in der Realität hat.

Die kollektive Geschlechterbiographie hat zum Resultat, daß ein Aspekt von Feindseligkeit das männliche Phantasma von der Frau mitprägt. Dies hat zur Folge, daß die Geschlechterbeziehung das Gepräge eines Geschlechterkampfes, genauer: eines Kampfes des Mannes gegen die Frau trägt.

Intensität und Ausmaß dieses feindseligen Aspektes, der auch nur der eine Aspekt ist, sind individuell sehr unterschiedlich. Bei vielen Männern ist er nur in kaum wahrnehmbaren Verdünnungen enthalten; im anderen Extrem gibt es Männer, deren Frauenbild durch diesen feindseligen Aspekt weitgehend bestimmt ist, die eine starke aggressive, destruktive Dynamik in sich tragen, die immer wieder impulsartig in Handlungen durchbrechen kann oder die in Form einer Perversionsbildung abgewehrt und eingebunden wird. Der Intensität der aggressiv destruktiven Dynamik entspricht die Intensität der Angst vor der Frau, die wiederum begründet ist in Brüchen, Unsicherheiten der männlichen Identität – etwas, das sich in der Regel biographisch auflösen und nachweisen läßt. Ich will dies hier aber nicht weiter vertiefen. Ich will zur Erläuterung dieses Zusammenhanges nur darauf hinweisen, daß z. B. Pornographie, auch und vor allem harte Pornographie, bei langjährig Inhaftierten, die von der Welt der Frau abgeschnitten sind und deren Männlichkeitsunsicherheiten wachsen, eine zentrale Rolle spielt und eine wichtige Funktion hat.

Bezüglich der Pornographie und des Pornographiekonsums ist daraus folgende generelle Gesetzmäßigkeit abzuleiten: Je mehr das innere Frauenbild eines Mannes durch den feindseligen Aspekt bestimmt ist, desto größer ist seine Affinität zu, seine Ansprechbarkeit durch Pornographie, desto stärker ist die Faszination von Pornographie. Dies ist der entscheidende Faktor, dem gegenüber sind Faktoren wie Sozialschicht und Alter zweitrangig.

Pornographie hat also Symptomcharakter, ist eine Entsprechung des kollektiven Feindbildes, das ein Aspekt des inneren weiblichen Phantasmas bei Männern ist. Pornographie ist der Spiegel, genauer: einer der vielen Spiegel, in denen die aggressiv-feindseligen Aspekte des Frauenbildes reflektiert und sichtbar werden. Aber Pornographie erzeugt all dies nicht. Das basale Problem ist die feindselige Tönung des kollektiven Frauenbildes von Männern. Diese bedingt den Kampfcharakter der Geschlechter. Dies ist die Quelle für die gesellschaftliche Unterdrückung der Frau und für die Tendenz von Männern, Frauen sexuell zu benutzen – von der Anmache über die Belästigung, die Vergewaltigung bis hin zu Tötungsdelikten. Wer dies bestreitet oder auch nur herunterspielt, mit dem ist nicht zu reden. Nur: Die Eliminierung von Pornographie, selbst wenn diese möglich wäre, würde daran nichts, aber auch gar nichts ändern. Phantasien lassen sich durch äußere Reglementierungen weder ausschalten noch modifizieren. Die Vorstellung von der präventiven Wirkung eines Pornographieverbots geht an der Realität ebenso vorbei wie die gelegentliche Vorstellung, die in der Diskussion um die Strafrechtsreform früher eine gewisse Rolle gespielt hat, durch die Freigabe der Pornographie gewissermaßen als Ventil würden Sexualstraftaten verhindert, quasi überflüssig.

Die gesamte Pornographiedebatte sowohl in den USA als auch bei uns, emotionalisiert, wie sie nun einmal ist, geht einher mit einer Verkürzung und Vereinfachung der Problematik, die ich in meiner Argumentation mitmache, weil ich sie für nicht so entscheidend halte. Ich will sie aber wenigstens erwähnt haben. Die Verkürzung besteht in dem, was ich das Hammer-Amboß-

Prinzip nennen möchte. Ich meine damit folgendes: Implizit oder auch explizit wird in dieser Debatte davon ausgegangen, daß männliche Sexualität generell und speziell, wie sie in der Pornographie dargestellt wird, nur aggressiv, bemächtigend, zerstörerisch ist und den Frauen als etwas ihnen Fremdes zugefügt, von ihnen erlitten wird. So machtlos, schwach, unterworfen, nur opferhaft ist das Bild der Frau in der Pornographie gar nicht. Implizit oder explizit wird postuliert, die Sexualität der Frau sei zärtlich, Geborgenheit gebend, pure Friedfertigkeit, frei von aggressiven Tönungen und folglich mit der männlichen Sexualität völlig inkompatibel. Es ist zu Recht auch von seiten der Frauen eingewendet worden, dies sei Ausdruck von antisexuellen Affekten und käme einer Desexualisierung der Frau gleich. Ich habe hier nicht gesprochen von feindseligen, aggressiven Elementen im männlichen Phantasma von Frauen, die auch vorhanden sind, wenngleich qualitativ und in den Äußerungsformen andere. In der verkürzten Perspektive der Pornographiedebatte ist auch nicht recht unterzubringen, daß Pornographie spätestens seit der Verbreitung der Videotechnik auch auf den gemeinsamen Konsum zu zweit abzielt, und dies nicht ohne Erfolg. Pornographie ist die Darstellung von Gewaltverhältnissen, und Gewaltverhältnisse sind eben komplexer und verflochtener, als es das Hammer-Amboß-Prinzip suggeriert. Ich erwähne diese Differenzierungen nur im Nebenbei. Ich kann mich dennoch auf die Verkürzungen und Vereinfachungen der Pornographiedebatte einlassen, weil in ihr wesentliche Aspekte von Pornographie durchaus zutreffend enthalten und erfaßt sind.

In einem die Anhörung vorbereitenden Brief wurden Fragen an mich konkretisiert, die ich abschließend beantworten will.

1. Welche Funktion hat Pornographie für Männer?

Pornographie hat Symptomcharakter und ist die Konkretisierung kollektiver, von Feindseligkeit getragener Männerphantasien. Pornographie hat dieselbe Funktion wie sexuelle Phantasien etwa bei der Masturbation. Das Ausmaß des Konsums von, vor allem aber der Faszination durch Pornographie hängt von der Ausprägung solcher Tendenzen in Männern ab. Pornographie ist ebenso Stimulans wie für die Phantasie ein Ventil.

2. Kann es zu einer Zunahme von Masturbation, zu einer Abhängigkeit von Pornographie und analog zu Suchten zum Konsum immer härterer Pornographie kommen?

Sicherlich kann es im Zusammenhang mit Pornographie zu einer Masturbationszunahme kommen, dies aber nicht im Sinne eines simplen Kausalzusammenhanges. Denn Pornographie wird ja aufgesucht im Rahmen einer sexuellen Stimulationssuche. So wie vermehrte sexuelle Phantasien mit einer höheren Masturbationsfrequenz verbunden sind, so ist es ein vermehrter Pornographiekonsum. Ein progredienter Konsum gewaltsamer Pornographie ist Ausdruck einer eskalierenden aggressiven Aufladung und Spannung, nicht deren Ursache. Die Analogie mit der Sucht hinkt in mehrfacher Hinsicht. Ich kenne aber aus der klinischen Praxis eine Reihe von Männern mit einem progredienten, zwangsähnlichen Konsum von Pornographie. Solche Entwicklungen haben manchmal zum finanziellen Ruin geführt, aber in keinem Fall zu sexuellen Gewalthandlungen, wie umgekehrt sexuelle Gewalttäter keinen besonders großen Pornographiekonsum aufweisen, eher im Gegenteil.

3. Die Frage nach dem Zusammenhang, nach der Kausalität zwischen Pornographiekonsum und sexuellen Gewalthandlungen

Diese Frage läßt sich von drei Ebenen her beantworten:

a) Ein solcher Kausalitätszusammenhang läßt sich auf der *theoretischen Ebene* wegen des Symptomcharakters von Pornographie in keiner Weise begründen. Es gilt generell, daß die Sexualität eines Menschen im Prinzip ein individuelles Gebilde ist, das aus früheren Erfahrungen traumatischer wie befriedigender Art resultiert. Es ist davon gesprochen worden, daß die Sexualität, insbesondere die sexuellen Phantasien eines Menschen, im wesentlichen eine Reinszenierung solcher früher Erfahrungen ist. Je mehr traumatisierende und angsterzeugende und je weniger befriedigende Elemente frühe Erfahrungen enthalten, desto aggressiver werden sexuelle Phantasien sein.

Die sexuellen Phantasien als Inbegriff befriedigender, lustvoller Erlebnismöglichkeiten sind im Prinzip durch äußere Erfahrungen kaum modifizierbar. Diese gesicherte Tatsache hat z. B. dazu geführt, daß die sogenannte Verführungshypothese als wissenschaftlich widerlegt gilt: So wie kein Mensch durch puberale oder spätere Erlebnisse zur Homosexualität verführt werden kann, so wenig kann er durch Eingreifen von außen zu einer Perversion verführt werden und so wenig durch Pornographie zu einer aggressiven Sexualität. Männer mit einer stärkeren aggressiven Aufladung der Sexualität haben eine besondere Affinität zu harter Pornographie, an ihr können sich aggressive Phantasien ausfalten und entzünden, aber ebenso kann sich die sexuelle Aggressivität als spontane Masturbationsphantasie konkretisieren.

b) Die Kausalitätshypothese findet keine Stütze auf der *Ebene der klinischen Beobachtung*. Sexuelle Gewalttäter haben eine eher unterdurchschnittliche Erfahrung mit Pornographie. Diese Beobachtung im Sinne einer Katharsishypothese zu interpretieren, also einen Kausalzusammenhang derart zu postulieren, daß Gewalttaten geschehen, weil der entlastende Umgang mit Pornographie als Ventil nicht zur Verfügung stehe, ist absurd. Die geringe Pornographieerfahrung bei Gewalttätern hat damit zu tun, daß die aggressiven sexuellen Phantasien häufig mit Angst vor Kontrollverlust, mit Scham- und Schuldgefühlen verbunden sind, daß solche Männer oft sehr isoliert sind, wenig Kontakt und wenig Zugang zu anderen haben. Ebenso absurd ist aber die Annahme einer umgekehrten Kausalität, harte Pornographie verführe zu Gewalttaten. Hinweise auf Einzelfälle, in denen eine Gewalthandlung einer Szene in der Pornographie nachgestellt worden ist, beweisen und widerlegen hier gar nichts.

c) Auch auf einer *empirischen Ebene* ist ein solcher Kausalzusammenhang nicht nachweisbar. Hierzu will ich eine abschließende Bemerkung machen. Wissenschaft, auch dort, wo sie sich strikt faktengebunden und experimentell gibt, offenbart nicht eine aus dem Zusammenhang losgelöste »Wahrheit«, sondern steht in einem Erkenntnisinteresse, ist folglich von ideologischen Interpretationen in den Dienst zu nehmen. Bezüglich der wissenschaftlichen Untersuchungen in der Pornographieforschung hat dies Lautmann kürzlich sehr prägnant herausgearbeitet. Wenn man für jede These wissenschaftliche Beweise finden kann, dann zeigt dies, daß in diesem Felde von der »Wissenschaft an sich« nichts, vor allem keine abschließenden Antworten erwartet werden können und gar nicht zu erwarten sind.

Pornographie ist also weder ein wissenschaftliches, noch ein therapeutisches Problem, ist aber auch kein juristisches Problem, das durch Gesetze und Zensuren zu handhaben ist, sondern ist ein explizit politisches Phänomen. Und das eigentliche, gravierende Problem ist auch nicht die Pornographie an sich, sondern die ihr zugrundeliegende Feindseligkeit, die sich in der Pornographie zwar zeigt und dort sichtbar wird, die aber auch ohne Pornographie gleichermaßen vorhanden ist. Insofern sollte die SPD – und ich meine, das stünde ihr gut an – nicht defensiv und schuldbewußt, sondern weiterhin sehr offensiv zu ihrer Reform des Sexualstrafrechts stehen und die Anfänge von damals auch weitertreiben und weiterverfolgen.

Wenn ich von dem Symptomcharakter der Pornographie spreche als Symptom von mehr oder minder latenter Feindseligkeit von Männern gegenüber dem weiblichen Phantasma, so meine ich dies nicht im Sinne einer fatalistischen Feststellung: Dies ist nun einmal so, und damit müssen wir leben. Wenn man die Phantasie produktiv einsetzt, dann sind langfristige gesellschaftliche Veränderungen nur und ausschließlich, wie ich meine, zu erwarten von dem Widerstand der Frauen dagegen, und Widerstand ist die einzig wirksame Möglichkeit dessen, was man immer so schön Aufklärung nennt. Und dieser Widerstand ist nicht nur ein Widerstand gegen die Männer, sondern Widerstand gegen das weibliche Phantasma der Männer, und ein solcher Widerstand beinhaltet, daß die Frauen sich als Projektionsfeld diesen männlichen Phantasien – sei es in Form von idealisierenden Rettungsphantasien, sei es in Form von destruktiven Unterwerfungs- und Zerstörungsimpulsen – entziehen. Das patriarchalische Instrument von Gesetz und Zensur ist für solche langfristigen Prozesse nicht förderlich, sondern behindert sie.

Herbert Selg

Über Wirkungen von Gewaltpornographie

Gibt es Pornographiewirkungen? Ja! Als Beleg sei kurz der Schriftsteller Robert Gernhardt mit einer Passage aus dem Text »Folgen der Pornographie« (1988) zitiert:

»Herbert M., äußerlich ein Bankkaufmann ohne Tadel, fand bei dem Versuch, das berüchtigte Buch ›Sodom und Gomorrha‹ des Marquis de Sade durchzulesen, den Tod. Er schlief während der Lektüre rauchend ein und verbrannte im Bett.«

Spaß beiseite; das Thema verlangt eine ernste Auseinandersetzung (sofern diese in der vorgegebenen Kürze überhaupt möglich ist). Noch einmal: Gibt es Pornographiewirkungen? Man stellt der Forschung einfache Fragen, erwartet vielleicht auch einfache Antworten – und erhält sie natürlich nicht. Es gibt nicht *die* Pornographie – und es gibt nicht *die* Wirkungen auf *den* Menschen.

Manche verständliche Frage, z. B. die nach der Wirkung auf Kinder und Jugendliche, ist schon deshalb nicht exakt zu beantworten, weil sich eine entsprechende Forschung verbietet. In vielerlei Hinsicht werden Wissenschaftler auf Fragen nicht mit Beweisen, sondern allenfalls mit Hinweisen antworten können.

Diese Hinweise sind im Bereich der psychologischen Pornographieforschung gar nicht so umstritten oder widersprüchlich, wie man in der Öffentlichkeit anzunehmen scheint. Der Wert solcher Hinweise hängt vor allem davon ab, ob sie in gut gestützte Theorien integriert oder ob sie isoliert sind. Die Aussagen der neueren psychologischen Wirkungsforschung sind in die bewährte sozial-kognitive Lerntheorie von Bandura (1979) integrierbar. Sie sind nicht umstritten; man lese die neuesten Übersichten bei Donnerstein et al. (1987) oder das Journal of Social Issues, 1986.

Können wir auch im strengen Sinn des Wortes wenig beweisen, so können wir doch auf jeden Fall manches richtigstellen. So können wir klipp und klar sagen, daß die im Bereich der Gewaltforschung gern bemühte Katharsis-Hypothese, die da-

137

von ausgeht, daß durch das Betrachten von Gewalt die eigene Gewaltneigung gesenkt wird, zurückgewiesen werden muß; nichts spricht für, alles gegen sie.

So können wir ferner davon ausgehen, daß die Inhalte des 1970 veröffentlichten USA-Reports über Pornographie für unser Thema nicht einschlägig sind. Dort wurde Pornographie als weitgehend wirkungsfrei eingestuft (von sexueller Erregung einmal abgesehen). Aber es wurde fast nur über Forschung berichtet, die sich mit harmlos-sanften Stimuli befaßte, nicht mit gewalt-verknüpfter Sexualität. Diese gab es zwar damals auch schon längst; doch wurde sie nicht hinreichend erfaßt. Man darf zur Entschuldigung des Reports anmerken, daß Gewaltpornographie damals vorwiegend in Büchern und in schwer zugänglichen Filmen anzutreffen war. Es gab z. B. noch nicht die Videorecorder, die jederzeit und beliebig oft Vorführungen filmischen Materials erlauben.

Auch der Tenor des 1986 in den USA veröffentlichten zweiten Pornographie-Reports ist zurückzuweisen. Er kam mehrheitlich zu Stellungnahmen, die denen von 1970 völlig widersprechen. Insgesamt macht er den Eindruck, gegen alle Liberalisierungsbestrebungen im Bereich der Sexualität zu sein; er putscht gegen verschiedene Formen von Erotika auf und stützt sich dabei durchaus auf wissenschaftliche Untersuchungen, die aber in unzulässiger Weise übergeneralisiert werden, wogegen deren Autoren heftig protestieren.

Das Thema *Gewaltpornographie* ist das Hauptanliegen der gegenwärtigen psychologischen Pornographie-Wirkungsforschung. Als Gewaltpornographie, in deren Material sich sexuelle und aggressive Stimuli durchdringen, werden vorwiegend Vergewaltigungsdarstellungen untersucht.

Vergewaltigungsdarstellungen treffen bei einem erwachsenen Konsumenten nicht auf eine tabula rasa. In vielfältiger Weise hat er Informationen über Sexualität und Aggressivität verarbeitet. Von besonderer Bedeutung ist hierbei eine recht verbreitete Vergewaltigungsmythologie.

Sie besagt über die Opfer:

1. Alle Frauen wollen eigentlich vergewaltigt werden; sie genießen Vergewaltigungen. Eine Frau, die »nein« sagt, meint es nicht ernst.

2. Eine Frau kann nicht gegen ihren Willen vergewaltigt werden; also nur »schlechte« Frauen können vergewaltigt werden.

3. Frauen beschuldigen besonders dann einen Mann zu Unrecht

einer Vergewaltigung, wenn er ihnen nicht genügend »geneigt« ist. (Man erinnere sich des Beispiels aus der Bibel: Potiphars Frau und Josef; 1. Buch Mose 39.)

Über die Täter heißt es:

Männer, die eine Vergewaltigung begehen, sind krank;

oder:

Männer, die eine Vergewaltigung begehen, sind sexuell ausgehungert bzw. aus anderen Gründen besonders triebstark.

Die Funktion solcher Mythologie ist klar: Sie beschuldigt die Opfer und entschuldigt die Täter.

Die sogenannte Vergewaltigungsmythologie ist eine komplexe Einstellung. Was wissen wir nun über die Auswirkungen von Vergewaltigungsdarstellungen auf diese und andere Einstellungen?

Zunächst ist es von entscheidender Bedeutung, ob die Darstellungen »positiv« oder »negativ« enden, d. h., ob schließlich die vergewaltigte Frau vom Geschehen mitgerissen wird und Lust bis zum Orgasmus erlebt (= »positiv«) oder ob ihre Abwehr, ihre Schmerzen, ihre Ängste dominant bleiben (= »negativ«).

Wenn die dargestellte Frau bei der Vergewaltigung leidet, wird die Mehrzahl männlicher Pornokonsumenten nicht erregt. Es gibt hier jedoch Ausnahmen, auf die noch eingegangen werden muß.

Wenn die Frau bei der Vergewaltigung Lust empfindet, wird die Mehrzahl der Männer erregt. Wegen der Lust auf seiten der Frau wird Mitgefühl überflüssig. In der Pornographie-Landschaft sind Vergewaltigungen mit »positivem« Ausgang – bis hin zur überschwenglichen Dankbarkeit der Frau gegenüber dem Täter – nicht die Ausnahme, eher die Regel. Es gibt Hinweise, daß Bilder von Vergewaltigungen mit Lusterleben der Frau in die Phantasie (von Männern und Frauen) übernommen werden (s. z. B. Ernst et al. 1975). Eine Auswirkung auf das Verhalten ist dann keineswegs auszuschließen; offenes und verdecktes Verhalten korrelieren positiv (s. Huesmann et al. 1983, 1984).

Auch folgendes kann ausgesagt werden:

Vergewaltigungsdarstellungen (mit »positivem« Ende) können zu einer höheren Akzeptanz der Vergewaltigungsmythologie (s. u. a. Malamuth und Donnerstein 1982) und zu einer Abwertung der Frauen führen.

Im Laborexperiment steigen Aggressivitäten, insbesondere gegen Frauen (zur Übersicht s. Selg 1986).

Noch relevanter sind aber die folgenden zusammengehörigen Befunde:

Der Konsum von Gewaltpornographie desensibilisiert gegen Gewalt (s. u. a. Donnerstein und Linz 1984); jedoch auch »normale« Spielfilme, die niemand als Pornographie einstuft, die aber das z. Z. tolerierte hohe Ausmaß an Aggressionen und erotisch-aggressiven Episoden gegen Frauen enthalten, können (bei Männern) die Akzeptanz interpersonaler Gewalt allgemein und speziell die Akzeptanz der Vergewaltigungsmythologie erhöhen – ähnlich wie Gewaltpornographie (s. u. a. Malamuth und Check 1981).

Wir dürfen uns also nicht eng auf Pornographie-Filme (d. h. Filme mit expliziter Sexualität) ausrichten, wenn wir für unvorteilhafte Einstellungsänderungen sensibel werden wollen; negative Änderungen gelingen auch anderen gewaltverherrlichenden Produkten.

Gibt es Menschen (in erster Linie Männer), die in besonderer Weise für diese Gewaltbotschaften anfällig sind?

In der Antwort auf diese Frage muß ein umfangreiches Geflecht von Persönlichkeitsvariablen angesprochen werden. Dieses Geflecht hat als Kern eine allgemeine Gewaltorientierung. Gemeint ist die Tatsache, daß alle Menschen mehr oder weniger Zwang und Gewalt befürworten; damit korrelieren Neigungen, Geschlechtsrollen stereotyp wahrzunehmen. Menschen mit allgemein höherer Gewaltorientierung haben auch hinsichtlich der speziell sexuellen Aggressivität – einschließlich der Vergewaltigungsmythologie – eher höhere Ausprägungen.

Man kann davon ausgehen, daß eine Minderheit der Männer (nach ersten Erhebungen in den USA bis zu einem Drittel) nennenswert gewaltorientiert ist. Diese Männer, auf die das Etikett »Macho-Typen« passen könnte, werden von gewaltverherrlichenden Informationen eher beeinflußt als andere. Bei einem Teil von ihnen sind Sexualität und Aggressivität so ineinander verwoben, daß allein der Gedanke an eine nichtsexuelle (!) Gewalttat gegen eine Frau durchaus eine sexuelle Erregung auszulösen vermag. Es ist denkbar, daß solche Männer in ihrer Jugend gelernt haben, zu einer männlichen Sexualität gehöre auch Aggressivität, und sie haben sich entsprechend trainiert. Viele von ihnen werden von Vergewaltigungsdarstellungen sexuell stärker erregt als von Koitusdarstellungen, die wechselseitiges Einverständnis der Handelnden zum Ausdruck bringen (s. u. a. Malamuth et al. 1986).

Aus der Aggressionsforschung (u. a. Lefkowitz et al. 1977) wissen wir, daß die Variable, in welchem Ausmaß Konsumenten Mediendarstellungen für realistisch halten, von Einfluß ist. Wer Medieninhalte für Abbilder der Realität hält, ist ihnen stärker ausgeliefert.

Dies in aller Kürze zu Persönlichkeitsmerkmalen.

Natürlich beeinflussen auch situative Merkmale die Effekte: Aggressionssteigernd wirken sich z. B. Ärger und Alkohol aus.

Eine Zwischenbilanz, die deutlicher wäre, wenn hier mehr auf einzelne Untersuchungen eingegangen werden könnte, erbringt: Bei vorsichtiger Betrachtung fällt immer wieder auf, daß es nicht die explizite Sexualität ist, die zu negativen Ergebnissen führt. Entscheidend ist offensichtlich vielmehr die Gewalt, insbesondere die Gewalt gegen Frauen, sei sie nun in Gewaltporno-, in Horror- oder in ganz »normalen« Action-Filmen enthalten...

Aus diesem Grunde darf hier auch folgendes eingefügt werden: Im Gegensatz zu früheren Zusammenfassungen können wir heute nicht mehr davon ausgehen, daß rein sexuelle Stimuli (Erotika) zu Aggressionen gegen Frauen führen. Hier irrte die Forschung einige Jahre lang, weil sie nicht sauber genug erotische von gewaltdurchsetzten sexuellen Reizen trennte. Erotika, die gewaltfrei sind und Zärtlichkeiten vermitteln, können offensichtlich Aggressionsneigungen dämpfen (da Gewalt und zärtliche Gefühle für die meisten Menschen inkompatibel sind).

Zu negativen Auswirkungen kommt es also, wenn Aggressionen »im Spiel« sind. Dies gilt nicht nur für jene krasseren körperlichen Aggressionen, die wir Gewalt nennen. Es genügen auch schwächere Aggressionen, etwa degradierende Inhalte, um negative Befunde zu zeitigen. (Eine Degradierung kann z. B. darin bestehen, daß Frauen nur als dümmliche Sexualobjekte vorgeführt werden.)

Dieses Urteil steht allerdings in leichtem Widerspruch zu dem neuen Übersichtsband von Donnerstein et al. (1987). Sie betonen, es sei noch nicht erwiesen, daß sich degradierende Inhalte negativ auswirken. Der Widerspruch ist aber wohl aufzuheben: Wo degradierende Inhalte – wie in normalen Spielfilmen – in einen breiten Kontext eingestreut sind, der auch viele positive Aussagen über Frauen enthält, kommt es nicht zu nachweislich negativen Auswirkungen, wohl aber z. B. bei kontextlosen kurzen Filmen, wie sie in verschiedenen Untersuchungen überprüft wurden und auf dem Pornomarkt nicht unüblich sind.

Können wir von Gewaltpornos Einflüsse auf sexuelle Straftaten wie Vergewaltigungen annehmen? Solche Einflüsse sind nicht direkt nachzuweisen. Indirekt spricht aber einiges für sie.

Wir wissen erstens, wie angedeutet, daß Gewaltpornos Einstellungen ungünstig beeinflussen. Wir wissen zweitens aus anderen Untersuchungen, daß negative Einstellungen mit aggressivem Verhalten korrelieren. Wir müssen drittens davon ausgehen, daß Einstellungen das Verhalten mitsteuern (Herkner 1981).

Es steht zumindest nicht im Widerspruch zu leitenden Theorien, wenn von Gewaltpornographie eine Herabsetzung der Hemmschwelle in bezug auf Vergewaltigung angenommen wird. Auf jeden Fall dürfte die Atmosphäre zwischen den Geschlechtern negativ beeinflußt werden – oder, wie Zillmann und Bryant (1982) sagen, »die Sache, die man Liebe nennt«, einen Schaden nehmen.

Kriminalstatistiken helfen bei unseren Fragen nicht viel weiter, Einzelfalldarstellungen im allgemeinen auch nicht, da sie Alternativerklärungen zulassen. Auch die meisten Korrelationsstudien helfen wenig. Wenn z. B. im 86er Report für die USA eine hohe Korrelation zwischen dem Verkauf bestimmter Pornohefte und der Vergewaltigungsrate festgestellt wird, so besagt dies wahrscheinlich nichts über einen Einfluß des einen auf das andere; beide Größen sind wohl von einer dritten abhängig: Macho-Männer glauben, zu ihrer Männlichkeit gehöre aggressive Härte gegen Frauen *und* auch der relativ ungehemmte »Genuß« von Porno.

Viele von uns sind der Überzeugung, daß wir in einer Gesellschaft leben, die von gewaltfreundlichen, sexual- und frauenfeindlichen Normen durchsetzt ist. Bestimmte Gewaltmaterialien spiegeln das wider und vertiefen die Akzeptanz dieser Normen. Von solchen Botschaften sind wir in unterschiedlichem Maße beeinflußbar; viele reagieren erbost, einige sogar deprimiert angesichts der zur Unterhaltung produzierten Gewaltdarstellungen; aber nicht wenige Erwachsene, die durchaus als »normal« gelten, werden im Sinne der Botschaften beeinflußt. Bei Kindern und Jugendlichen müssen wir davon ausgehen, daß ihr Normensystem insgesamt noch ungefestigt und damit leichter beeinflußbar ist.

Diese Aussagen sind nicht kurzschlüssig in Gesetzesformulierungen übersetzbar.

Vor allem soll noch einmal unterstrichen werden, daß wir die Diskussion eigentlich gar nicht so ausschließlich um Gewalt im Bereich sexueller Darstellungen führen sollten, sondern um Gewaltdarstellungen allgemein bzw. um Gewalt allgemein. Denn immer mehr drängt sich der Eindruck auf, daß es jeweils die *aggressiven* Stimulusanteile in den Medien sind, die zu aggressiven Reaktionen gegen Frauen führen, nicht sexuelle Anteile. Unsere Gesellschaft gibt sich in ihrer Toleranz gegenüber den Medien recht gewaltfreundlich und eher sexualfeindlich; d. h., Gewalt durchzieht *alle* Medien; Erotik mit expliziter Sexualität ist zumindest im öffentlich-rechtlichen *Fernsehen* relativ selten.

Aber Gewaltdarstellungen desensibilisieren gegen Gewalt. Wahrscheinlich werden Menschen, die einen hohen Medienkonsum aufweisen, so desensibilisiert, daß sie Gewalt viel zu selten noch als solche wahrnehmen; wahrscheinlich sehen sie zunehmend Gewalt als eine Hauptmethode zur Lösung zwischenmenschlicher Probleme an; wahrscheinlich sind sie in Notfällen weniger zu Hilfeleistungen bereit, als nötig wäre (Donnerstein et al. 1987).

Was wir brauchen, ist eine breitere und natürlich auch tiefere Diskussion, die in der Öffentlichkeit zu einer Sensibilisierung bezüglich Gewalt führt. Die Darstellung der mit Sexualität verschränkten Gewalt, im Extremfall Vergewaltigung oder sonstige Brutalpornographie, ist nur Teil einer umfassenderen Problematik, die sich um die Verharmlosung von Aggressionen dreht.*

* Auf die letzte mir gestellte Detailfrage, wie sich das Zurschaustellen des weiblichen Körpers – über eine sexuelle Erregung hinaus – auswirkt, gibt es noch keine nennenswerten empirischen Arbeiten. Wer dennoch – ohne Blick auf Empirie – hier eine Antwort geben zu können meint, äußert sich wahrscheinlich sehr projektiv. Die Selbstsicheren können den Darstellungen gelassen, die Unsicheren nur sehr ängstlich begegnen.

Literatur

Attorney General's Commission on Pornography. Final Report, I/II. Washington, D. C. 1986.

Bandura, A.: Sozial-kognitive Lerntheorie, Stuttgart 1979 (USA 1973).

Donnerstein, E. / Linz, D.: Sexual Violence in the Media: A warning, Psychology Today 1984, January, S. 14–15.

Donnerstein, E. / Linz, D. / Penrod, St.: The Question of Pornography, New York 1987.

Ernst, J. P. / Gestefeld, M. / Schulte-Westenberg, J. / Seidensticker, M. / Schmidt, G. / Schorsch, E.: Reaktionen auf sexuell aggressive Filme, in: Schorsch, E. / Schmidt, G. (Hg.): Ergebnisse zur Sexualforschung, Köln 1975.

Gernhardt, R.: Folgen der Pornographie, in: Dick, H. / Wolff, L. (Hg.): Das Spaßbuch, München 1988 (2. Aufl.).

Herkner, W.: Einführung in die Sozialpsychologie, Bern 1981 (2. Aufl.).

Huesmann, L. R. / Eron, L. D. / Klein, R. / Brice, P. / Fischer, P.: Mitigating the Imitation of Aggressive Behaviors by Changing Children's Attitudes about Media Violence. J. pers. soc. psychol. 1983, 44, S. 899–910.

Huesmann, L. R. / Lagerspetz, K. / Eron, L. D.: Intervening Variables in the TV Violence-Aggression Relation: Evidence from two Countries, Devel. psychol. 1984, 20, S. 746–775.

Journal of Social Issues, 1986, Vol. 42.

Malamuth, N. M. / Check, J. V. P.: The Effects of Mass Media Exposure on Acceptance of Violence against Women: A Field Experiment, J. of research in personality. 1981, 15, S. 436–446.

Malamuth, N. M. / Donnerstein, E.: The Effects of Aggressive-Pornographic Mass Media Stimuli, in: Berkowitz, L. (Hg.): Advances in Experimental Social Psychology, Vol. 15, New York 1982.

Malamuth, N. M. / Check, J. V. P. / Briere, J.: Sexual Arousal in Response to Aggression: Ideological, Aggressive, and Sexual Correlates, J. pers. soc. psychol. 1986, 50, S. 330–340.

Selg, H. (unter Mitarbeit von M. Bauer): Pornographie. Psychologische Beiträge zur Wirkungsforschung, Bern 1986.

Selg, H. Pornographie und Gewalt: Vorschläge zur Sprachregelung, BPS-Report 1988, 11, Heft 4, S. 1–3.

US Commission on Obscenity and Pornography. The Report of the Commission on Obscenity and Pornography, New York 1970.

Zillmann, D. / Bryant, J. Pornography: Sexual Callousness and the Trivialization of Rape, J. Commun. 1982, 32, 10–21.

Luise Wagner-Winterhager

Das Problem emotionaler Desorientierung bei jugendlichen Vielsehern von Gewaltfilmen

Seit 1984 beschäftigt mich, aus welchen Motiven sich jugendliche Zuschauer Gewaltvideos anschauen.

Meine Forschungsperspektive weicht von der üblichen Wirkungsforschung ab. Ich beschäftige mich eher mit den *Ursachen*
dafür, warum Jugendliche bestimmte Arten von Filmen als Zu-
schauerinnen und Zuschauer bevorzugen. Um diese Frage beantworten zu können, ist es u. a. wichtig, die bei Jugendlichen
besonders beliebten Filme zu kennen, auch orientiert zu sein
über die verschiedenen Filmgenres, die bei der Auswahl der
Filme eine wichtige Rolle spielen; schließlich ist es aus meiner
Sicht unerläßlich, gut Bescheid zu wissen über entwicklungspsychologische Hypothesen der Psychologie des Jugendalters.

Mein Interesse an diesem Gebiet erwuchs ursprünglich aus
der Beschäftigung mit jugendlichen Neonazis. Auch bei dieser
Arbeit war es für mich zwingend, die Mentalität dieser Jugendlichen einerseits in Bezug zu setzen zu ihrer sozialen Lage, zum
anderen zu den altersspezifischen seelischen Problemen der
Identitätssuche. Entsprechend breit angelegt sind auch meine
jetzigen Überlegungen zum Thema »Gewaltkonsum bei Jugendlichen«; sie beziehen Fragen jugendlicher Statusungewiß-
heit ebenso ein wie entwicklungspsychologische Hypothesen
zur Konflikthaftigkeit der Adoleszenz. Ich habe aus diesem
Verständnis einer *verstehenden Perspektive der Jugendforschung* einige Arbeiten veröffentlicht, auf die ich schon deshalb
verweisen muß, weil es mir nicht möglich ist, den gesamten
Komplex in diesem Rahmen in gebotener Differenziertheit zu
behandeln.[1]

Ich werde mich auf *Thesen* beschränken, deren Fundierung
durch theoretische wie empirische Forschung erst zum Teil ge-
leistet ist. Zur Methodologie sei an dieser Stelle nur eine
knappe Bemerkung vorweggeschickt:

Mit den üblichen, eher quantifizierenden Methoden kann

man eine Fülle von Daten gewinnen über die Sehgewohnheiten von Jugendlichen, über Präferenzen bei der Auswahl von Filmen, über Einstellungen zu den neuen Bildmedien, über ihr Freizeitverhalten allgemein; auch über Einschätzungen der eigenen Lebenslage, über Zukunftsvorstellungen, politische Einstellungen, Beteiligungsbereitschaften etc. Dafür liegen gerade im Bereich der neueren Jugendforschung eindrucksvolle Beispiele vor.[2]

Nicht aber kann man tieferliegende Konfliktebenen, krisenhafte Momente der Identitätsbalance oder der Geschlechtsrollensuche auf diesem Wege ermitteln.

Dazu bedarf es zusätzlich zu den Erhebungsmethoden *qualitativ* orientierter Forschungsmethoden, die – leider – in jeder Hinsicht ungeheuer aufwendig sind. Wir haben in einem ersten Schritt eine empirische Erhebung mit einer Stichprobe von etwas über 300 Jugendlichen vorgelegt, in der wir versuchten, auch etwas zu erfahren über sexuelle und gewaltorientierte Dimensionen in den Phantasien bei den befragten Jugendlichen. Die Ergebnisse liegen als Veröffentlichung vor.[3] Bereits bei dieser eher traditionell angelegten empirischen Studie stießen wir auf große Hindernisse bei der zuständigen Schulverwaltung, die die Durchführung der Untersuchung nicht offiziell genehmigen wollte, weil sie Proteste von Eltern und Lehrern befürchtete. Diese Befürchtungen galten insbesondere den Schwerpunkten »Sexualität und Gewalt« und »elterliches Erziehungsverhalten«.

Es ist dem Einfallsreichtum der beiden Diplomandinnen, die die Erhebung unter meiner Anleitung durchgeführt haben, zu verdanken, daß 300 Schülerinnen und Schüler aus allen Schularten im Bereich Südniedersachsen dennoch befragt werden konnten. Wenn es schon nahezu unmöglich ist, eine schlichte Fragebogenerhebung mit einiger Tiefenschärfe ohne derart schwerwiegende Behinderungen durchzuführen, so scheint die Durchführung einer qualitativ ausgerichteten Studie, also mit Einsatz von Tiefeninterviews und Intensivgesprächen über den Zusammenhang von »Gewalt und Sexualität« bei Jugendlichen bislang fast aussichtslos zu sein.

Die Versuche, die ich dazu dennoch gemacht habe, haben allenfalls den Charakter von Vorstudien.

Ich beziehe mich im folgenden auf die Ergebnisse unserer jetzigen kleinen Studie mit neun Jugendlichen, die von zwei Diplomandinnen über einen Zeitraum von vier Monaten in

Gruppen- und Einzelinterviews über ihre Sehgewohnheiten bei Videofilmen, insbesondere aber auch über die Gründe für das Sehen bestimmter, gewaltorientierter Filme befragt wurden. Ich betone, daß es sich bei diesen Gesprächen nicht um Tiefeninterviews gehandelt hat; diese Forschungsmethode bedarf einer besonders aufwendigen Interviewschulung; sie wird wohl auch deshalb nur so selten angewandt.

Es handelt sich bei den Jugendlichen um sechs Jungen im Alter von 14 bis 19 Jahren und um drei Mädchen im Alter von 14 bis 16 Jahren. Alle sind regelmäßige Zuschauer von Gewaltvideos, die sie überwiegend in ihrer Clique bei eigens hierfür arrangierten Treffen, aber – sofern ein Gerät zu Hause zur Verfügung steht – auch allein anschauen.

Bevorzugt werden Filme aus den Genres Horror, »action« und Kung-Fu-Karate-Filme. Die Genres lassen sich unterscheiden danach, wie im jeweiligen Genre die Gewalttaten, die im Film begangen werden, legitimiert und motiviert sind. *Pornographische Filme* werden zwar auch gesehen, sie stoßen aber bei diesen Jugendlichen auf eher geringes Interesse.

Deutlich zeigt sich allerdings in Thematik und Bildern der Gewaltfilme, daß der Zusammenhang von Sexualität und Gewalt verschlüsselt wird, verbunden mit außerordentlich grausamen Tötungsszenen, die z. T. den Charakter psychotischer Phantasien haben. Mädchen und Frauen sind nicht ausschließlich die Opfer, aber überwiegend. Die Jugendlichen betonen immer wieder den *Traumcharakter*, die Fiktionalität dieser Filme, die es klar abzugrenzen gelte von der Realität. Offenkundig fasziniert sie das Genre »Horror« wegen seiner archaischen Bilderwelt. Viele Filme sind so gemacht, daß »Das Böse« als eine magisch-archaische Macht über Jugendliche hereinbricht, die an der Grenze zwischen sexueller »Unschuld« und sexueller Erfahrung stehen. Wichtig ist, *daß »Das Böse« durch seine mythisch-magische Qualität aus dem eigenen Bewußtsein (der Zuschauer) externalisiert werden kann;* es ist fremd und somit also *nicht Teil des eigenen Selbst.*

Zur Verdeutlichung sei das typische Handlungsmuster des Genres »Horrorfilme«, so wie es von Jugendlichen konsumiert wird, dargestellt.

Das Genre »Horror«

(Beispiel: Nightmare, Freitag der 13., Muttertag, Boogey-Man als bei Jugendlichen sehr beliebte Filme)

Gewalt kommt unversehens und unheimlich über eine zunächst höchst idyllische Gruppe von oft jungen Menschen, die in sorgloser Unbeschwertheit etwas erleben wollen. Zu dieser Unbeschwertheit gehört auch sexuelles Ausprobierverhalten in der Teenagerclique. Das Hereinbrechen von Gewalt wird *immer* motiviert mit Verfehlungen, die in der Vergangenheit begangen wurden, häufig handelt es sich um sexuelle Verfehlungen, aber wichtiger ist es, daß sich jemand ganz allgemein in der Vergangenheit schuldig gemacht hat und daß diese Schuld durch einen (vormals betroffenen) ruhelosen Geist durch Rache gesühnt werden soll. Dieser ruhelose Geist bedient sich blutiger, gewalttätiger Mittel für seine Rache, sein Wirken ist *magisch*. Besiegt werden kann der »rächende Geist« durch die mutige Entschlußkraft eines häufig jungfräulichen Mädchens. Der Sieg über das »Böse« ist nur möglich bei Einsatz aller Kräfte unter höchster Lebensgefahr. Auffallend ist, daß im Kampf gegen das »Böse« die zuständigen Erwachsenen meist versagen, entweder weil sie die Existenz eines bösen Geistes leugnen, oder weil sie die oft magische Gewalt des Bösen verkennen und ihm mit rein technisch-pragmatischen Mitteln begegnen, diese aber scheitern.

Anders als in pornographischen Filmen, in denen die Spaltung des Bildes von der Frau in eine sexuell gierige, ewig-bereitwillige Hure und ein dahinter aufgerichtetes Gegenbild der Mutter-Heiligen ein übliches Schema ist, stellt sich die *Spaltung* in den »Horrorfilmen« komplexer dar. »Das Böse« ist ins Absolute übersteigert. »Das Gute« kommt durch die Kräfte der »Unschuld«, der Unerschrockenheit und der Unbestechlichkeit beim Verfolgen des einzig wichtigen Ziels: »das Böse zu besiegen«. *Rachemotive* legitimieren brutale Gegengewalt.

Nach meiner Deutung ist das häufige Anschauen blutrünstiger Gewaltfilme – wie z. B. im jetzigen Horrorgenre – Ausdruck einer ernstzunehmenden emotionalen Desorientierung in der Adoleszenz. Diese Desorientiertheit betrifft nicht nur den Mangel an Zuversicht, der durch den äußeren Zustand der Welt in Jugendlichen entsteht, sondern auch den *Mangel an innerer Selbstgewißheit*. Die labile Selbstgewißheit muß offenbar verstärkt und immer wieder neu errungen werden aus dem Nacherleben von Filmen, in denen vom Bestehen einer übermenschlichen großen Gefahr erzählt wird. Nach dem Film kann sich das Innere der Jugendlichen zeitweilig darin beruhigen, daß das Blutigste, das Hinterhältigste, das Bedrohlichste im Film überstanden wird; die innere wie die äußere Wirklichkeit mag dann etwas weniger bedrohlich sein. In der Identifikation mit den filmischen Helden, die dem Äußersten trotzen, mag sich das schwache Selbstgefühl der Jugendlichen zeitweilig stärken. Doch kann man nicht davon ausgehen, daß solche Stärkung wohltuend sei oder zur Reifung der jugendlichen Persönlichkeit beitrage.

Das Anschauen der blutigen Horrorfilme wird häufig betrachtet als die Imitation eines Initiationsritus, einer Mannbarkeitsprobe.[4] Dafür spricht auf den ersten Blick zwar einiges, doch schaut man genauer hin, so erweist sich diese Annahme als Trugschluß. Im Initiationsritus werden reale Prüfungen und Qualen bestanden, die den Zusammenhang von Tod und Wiedergeburt der Person, den Tod des Kindlichen und die Geburt des Mannes bzw. der Frau, symbolhaft gestalten. Auch im Initiationsritus werden gewiß Angstlustschauer erlebt, jedoch speist sich die Lust aus der realen Verheißung der Aufnahme in die neue gesellschaftliche Gruppe, in die man hineininitiiert wird. Die im Ritus gezeigte Tapferkeit ist wertvoll als später zu realisierende Tapferkeit für die Gemeinschaft, die diese braucht. Initiationsriten sind also Rituale, die – bei aller Grausamkeit – die Verheißungen des sozialen, gesellschaftlich wertvollen Lebens in der Gemeinschaft gestalten. Ganz anders die Gewaltfilme, von denen hier zu sprechen ist. Ihre »Verheißung« ist die des Einsamen, des Abgebrühten, des Unverwundbaren. Die überstandenen Gefahren dienen dazu, ein Individuum zu werden, das die Gesellschaft und ihre Anerkennung nicht mehr braucht, das »durchkommt« allein gegen Gott und Teufel, gegen Dämonen und Geister, ein Individuum, das völlig autark ist.

Mag sein, daß dies ein Lebensgefühl trifft, das Jugendliche, insbesondere heranwachsende Männer, im Übergang von kindlichen Abhängigkeitsbedürfnissen zu erwachsenen Unabhängigkeitsbedürfnissen ab und zu gern auskosten; mag sein, daß dieses Auskosten auch beim Ansehen grausamer Filme möglich wäre. Bedrohlich aber wird solches Auskosten, wenn es zum wesentlichen Lebens- und Phantasieinhalt für Jugendliche wird. Das aber ist bei den *Vielsehern* der Fall. Nicht nur die Wirksamkeit von Filmhelden als positive, nachahmenswerte Modelle für richtiges und rechtes Konfliktlösungsverhalten hätte in diesem Fall fatale Auswirkungen, sofern der Zusammenhang zwischen Filmsehen und nachahmender Haltung so eindeutig wäre, wie oft behauptet wurde. Nicht minder fatal und bedrohlich ist die zu erwartende Einstellungsveränderung Jugendlicher zu Gewalthandlungen, selbst dann, wenn diese sich nicht unmittelbar in Handlungen niederschlägt.

Hochproblematisch ist darüber hinaus aber auch die Gewöhnung an psychosenahe externalisierbare Phantasien, die die eigenen Phantasien überfremden und – vermutlich – auch verändern. Solche Überfremdung mit Außenreizen, in denen nicht Auseinandersetzung mit den eigenen Gewaltphantasien stattfindet, sondern in denen das Phantasieren mit Bildern der Gewalt, die andere ausüben, zur Unterhaltung wird, verhindert das, was zur Reifung der Persönlichkeit nötig wäre: verhindert Sublimierung.

Mit Marcuse nenne ich deshalb die Wirkung dieser Filme *repressive Entsublimierung im Dienste eines extremen Hedonismus, d. h. also einer Spaßmoral*. Alles, was Spaß macht, ist gut, sagt die Spaßmoral. Sublimierung in der Adoleszenz bedeutet: Bewältigung von Angst und Wunsch nach lustvoller Geborgenheit suchen sich im Bereich des Vorbewußten und mit den Mitteln der Symbolisierung *je individuell* einen Weg heraus aus dem Dickicht halluzinatorischer Phantasien der absoluten Omnipotenz in die diffizile, widersprüchliche Realität. Die Gewaltvideos bieten nun aber einen Weg, auf dem man die Mühseligkeit der Umwandlung eigener Omnipotenzphantasien (die jeder Mensch hat und haben darf) in realitäts- und altersangemessene Selbstbilder umgehen kann. Diese Phantasien brauchen überdies, da sie ja aus einer Bildermaschine kommen, nicht als eigene anerkannt zu werden, deshalb braucht man – scheinbar – auch keine persönliche Verantwortung für das zu übernehmen, was sie in der eigenen Seele bewirken. Die Bilderwelt der Gewaltvideo-Industrie schafft Gewöhnung an primitivierte Wahrnehmungsmuster der Spaltung der Welt in absolut »Böse« und absolut »Gute«, schafft entsublimierte Regressionsräume für Allmächtigkeitsräusche, in denen extreme Brutalität gerechtfertigt wird, sie verhindert also die besonders im Jugendalter so schmerzhafte Auseinandersetzung mit der eigenen Kleinheit, Ohnmacht, Ängstlichkeit, Lebensunerfahrenheit und mit der dazugehörigen Wut. In den Filmträumen geht es immer um mythische Kräfte zur Bewältigung des »Bösen«. In der Realität aber sollte es darum gehen, das kleine Stück Mut, Einsicht, Kompetenz, Liebesfähigkeit, Konfliktfähigkeit wertschätzen zu lernen, das jemand hier und heute braucht, um das Leben zu bestehen.

Gegenüber den Allmächtigkeitsphantasien der Filme wird dieses Stück *realer* Selbstgewißheit entwertet. Repressiv ist diese Entsublimierung, weil sie den Jugendlichen Ersatz- und Traumwelten anbietet, in denen eine primitive Schwarz-Weiß-Moral herrscht, die gerade nicht dazu verhilft, Ambivalenzen anderer zu ertragen und die eigene Ambivalenz gestaltend ins Leben zu integrieren. Das Phänomen der Spaltung, verbunden mit extremen Blut- und Bemächtigungsphantasien, hat Theweleit (1977) in seiner zweibändigen Studie als »Männerphantasien« charakterisiert. Nach meiner Auffassung sind aber auch Mädchen emotional desorientierbar durch mythisch-mystifizierende Allmachtsphantasien, wenngleich wohl anders als Jungen. Auch Mädchen haben sich mit Angst, Ungeborenheitsgefühlen, sexuellen Phantasien sowie mit Gefühlen von Wut, Haß und Verlassenheit herumzuschlagen.

Ich habe in früheren Arbeiten das Schwergewicht meiner Deutungen auf Gefühle depressiver Leere und realer Langeweile als *Motiv* einer eskapistischen Flucht Jugendlicher in den Konsum von Gewaltvideos gelegt. Für die Suche nach Identität im Jugendalter bedarf es einer Real-Umwelt, in der nicht konsistente Verhaltensmodelle die Hauptrolle spielen – diese wirken infantilisierend –, sondern in der die Inkonsistenz wirklicher, erfahrbarer Menschen den wichtigsten Erfahrenshorizont bildet. Dazu gehören auch real erfahrbare Verhaltensqualitäten der Loyalität und Bindung an wertvolle Ziele, auch an asketische Ideale, wie sie etwa die Kung-Fu-Filme problematisch zeigen.

Vor allem aber gehören dazu Erwachsene, die sich der Herausforderung einer Überschwemmung der Phantasie mit narzißtisch-grandiosen Selbstbildern verstehend, begleitend und entgegenwirkend stellen; nicht also kumpelhaft-paktierend diesen Selbstbildern gleich mit erliegen. Die narzißtischen Omnipotenzphantasien der Videos schwächen die Fähigkeit der Jugendlichen, ein realitätsorientiertes Ich-Ideal zu entwickeln, ohne das Menschen sich selbst nicht wertschätzen können und ohne das sie auch andere Menschen nicht realistisch wertschätzen können. Die Filme narkotisieren überdies auch das Gewissen im Sinne einer Spaßmoral. Sie schwächen die reiferen Ich-Fähigkeiten, sie führen zur Inflationierung archaischer Selbstbilder und entwerten dadurch die in der Wirklichkeit zu machenden Ambivalenz-Erfahrungen, wozu sowohl das realitätsgerechte Umgehen mit eigener und fremder Destruktivität wie auch das Umgehen mit dem gehört, was Erik H. Erikson »wählerische Liebe« genannt hat.

Anmerkungen

1 Wagner-Winterhager: Hitler als Superman – Was suchen Jugendliche in rechtsextremistischen Organisationen?, in: Die Deutsche Schule Heft 5, 1983, S. 391–405.
   Wagner-Winterhager: Warum haben Jugendliche Lust zu grausamen Filmen?, in: Neue Sammlung, Heft 4, 1984, S. 356–370.
   Wagner-Winterhager: Warum sehen Jugendliche grausame Filme?, in: Bericht des Bundesministeriums der Justiz, Bonn 1987. Basierend auf der Untersuchung von Dagmar Henningsen und Astrid Strohmeier: Gewaltdarstellungen auf Videocassetten, Bochum 1985.
   Wagner-Winterhager: Heroische Mythen – repressive Entsublimierung durch Gewaltvideos, in: Jahrbuch für Psychoanalytische Pädagogik 1, Mainz 1988.
   Wagner-Winterhager: Jugendliche als Zuschauer von Gewaltvideos, in: Pädagogik, Heft 7/8, 1990.
2 Vgl. H. Lukesch: Video- und Fernsehkonsum und das Freizeitverhalten von Jugendlichen, in: Zeitschrift für Sozialisationsforschung und Erziehungssoziologie, Heft 2, 1986, S. 265–284.
3 Henningsen/Strohmeyer, a.a.O.
4 C. Büttner: Pubertäre Riten. Beispiel: Horror- und Gewaltvideos, in: Reiser, H./Trescher, H.-G.: Wer braucht Erziehung? Impulse der psychoanalytischen Pädagogik, Mainz 1987.
   Weitere Literatur zum Thema findet sich bei Dieter Spanhel: Jugendliche vor dem Bildschirm. 2. völlig neu überarbeitete Auflage, Weinheim 1990.
   Dagmar Krebs: Gewaltdarstellungen im Fernsehen und die Einstellungen zu aggressiven Handlungen bei 12–15jährigen Kindern. Bericht über eine Längsschnittstudie, in: Zs. f. Sozialpsychologie, Heft 12, 1981, S. 281–302.

Dorothee Alfermann

Der kleine Unterschied in der Werbung

Werbung stellt die Frau in übertrieben einseitiger und stereotyper Manier dar. Zwar ist Werbung der einzige Medienbereich (selbstverständlich abgesehen von Sexualitäts-/Pornographiedarstellungen), in dem Frauen nicht unterrepräsentiert sind, also rein zahlenmäßig hinreichend präsent sind, aber dafür ist die inhaltliche Präsenz deutlich verzerrend. Es stimmt nämlich nicht, wie die Werbebranche behauptet, daß sie lediglich das widerspiegelt, was ohnehin in unserer Gesellschaft existiert: Sie spiegelt nämlich nicht einfach nur wider, sondern sie extremisiert. Zudem ist davon auszugehen, daß sie Lernmodelle liefert. Aber dazu später.

Frauen werden in der Werbung vorwiegend als zwei Typen dargestellt:
1. als Hausfrau/Mutter/Ehefrau, die entsprechende Produkte anpreist und für das Wohl und Wehe ihrer Familie im Haushalt zuständig ist;
2. die andere, noch relativ junge Variante, ist die der »neuen« Frau, die insbesondere jung, attraktiv, unabhängig, ein potentielles Schmuckstück jedes Mannes und berufstätig ist. Sie repräsentiert eindeutig das neue Leitbild der jungen, attraktiven und schlanken Frau, ist zahlenmäßig im Vergleich zu ihrem realen Vorkommen in der Werbung überrepräsentiert, reiht sich nahtlos in den Jugendkult unserer Gesellschaft ein und dürfte zweifelsohne das Schönheitsideal für Frauen unserer jetzigen Generation repräsentieren, jedenfalls das Ideal, wie es von Männern für Frauen gemacht worden ist. Die zunehmende Zahl von Eßstörungen (Magersucht, Bulimie), die vorwiegend Frauen befallen, ist eine negative Folge dieses Ideals. Die Werbung liefert hierzu jedenfalls eindeutig idealtypische Vorbilder für Schönheit und Attraktivität, denen nicht zu entsprechen gleichbedeutend mit dem Verdacht ist, keine begehrenswerte Frau zu sein.

Natürlich gibt es in der Art und Häufigkeit der Werbedarstellungen von Frauen medientypische Unterschiede. So dominiert im Fernsehen eher die Hausfrau/Mutter/Ehefrau, in der Zeitschriftenwerbung mehr die junge, attraktive Frau. Auch ist die sexualitätsbetonende Werbung, die im hier zu besprechenden Rahmen wesentlich ist, eher eine Angelegenheit der Printmedien. Festzuhalten bleibt aber für alle Medientypen, daß sie eine deutlich verzerrte Frauendarstellung in der Werbung widerspiegeln, die in dieser Form realitätsunangepaßt ist und häufig diskriminierend wird, teils, weil Frauen so einseitig dargestellt und angesprochen werden, teils, weil sie verobjektiviert werden: Sie werden als von Männern abhängig und als für Männer attraktiv und zur Verfügung stehend dargestellt.

Besonders ärgerlich erscheint eine in spezifischer Weise diskriminierende Werbung, die einen Teil der sexistischen Werbung ausmacht: Damit meine ich jenen Teil der Werbung, in der ein Geschlecht, und das sind in der Realität in der Regel die Frauen, als Blickfang und als Sexualobjekt benutzt wird, ohne daß Körper und Sexualität etwas mit dem angepriesenen Produkt zu tun hätten, oder wo das Produkt eher den Vorwand liefert, den Körper zu zeigen (zu enthüllen). Hinzu kommt, daß diese Werbung primär das andere Geschlecht ansprechen soll. Im vorliegenden Fall die Männer. Diese Form von Werbung, in der die Frau mit ihrem Körper und ihrer Sexualität als Objekt, als Ware eingesetzt wird, ist quantitativ nicht besonders zahlreich, aber dafür qualitativ um so auffallender und in jedem Falle diskriminierend. Sie ist vornehmlich eine Sache der Printmedien, allenfalls noch der Kinowerbung. Christiane Schmerl (1980) konnte noch eine geradezu bedrückende Fülle von Beispielen aus der Werbung präsentieren, die Frauen als Sexualobjekte und Blickfang einsetzten. Diese Art der Werbung ist zwar zahlenmäßig zurückgegangen, aber immer noch zu beobachten. Dabei wird die Frau gerne als Vamp dargestellt, und Assoziationen an sexuelle Verfügbarkeit drängen sich auf. Der Katalog einer Firma für sportliches Autozubehör – an jeder Tankstelle zu haben – kann als typisches Beispiel für diese Werbestrategie gelten. Vampartige Frauen, die in Pose und Kleidung an Prostituierte erinnern, sollen die (vorwiegend männliche) Kundschaft zum Kauf animieren. Dabei sind gezielt in Wort und Bild ganz und gar eindeutige pornographische Anspielungen enthalten.

Diese Form der Werbung halte ich aus zweierlei Gründen für gravierend:

– Sie macht Frauen zu Objekten, sie identifiziert Frauen häufig mit der Ware selbst, die sogenannte Blickfangwerbung suggeriert, mit der Ware sei auch die Frau zu haben bzw. die Frau sei eine Ware. Zwischen Frau und Ware ist kein Unterschied mehr. »In unserem Verkaufs-Center können Sie in Ruhe alles anschauen, anfassen und sich beraten lassen«, lautet der Text in dem schon erwähnten Autozubehör-Katalog. Er steht neben einem Sportwagen, der hinter vier Frauen fast verschwindet, die in Pose und Kleidung wie Prostituierte wirken.

Diese Gleichsetzung von Frau und Ware – nicht nur die Waren sind zum Anfassen, auch offensichtlich die abgebildeten Frauen – ist mehr als nur störend. Es geht nicht um Prüderie oder übertriebene Schamschranken, nicht um körperliche Verklemmtheiten, wenn diese Form der Werbung angeprangert wird; es geht darum, daß mit dem Produkt, für das die weibliche Sexualität und der weibliche Körper eingesetzt wird, auch die Frau und ihre Sexualität selbst zur Ware und käuflich werden, und das halte ich für das Verletzende. Die Würde der Frauen wird auf diese Weise verletzt.

– Der zweite, nicht gerade unwesentliche Punkt ist die Tatsache, daß Werbung in Printmedien üblicherweise allen Leserschichten zugänglich ist, im Gegensatz zu pornographischen Schriften. Und zwar Leserschichten aller Altersstufen, auch schon Vorschulkindern. Es macht einen Unterschied, ob Frauen und ihre Sexualität als Ware in eigens dafür geschaffenen und als solche ausgewiesenen Medien verkauft werden oder aber quasi nebenbei in Printmedien. Schon Kinder, die ja bekanntermaßen besonders beeinflußbar und lernfähig sind, werden auf die Weise mit der Ware Frau konfrontiert und lernen dies als weibliches Rollenbild kennen. Sie brauchen nur daheim den »Spiegel«, den »Stern« usw. aufzuschlagen.

Anhand von einigen Beispielen möchte ich nun im folgenden verdeutlichen, welche Art von Anzeigen gemeint ist, was das Störende ist, wo Grenzen überschritten werden. Dabei geht es mir in erster Linie um Werbung, die die Frau als sexuelles Objekt darstellt, die den Körper der Frau benutzt, die Frau zur Ware macht. Wobei, das versteht sich fast von selbst, insbesondere männliche Käufer angesprochen werden sollen.

Es sind Beispiele, in denen nicht nur die Sexualisierung des weiblichen Körpers zum Zwecke der besseren Verkäuflichkeit des angepriesenen Produkts deutlich wird, sondern darüber hinaus auch die unterschiedliche Darbietung des weiblichen und des männlichen Körpers: Männer werden im gleichen Kontext nicht sexualisiert, sondern eher distinguiert gezeigt.

Im ersten Beispiel, einer Werbung für Damenwäsche, liegt eine Frau – mit einem body-stocking bekleidet – in verführerischer Stellung auf einem Polster. In dieser Werbung, die zwar für manchen Geschmack unnötig viel Po zeigen mag, sind weiblicher Körper und Produkt aber zumindest noch auf sinnvolle Weise miteinander verknüpft. Und die Frau selbst ist hier Zielperson der Werbung (die übrigens aus einer Frauenzeitschrift stammt). Der Frau soll offensichtlich durch den Kauf des Produkts eine ähnliche Attraktivität suggeriert werden. Hingegen zeigt das zweite Beispiel, wie man aus der Vorführung einer Bademode eine Vorführung weiblicher Körper machen kann (das Ganze erinnert an gängige Auto-Reklamen): Eine Frau posiert in durchscheinendem Badeanzug und erotisch eindeutiger Haltung in einem Interieur, das kaum etwas mit Strand oder Bade-Umgebung zu tun hat. Der Badeanzug ist eigentlich unwesentlich, wesentlich ist der sexuell aufreizende Körper. Ich denke, die Hinweise, mit denen hier gearbeitet wird, sind nur zu deutlich.

Ging es in diesen beiden Beispielen noch um Kleidungsstücke für Frauen, wobei das letzte Beispiel eindeutig eine tolerierbare Grenze überschreitet, so geht es in den folgenden Beispielen um Produkte, die überhaupt nichts mehr mit dem Körper von Frauen zu tun haben. In einer Zigarettenreklame – »Geschmack der neuen Generation« – sind vor dem Hintergrund eines ansprechenden Displays von Zigarettenpackungen ein Mann und eine Frau abgebildet. Die Art der Abbildung und die angedeutete Interaktion der beiden sprechen für sich: Die Frau – Assoziation: Luxusgeschöpf im Stil der 20er Jahre – bildet mit ihrer attraktiven Rückenpartie den Blickfang. Die Zigarette in ihrer nach rückwärts gewandten, lässig herunterhängenden Hand unterstreicht die erotische Wirkung ihres gekonnt herausgehobenen Hinterteils (und ist dazu angetan, weitergehende Assoziationen zu wecken). Der vor ihr sitzende Mann – frontal im Bild, lässig, in entspannter, keineswegs auf erotische Wirkung bedachter Haltung – wendet ihr lächelnd den Kopf zu, allerdings ohne seine (sicher bedeutende) Arbeit zu unterbrechen: Er hat Schreibzeug und Notizblick fest im Griff.

Die Tendenz, Frauen – im Gegensatz zu Männern – als Sexualobjekt bzw. als erotisierenden Blickfang ins Bild zu rücken,

156

wird am Beispiel einer Tapetenreklame (zwei Abbildungen, die in derselben Woche in zwei verschiedenen Illustrierten erschienen) noch deutlicher. Beide Abbildungen arbeiten mit gymnastischen Effekten und eher belanglosen Texten. Die Frau wird halbnackt, aufreizend gekleidet in einer Stellung, die Assoziationen an eine Koitusstellung weckt, gezeigt. Blickfang sind ihr Schoß und die nach oben gestreckten Beine, sie hängt rücklings auf einem Stuhl, ihr ausgebreitetes Haar auf dem Boden, das Gesicht dem Betrachter zugewandt. Der Mann wird bei einer ganz normalen Turnübung gezeigt, die auch eine Reklame für Morgengymnastik sein könnte (ein Eindruck, der durch den Text unterstrichen wird). Bekleidet mit einem kurzhosigen Schlafanzug, in natürlich-sportlicher Haltung, die nicht im entferntesten erotisch wirkt, lacht er jugendlich-kraftvoll ins Bild.

Im nächsten Beispiel, einer Bierreklame, wird der Unterschied in der Mann/Frau-Darstellung in ein- und derselben Anzeige deutlich. Beide stellen – ausgelassen lachend – Freude am Genießen des gezeigten Produkts dar. Blickfang jedoch ist der Körper der Frau: In einem hautengen Kleid, das sämtliche Rundungen erkennen läßt, wird sie vom Mann entsprechend umfaßt. Der Mann dagegen wird wiederum nur sportlich-jugendlich und nicht sexuell aufreizend dargestellt.

Die folgenden zwei Beispiele gehen noch einen Schritt weiter. Sie verwenden den Körper der Frau eindeutig als Blickfang für den (männlichen) Betrachter oder stellen ihn explizit (verbal) als Ware hin, um das jeweilige Produkt im wahrsten Sinne des Wortes besser an den Mann zu bringen. Ein großes Reklameplakat einer Fluglinie zeigt eine Frau (nabelaufwärts im Bild), im Begriff, ihr auf der bloßen Haut getragenes Kleid über den Kopf zu ziehen (»Lieber braun als down«). Das Ganze ist zwar auf den ersten Blick noch in die Nähe des (mit)angepriesenen Produkts zu rücken (Sonnenschein und Urlaub), aber andererseits: was hat eine Fluglinie mit einem nackten Busen zu tun? Übrigens erschien diese Werbung als Anzeige in einem Nachrichtenmagazin, das mehrheitlich von Männern gelesen wird, während dieselbe Fluglinie – in derselben Woche – in einer seriösen Tageszeitung eine völlig unsexistische Werbung verbreitete. Es geht also auch anders.

Mit dem letzten Beispiel, einer Cognacreklame, begeben wir uns auf das Niveau von Herrenwitzen. Hier wird der Körper der Frau ohne Umschweife mit der Ware gleichgesetzt: In einem stilvollen Interieur – Dame und zwei Herren in Abendkleidung, sie verführerisch seitlich im Bild, die Männer im Vordergrund, Cognac trinkend, miteinander im Gespräch. Worum es geht, ist dem Text über dem Bild zu entnehmen, der nebenbei auch die gehobene berufliche Stellung der Herren verrät: »Nun mal ehrlich, Monsieur H., was wäre Ihnen lieber: ein Modellkleid von mir oder eine Flasche Ihres besten Cognacs?« Antwort: »Der Inhalt, naturellement. Auf jeden Fall der Inhalt!« (Übrigens dienen die Frauen in der Werbeserie dieses Produkts stets als Blickfang und Staffage, als Nebensache, über die allenfalls geredet wird. Schöne, attraktive Frauen jeweils als männliches Statussymbol.)

Diese Beispiele mögen auf den ersten Blick harmlos erscheinen. Ein Grund dafür ist sicher, daß wir uns an diese Darstellungen so gewöhnt haben. Ein weiterer der, daß ich auch die scheinbar harmloseren Beispiele gewählt habe, um den Blick für den Grundgedanken besser zu schärfen: Werbung, die mit der Frau als Objekt und als Ware arbeitet, die Frau mit der Ware gleichsetzt, sollte erkannt, angeprangert – und geändert werden.

Warum sollten wir das tun? Welche Wirkung hat solche Werbung überhaupt?

– Zum einen denke ich, daß hier ein Bild von Frauen, ihrem Körper und ihrer Sexualität vermittelt wird, das der Würde der Frau widerspricht. Daran ändert auch die Tatsache nichts, daß laut einer wie auch immer gearteten Umfrage (Nickel 1988) die Mehrheit »der« Frauen von solcher oder ähnlicher Werbung nicht verletzt wird. Ich denke zum einen, daß die Ergebnisse von Umfragen dieser Art sehr anfällig für die Art der Frage und der Antwortvorgaben sind, und zum anderen, daß wir Frauen – leider – allzu sehr dazu neigen, die Sichtweise, die andere, insbesondere Männer, uns vermitteln, zu übernehmen. Die Macht der Männer ist die Geduld der Frauen. Nein, Umfragen dieser Art halte ich da nicht für richtungweisend.

– Zum zweiten müssen wir davon ausgehen, daß diese Art der Darstellung von Frauen in der Werbung nicht ohne sozialisierende Wirkung bleibt (vgl. Hastenteufel 1980; Schmerl 1984). Dies zeigt sich insbesondere in Untersuchungen zur Wirkung von umgekehrten Rollenmodellen. Trotz sehr kurzzeitiger Präsentationen solcher Modelle hatten sie Auswirkungen auf Einstellungen und Spielverhalten von Kindern, wobei die Mädchen allerdings bereitwilliger solch umgekehrtem Rollenverhalten folgten. Ich vermute, daß solche Modelle für Mädchen interessanter und sozial anerkannter sind als umgekehrt für die Jungen, beispielsweise, der wäschewaschende Mann. Mädchen sind in experimentellen Untersuchungen offensichtlich sehr aufgeschlossen für weibliche Rollenmodelle, die männliche Tätigkeiten und Spiele vorführen, aufgeschlossener, als Jungen dies umgekehrt sind. Aber wen wundert das, wenn wir an die üblicherweise Mädchen in Medien angebotenen Modelle denken, im Vergleich zu denen, die Jungen geboten bekommen. Unter dem Gesichtspunkt des Modell- bzw. Beobachtungslernens stellt Werbung eine von mehreren Sozialisationsinstanzen dar. Ihre Wirkung können wir nur grob abschätzen, insbesondere wissen wir nichts über langfristige Wirkungen. Aber wenn schon die kurzzeitige Darbietung alternativer Rollenmodelle zumindest bei Mädchen ihr Rollenverhalten ändert, ist eine Wirkung langzeitiger Darbietung erst recht zu vermuten. Natürlich erwarte ich von der Werbung nicht, daß sie Vorreiter im Emanzipationsprozeß wird. Aber sie trägt, wenn Frauen in der Werbung auftreten, zu einer Perpetuierung teils gestriger, teils frauenfeindlicher Klischees bei. Und sie stellt Frauen in einer verzerrten Weise dar. Werbung ist extrem stereotypisierend. Die durch die Werbung häufig vorgespiegelte Scheinwelt wird auch in der Darstellung von Frauen sichtbar: Sie vermittelt ein Bild von Frauen, das mehr Schein als Sein ist, jedenfalls für die überwiegende Mehrheit der Frauen: Die – oft auch noch als dümmlich gezeichnete – Hausfrau, deren Hauptsorge in der Sauberkeit der Wäsche besteht, trifft einfach nicht die Realität. Auch die stets frische, adrette, attraktive, jugendliche, berufstätige Frau stellt eine Verzerrung der Realität dar.

Ich möchte ganz zum Schluß noch einen Blick über die Werbung hinaus tun: Wir haben das Problem der einseitig und eindeutig sexuell auf den Körper von Frauen abzielenden Stereotypisierung ja auch in anderen Bereichen. So z.B. werden Wettkampfsportlerinnen in den Medien sehr häufig in sexueller Weise dargestellt (Klein / Pfister 1985). Es kommt nicht so sehr darauf an, welche guten sportlichen Leistungen sie bringen, sondern in erster Linie, wie schick und möglichst sexy sie aussehen. Diese Darstellung ist für die allermeisten Sportlerinnen ein Ärgernis. Die Tendenz, Frauen über ihren Körper zu beurteilen oder gar auf den Körper zu reduzieren, geht sicherlich über den Bereich der Werbung hinaus. Werbung ist aber ein Bereich, in dem diese Tendenz besonders offensichtlich wird (s. auch Schmerl 1984). Dies betrifft auch die besonders stereotype

Darstellung von Frauen in der Werbung. Darüber hinaus ist natürlich nicht nur die Werbung anzuprangern. Z. B. ist die Darstellung der Geschlechter in Schulbüchern Eingeweihten ein sattsam bekanntes Ärgernis. Auch in der redaktionellen Berichterstattung in den Medien liegt einiges im argen. Generell gilt, daß Frauen in ihr extrem unterrepräsentiert sind – natürlich abgesehen von Frauenzeitschriften. Und inhaltlich werden sie in allen Printmedien – das mag jetzt die Realität widerspiegeln oder nicht – auf vorwiegend herkömmlich weibliche Bereiche wie Kultur und Soziales festgelegt.

Für Christiane Schmerl offenbaren sich darin, zusammen mit der Art der Charakterisierung von Frauen in Werbung und Regenbogenpresse, »zwei Seiten derselben Medaille. Die Frau wird, zwar unterschiedlich niveauvoll, doch übereinstimmend auf den Bereich des Heiteren, Angenehmen, Unterhaltsamen und Genußvollen festgelegt.« Was fehlt, sei »insbesondere die *positive Darstellung eines menschlichen Frauenbildes*« (Schmerl 1984, S. 109). Dem ist nichts hinzuzufügen.

Literatur

Hastenteufel, R.: Das Bild von Mann und Frau in der Werbung. Phil. Diss., Universität Bonn 1980.

Klein, M.-L. / Pfister, G.: Goldmädel, Rennmiezen und Turnküken, Berlin 1985.

Nickel, V.: Wir müssen die Sprache der Zeit sprechen, in: Das Parlament 33/34, 7, 1988.

Schmerl, Chr.: Frauenfeindliche Werbung. Sexismus als heimlicher Lehrplan, Berlin 1980.

Schmerl, Chr.: Das Frauen- und Mädchenbild in den Medien, Opladen 1984.

Zur Rechtslage

Doris Odendahl

Fragen einer Nicht-Juristin

Nach der vorangegangenen Bestandsaufnahme drängt sich noch einmal die Frage auf: Pornographie, was ist das? Offenbar definiert »der Markt« anders als die Rechtsprechung, Künstler verstehen etwas anderes darunter als der sogenannte Alltagsverstand – und Künstlerinnen setzen noch eine andere Auffassung dagegen. Kompliziert wird die Sache überdies dadurch, daß im allgemeinen jede(r) denkt, sie oder er wisse, was Pornographie sei, daß aber wohl konkret jede(r) etwas anderes darunter versteht – je nach persönlichem Lebenshintergrund und spezifischer Vorerfahrung.

Diese Schwierigkeiten spiegeln sich auch in der Rechtsprechung wider. So braucht z. B. der Strafrechtskommentar von Schönke-Schröder zwei volle Seiten, um die verschiedenen Umschreibungen des Begriffs sowie Beschreibungen an konkreten Beispielen in einer Reihe von Gerichtsurteilen aufzuzählen. Und dennoch – oder deshalb? – kommt er zu dem Schluß, daß kein wesentlicher Unterschied zwischen den verschiedenen Möglichkeiten, Pornographie zu definieren, bestehe, da die »eigentliche Schwierigkeit immer in der Bestimmung der Maßstäbe, nach denen zu entscheiden ist«, liege.[1]

Immerhin geht es unter anderem darum, daß bei der Pornographie der Mensch »zum bloßen (auswechselbaren) Objekt geschlechtlicher Begierde degradiert wird«[2]. Der Begriff der »Würde der Frau« taucht in diesem Zusammenhang nicht auf. Das legt die Frage nahe, ob bei der Pornographie – aus juristischer Sicht – die Würde des Menschen allgemein tangiert wird, also nicht nur die Würde der Frau, wie es beispielsweise der »EMMA«-Entwurf voraussetzt. Es wäre ja auch vorstellbar, daß es – ebenso wie es gegen die Würde der Frau geht, sich als immer gieriges, willfähriges, häufig dümmliches Geschöpf dargestellt zu sehen – auch gegen die Würde des Mannes verstößt, sich als immer geilen, fast immer gewalttätigen, den Willen der Frau(en) mißachtenden »Typ« dargestellt zu sehen.

Allerdings werde ich mißtrauisch, wenn heute allzu oft wieder von der »Würde der Frau« geredet wird – meist von Männern, die darunter etwas ganz anderes verstehen als die Frauen. Ich gehöre zu den Frauen der Generation, die in den frühen 70er Jahren die neue Sexualität als Befreiung empfanden. Ich weiß noch genau, daß es für mich eine große Tat war, mich von dem obligatorischen Büstenhalter zu trennen. Das war ein tolles Gefühl – und vertrug sich aus der Sicht damaliger Sittenwächter wahrscheinlich auch nicht unbedingt mit weiblicher Würde. Um diese waren schon die Süsterhenns der früheren Jahre besorgt: Die Würde der Frau sollte möglichst nicht allzu nahe mit – als »anstößig« empfundener – Sexualität in Berührung gebracht werden. Weiter dachte man(n) meistens nicht – insbesondere nicht daran, welches Männer- und Frauenbild und welche Vorstellung von Sexualität mit diesem Begriff von »Würde« verbunden waren.

Zu meiner Würde als Frau heute gehört, daß ich über meine Sexualität frei entscheiden kann, daß ich nicht mehr verschämt wegschauen muß, wenn mir ein nackter Männerkörper gefällt oder mir signalisiert wird, daß ich gefalle. Und daß ich mich wehren kann gegen das, was mir nicht paßt. Mein Mißtrauen gegen eine neue Art von Bevormundung ist hier sehr sensibel geblieben.

Die gesellschaftlichen Anschauungen über das, was pornographisch ist und was nicht, ändern sich ja ohnehin im Laufe der Zeit. Die »Aktion saubere Leinwand« – wer kennt sie noch? Wer kann heute noch den Sturm der Entrüstung nachvollziehen, den eine nur kurz gezeigte sexuelle Vereinigung in einer Sequenz des Bergman-Filmes »Das Schweigen« auslöste? Wer den Wirbel, der um Hildegard Knef in dem Film »Die Sünderin« entstand? Heute kann sich jeder oder jede 18jährige weitaus freizügigere Szenen in beliebigen Filmen ansehen, ohne daß er oder sie dazu ein Schmuddelkino aufsuchen muß. Man nennt das »fröhliche Erotik« – die ist erlaubt. Pornographie im Sinne des Strafgesetzbuches fängt erst bei Beate Uhse an und kann erst gegen ein entsprechendes Aufgeld konsumiert werden.

Auch der Streit, was (erlaubte) Literatur und (verbotene) Pornographie ist, wird weitergehen. »Fanny Hill« ist Literatur, so hat der Bundesgerichtshof festgestellt, und »Josefine Mutzenbacher« ist Pornographie. Nancy Fridays Buch »Die sexuellen Phantasien der Frauen« wurde indiziert, das Verwaltungsgericht Köln bestätigte die Entscheidung »Pornographie«. Ein Fragezeichen sei erlaubt. Die Diskussion um Henry Millers »Opus Pistorum« hat gerade erst begonnen – mit Gutachtern auf beiden Seiten. Welcher Stellenwert wird dabei der Würde der Frau – nach dem eben skizzierten neuen Verständnis – eingeräumt?

Zu fragen bleibt: Wie gehen Juristen, wie geht die Rechtsprechung mit dem Begriff Pornographie um? Ist die Abgrenzung der »harten« von der »weichen« Pornographie nach geltendem Recht und im Licht der bisherigen Diskussion um die (Umgehung der) Begriffe überhaupt noch sachgerecht? Eine weitere Frage betrifft den Jugendschutz: Ist es wirklich so, daß die unverhüllte Darstellung sexueller Vorgänge – ohne Gewalttätigkeit! – sittlich desorientierend wirkt und deshalb verfolgt werden muß? Trifft dies nicht viel eher auf die gängigen brutalen Darstellungen sexueller und »normaler« Gewalt zu, welch letztere – unter dem Vorwand der Pflicht zu genauer Information – tagtäglich in den Medien gebracht werden? Wirken solche scheinbar »normalen«, immer wieder gezeigten Gewalttätigkeiten nicht viel eher verrohend als die Darstellung sexueller Vorgänge? Freimut Duve hat in seinem Beitrag auf die Problematik solcher Berichterstattung an dem – sicher extremen – Beispiel der medienwirksamen Vermarktung des »Geiseldramas von Gladbeck« (Sommer 1988) hingewiesen.

Bei dem Thema Gewalttätigkeit stellt sich – im Hinblick auf Pornographie – die Frage, warum § 184 StGB Abs. 3 nicht »greift«. Dieser Paragraph stellt Herstellung von und Handel mit pornographischen Erzeugnissen, die Gewalttätigkeiten zum Inhalt haben, unter Strafe. Dennoch werden sie hergestellt, eingeführt, verkauft. Unter der Hand natürlich. Ich selbst habe bisher von noch keinem Fall gehört, wo Gewaltpornos in Sex-shops oder Pornokinos frei verkäuflich bzw. gezeigt worden wären – aber ich habe mich auch noch nicht selbst in entsprechenden Etablissements umgesehen. Jedenfalls existieren diese Erzeugnisse und finden auch ihre Abnehmer. Ab und zu lesen wir in der Presse über spektakuläre Fälle, über Erfolge von Polizei und Staatsanwaltschaft. Aber ist das nicht nur die Spitze eines Eisbergs? Wie verbreitet sind Gewaltpornos, und wie groß ist die Aufklärungsquote bei solchen Delikten? Auf die Schwierigkeiten der Staatsanwaltschaften, rechtzeitig – das heißt vor Ablauf der presserechtlichen Verjährungsfrist – einen Verstoß gegen § 184 zu verfolgen, wurde schon hingewiesen.

Kann daran nichts geändert werden? Können oder wollen die Staatsanwaltschaften nicht?

Damit taucht die Frage nach der im Gesetzentwurf von »EMMA« vorgeschlagenen zivilrechtlichen Regelung zum Schutz von Frauen auf: Klage auf Unterlassung und Recht auf Schadensersatzansprüche an die Pornographen wegen Verletzung des Rechts auf »Würde und Freiheit, körperliche Unversehrtheit oder Leben« (§ 1 des Entwurfs).

Sind die bestehenden Gesetze so unzureichend, daß eine neue zivilrechtliche Regelung erforderlich ist? »EMMA« bejaht dies. Ein Vergleich des Gesetzentwurfs von »EMMA« mit § 184 StGB zeigt sehr deutlich, daß der »EMMA«-Entwurf den Begriff der Pornographie teilweise wesentlich weiter, teilweise aber auch enger faßt als § 184 und seine derzeitige Auslegung. Müßte als Konsequenz nicht auch das Strafgesetzbuch geändert werden, um eine rechtliche Kongruenz zu erreichen? Denn es kann wohl nicht angehen, daß Pornographie im Bürgerlichen Gesetzbuch etwas anderes bedeutet als im Strafgesetzbuch. Auf die Antworten der Expertinnen und Experten bin ich gespannt.

Unklar ist mir auch, warum als Begründung für die zivilrechtliche Lösung von »EMMA« unter anderem angeführt wird, die Ahndung eines Verstoßes solle nicht in die Hand des Staatsanwaltes – gibt es keine Staatsanwältinnen? – gelegt werden, sondern in die Hand der betroffenen Bürgerinnen. Diese müssen jedoch, um ihr Recht durchsetzen zu können, vor Zivilgerichte ziehen, die wiederum überwiegend mit Männern besetzt sind. Wo liegt da der Fortschritt?

Die Fragen, die ich mir selbst stelle, die ich auch nur für mich beantworten kann, lauten: Will ich überhaupt eine Verschärfung der Pornographievorschriften und damit die Rücknahme eines wichtigen – auch mir wichtigen – Stücks sozialdemokratischer Rechtsreform? Führt eine solche Änderung nicht zurück in den geistigen und gesellschaftlichen Mief der fünfziger Jahre? Kommt dies alles nicht auch z. B. der bayerischen Landesregierung sehr entgegen, die sich z. Z. wieder als Vorreiter gegen die Pornographie aufführt – allerdings aus einer wohl grundsätzlich anderen Geisteshaltung heraus? Die Gefahr, Beifall von der falschen Seite zu erhalten und Kronzeuge für die angebliche Notwendigkeit einer restaurativen Wende in der Rechts- und Gesellschaftspolitik zu werden, erscheint mir nicht gerade klein. Auch wenn dies – wie zuweilen gesagt wird – ein Totschlagsargument ist, sollte man/frau darüber nachdenken.

Anmerkungen

1 Schönke/Schröder: Strafgesetzbuch. Kommentar, München 1985, S. 1181.
2 Ebd., S. 1180.

Hans-Joachim Rudolphi

Zum geltenden Strafrecht:
Zur Legitimität von §§ 131 und 184 StGB

Ich will zunächst einige Überlegungen anstellen, was Strafrecht legitimerweise überhaupt bewirken kann und darf, um dann an diesen Grundsätzen die geltenden Normen zu messen.

I. Rechtsgüterschutz als Aufgabe staatlichen Strafrechts

Dem Strafrecht obliegt es nach unserer Verfassung, das Zusammenleben der Menschen in unserer gegenwärtigen durch das Grundgesetz geprägten Gesellschaft vor Angriffen zu schützen, d. h. sozialschädliches Verhalten zu bekämpfen. Seine Aufgabe ist ähnlich wie die des Polizeirechts auf Gefahrenabwehr beschränkt. Aus dieser verfassungsrechtlichen Zielsetzung staatlichen Strafrechts ergeben sich sowohl die Grenzen als auch die Pflichten staatlicher Strafgesetzgebung.

1. Berechtigt ist der Gesetzgeber zum Erlaß einer Strafnorm nur dann, wenn sie zur Wahrung und Sicherung der Lebensbedingungen unserer auf der Freiheit und Verantwortung der Person basierenden Gesellschaft notwendig ist. Dagegen hat der Staat nicht das Recht, den einzelnen mit Hilfe von Strafdrohungen zu zwingen, bestimmte religiöse, moralische oder sonstige Wertvorstellungen zur Richtschnur seines Verhaltens zu wählen, wenn deren Befolgen keinerlei Funktion für die Schaffung oder Erhaltung eines auf der Freiheit und Verantwortung des Individuums beruhenden gesellschaftlichen Lebens zukommt.[1]

Dies folgt bereits aus der rein weltlichen Zielsetzung unseres Staates. Seine Aufgabe ist es nicht, göttliche oder andere transzendente Ziele zu verwirklichen. Die Aufgabe des heutigen Staates, der all seine Staatsgewalt vom Volke ableitet, beschränkt sich vielmehr notwendig darauf, die für ein gedeihliches Zusammenleben freier Bürger in unserer verfassungsmäßigen Gesellschaft notwendigen Voraussetzungen zu schaffen und nach innen und außen vor Angriffen zu schützen. Zu mehr können die Bürger, da ihnen selbst unstreitig jedes Recht fehlt, ihre Mitbürger moralisch zu bevormunden, die von ihnen gewählten Staatsorgane gar nicht ermächtigen.

2. Ist Ziel des Strafrechts der Rechtsgüterschutz, so bedeutet dies allerdings nicht, daß jeder Straftatbestand, der erklärtermaßen dieses Ziel verfolgt, damit auch schon vor der Verfassung legitimiert ist. Erforderlich ist vielmehr zusätzlich, daß die Strafdrohung nur solche Verhaltensweisen erfaßt, die das geschützte Rechtsgut gefährden oder gar verletzen. Daraus folgt zunächst, daß eine allzu weite Ausdehnung der Strafbarkeit in das Vorbereitungsstadium, d. h. auf nicht unmittelbar rechtsgutgefährdende Verhaltensweisen, sich verbietet. Nicht unproblematisch sind daher jene Straftatbestände, die unter der Flagge des Schutzes der öffentlichen Ordnung oder des öffentlichen Friedens den Strafschutz weit in das Vorbereitungsstadium hinein erstrecken.[2]

Ist wissenschaftlich noch nicht geklärt, ob ein bestimmtes Verhalten überhaupt geeignet ist, Rechtsgüter zu gefährden, so kann es ebenfalls nur in seltenen Ausnahmefällen unter Strafe gestellt werden, und zwar dann, wenn das Risiko, daß die fragliche Handlung möglicherweise doch sozialschädliche Wirkungen auslöst, angesichts der betroffenen Rechtsgüter oder des Umfangs der möglichen sozialschädlichen Wirkungen nicht mehr hingenommen werden kann.

II. Strafrecht als Mittel des Rechtsgüterschutzes

Neben die Begrenzung in der Zielsetzung staatlichen Strafrechts tritt eine Beschränkung der Mittel, die der Staat zur Erzielung eines wirksamen Rechtsgüterschutzes einsetzen darf. Die vom Gesetzgeber erlassenen Strafnormen müssen sich ebenso wie die im Einzelfall vom Richter verhängten Sanktionen, seien sie nun schuldabhängige Strafen oder Maßregeln der Besserung und Sicherung, als angemessene Mittel zur Verbrechensbekämpfung erweisen. Zu der Richtigkeit und Vernünftigkeit des Zwecks müssen – soll die jeweilige Strafnorm im vollen Umfange gerechtfertigt sein – die Richtigkeit und Vernünftigkeit des Mittels hinzukommen.

1. Daraus folgt zunächst, daß die Strafnormen in ihrer konkreten Ausgestaltung, insbesondere also auch die in ihnen angedrohten Sanktionen, geeignet sein müssen, zukünftige Rechtsgutverletzungen zu verhindern (Grundsatz der Geeignetheit des Mittels). Strafgesetze müssen daher praktikabel, also z. B. mit Hilfe des geltenden Strafverfahrens- und Strafvollzugsrechtes durchsetzbar sein und versprechen, das angestrebte Ziel des Gesellschaftsschutzes auf einem gangbaren Weg möglichst effektiv zu erreichen.[3]

2. Angemessen ist eine Strafnorm in ihrer konkreten Ausformung ferner nur dann, wenn sie unter mehreren zur Verfügung stehenden Mitteln dasjenige ist, was bei gleicher Wirksamkeit den Betroffenen am wenigsten belastet (Grundsatz des relativ mildesten Mittels). Denn es ist selbstverständlich, daß der Staat in die Freiheit seiner Bürger nur so weit eingreifen darf, wie dies zur Erfüllung seiner Aufgaben, hier also zum Schutze der existenznotwendigen Rechtsgüter unbedingt erforderlich ist. Damit ist nicht nur gesagt, daß der Gesetzgeber von den verschiedenen ihm zur Auswahl stehenden Ausgestaltungen einer Strafdrohung immer nur die relativ mildeste wählen darf, sondern auch, daß die Strafdrohung schlechthin subsidiärer Natur ist (Grundsatz der Subsidiarität des Strafrechts). Sie ist die ultima ratio, auf die der Gesetzgeber nur dort befugt ist zurückzugreifen, wo dies zur Wahrung des öffentlichen Friedens und zum Schutze der für unser Gesellschaftsleben notwendigen sozialen Gegebenheiten unerläßlich ist (BVerfGE 39, 47; Jescheck LK, Einl. Rn 3).

3. Mit dem Erfordernis der Angemessenheit der Strafe ist schließlich noch ein Drittes gesagt: Nicht jede Strafdrohung, die geeignet und an sich erforderlich wäre, um einen wirksamen Rechtsgüterschutz zu verbürgen, ist damit schon gerechtfertigt. Auch die Strafdrohung muß sich als gerechtes Mittel erweisen, d. h. nach dem Prinzip des überwiegenden Interesses gerechtfertigt sein. Dies besagt vor allem, daß Strafdrohungen, deren unmittelbare oder mittelbare rechtsbeeinträchtigende Wirkungen nicht durch den erzielten Rechtsgüterschutz aufgewogen werden, nicht mehr berechtigt sind.

Messen wir an diesen Grundsätzen die Straftatbestände der Gewaltverherrlichung (§ 131) und der Pornographie (§ 184) sowie mögliche Erweiterungen dieses Strafschutzes.

1. Schutzzweck des § 131 ist es nach dem Willen des Gesetzgebers, den einzelnen und die Allgemeinheit vor Gewalttätigkeiten zu schützen sowie den einzelnen davor zu bewahren, daß er aggressive Verhaltensweisen oder Einstellungen übernimmt (BTDrS VI/3521, 6).

a) Trotz dieser billigenswerten Zielsetzung ist die Vorschrift jedoch nicht allein deshalb problematisch, weil sie die Strafbarkeit in bisher nicht gekannter Weise in das Vorfeld der eigentlichen Rechtsgutsverletzung erstreckt. Bedenken sind gegen sie vor allem deshalb erhoben worden, weil bisher gesicherte Erkenntnisse der einschlägigen wissenschaftlichen Disziplinen über die Zusammenhänge zwischen gewaltverherrlichenden und gewaltverharmlosenden Darstellungen und später begangenen Gewalttätigkeiten fehlen, es also bisher noch ungeklärt ist, ob derartige Darstellungen Gewaltkriminalität fördern oder ihr nicht vielmehr entgegenwirken (vgl. dazu Gerhardt, NJW 1975, 375 f.). Sie haben insofern Gewicht, als durch sie die Eignung und Erforderlichkeit der Strafdrohung zur Erreichung des vor ihr erstrebten Rechtsgüterschutzes und damit auch ihre verfassungsrechtliche Legitimität in Frage gestellt wird. Doch wird man dem Gesetzgeber nicht das Recht bestreiten können, ausnahmsweise auch solche Handlungen, deren Ursächlichkeit für bestimmte sozialschädliche Erfolge bisher weder bewiesen noch ausgeschlossen ist, unter Strafe zu stellen, und zwar dann, wenn das Risiko, daß die fraglichen Handlungen möglicherweise doch sozialschädliche Wirkungen auslösen, angesichts der betroffenen Rechtsgüter oder des Umfangs der möglichen sozialschädlichen Wirkungen nicht mehr hingenommen werden kann (Müller-Emmert, GA 1976, 299). Der Gesetzgeber hat diese Voraussetzungen bejaht (BTDrS VI/3521, 6), doch bleibt ein gewisses Unbehagen zurück. Es gründet sich darauf, daß es sich bei den pönalisierten Handlungen um solche handelt, die weit im Vorfeld der eigentlichen Rechtsgutsverletzung liegen. Verstärkt wird es zudem dadurch, daß die Vorschrift eine Reihe von Tatbestandsmerkmalen enthält – genannt seien nur die Verherrlichung und Verharmlosung von Gewaltmaßnahmen sowie die die Menschenwürde verletzende Art der

Darstellung –, die wegen ihrer hohen Normativität sich einer rechtlich exakten Definition entziehen und damit die Gefahr einer zu weiten Auslegung begründen. Diese Gefahr läßt sich auch durch einen Rückgriff auf den Schutzzweck des § 131 nur schwer eindämmen. Denn dies würde gerade voraussetzen, daß bereits wissenschaftliche Erkenntnisse darüber vorliegen, daß und unter welchen Voraussetzungen und in welcher Form Gewaltdarstellungen die Bereitschaft zur Begehung von Gewalttätigkeiten hervorrufen, steigern oder aktualisieren. Gerade daran fehlt es jedoch, so daß der Gesetzgeber auch ganz bewußt darauf verzichtet hat, den Tatbestand durch eine Wirkungs- bzw. Eignungsklausel einzuschränken. So geht denn seine Intention wohl nicht zuletzt auch dahin, durch die plakative Mißbilligung der in der Gesellschaft sichtbar gewordenen Brutalisierungstendenzen ein Signal zu setzen (BTDrS VI/3521, 4). Ob dazu eine so unbestimmte und auch im übrigen problematische Strafdrohung das rechte Mittel war und ist, bleibt jedoch fragwürdig.

b) Bedenken richten sich deshalb auch gegen die 1985 beschlossene Erweiterung des § 131. Der Tatbestand der Gewaltdarstellung erfaßt danach nicht mehr nur Darstellungen grausamer oder sonst unmenschlicher Gewalttätigkeiten gegen Menschen, die eine Verherrlichung oder Verharmlosung solcher Gewalttätigkeiten ausdrücken, sondern darüber hinaus auch solche, die das Grausame oder Unmenschliche des Vorganges in einer die Menschenwürde verletzenden Weise darstellen. Diese Ausdehnung der Strafbarkeit ist nicht unbedenklich, zumal völlig unklar ist, welche Gewaltdarstellungen damit über die gewaltverherrlichenden und gewaltverharmlosenden hinaus erfaßt sein sollen. Unterschiedliche Interpretationen sind möglich. Denkbar ist zunächst eine Auslegung dahingehend, daß auch schon solche Gewaltdarstellungen unter Strafe gestellt sein sollen, die Gewalttätigkeiten gegen Menschen in ihrer Grausamkeit oder Unmenschlichkeit und damit zugleich in ihrer die Menschenwürde verletzenden Qualität darstellen, eine irgendwie geartete positive Bewertung der dargestellten Gewalttätigkeiten also für die Strafbarkeit nicht gefordert ist. Gegen eine solche Interpretation spricht jedoch nicht nur, daß damit das Merkmal »in einer die Menschenwürde verletzenden Weise darstellt« identisch wäre mit dem Erfordernis, daß die dargestellte Gewalttätigkeit »grausam oder sonst unmenschlich« sein muß, sondern vor allem, daß danach auch Darstellungen von unmenschlichen, d. h. die

Menschenwürde verletzenden Gewalttätigkeiten strafbar wären, die lediglich zeigen sollen, zu welchen Grausamkeiten der Mensch fähig ist oder welch unheilvolle Rolle die Gewalt im mitmenschlichen Zusammenleben spielt, die also lediglich eine kritische, zum Nachdenken anregende Zielsetzung verfolgen. Dies widerspräche jedoch eindeutig Art. 5 GG, so daß eine solche Interpretation sich auch aus verfassungsrechtlichen Gründen verbietet. Möglich bleibt damit aber allein eine Deutung dahin, daß in den erörterten Fällen gefordert ist, daß der Täter nicht nur inhaltlich eine unmenschliche, d. h. die Menschenwürde verletzende Gewalttätigkeit darstellt, sondern zugleich auch selbst durch die Art seiner Darstellung dieser Gewalttätigkeit seinerseits die Menschenwürde verletzt. Möglich ist dies nun allerdings allein dadurch, daß er durch die Art seiner Darstellung sich selbst in irgendeiner Weise zu solchen Gewalttätigkeiten bekennt, also den von der dargestellten Gewalttätigkeit betroffenen Menschen das Lebensrecht in der Gemeinschaft abstreitet oder ihn als minderwertigen Menschen hinstellt. Worin diese damit geforderte Bewertung der dargestellten Gewalttätigkeit sich von der Gewaltverherrlichung und Gewaltverharmlosung unterscheiden soll, bleibt allerdings im dunkeln. Auch die amtliche Begründung (BTDrS 10/2546, 3) gibt darüber keinen Aufschluß. Nach ihr sind unter Gewaltschilderungen, bei denen die Art der Darstellung die Menschenwürde verletzt, »exzessive Schilderungen von Gewalttätigkeiten zu verstehen, die u. a. gekennzeichnet sind durch das Darstellen von Gewalttätigkeiten in allen Einzelheiten, z. B. das (nicht nur) genüßliche Verharren auf einem leidverzerrten Gesicht oder den aus einem aufgeschlitzten Bauch herausquellenden Gedärmen. Beispielhaft hierfür sind Auswüchse auf dem derzeitigen Videomarkt, etwa Videofilme der ›Zombi‹-Kategorie.« Doch dürften derart exzessive Gewaltdarstellungen bei richtiger Interpretation der Begriffe des Verherrlichens und des Verharmlosens auch bereits durch die erste Alternative erfaßt sein und die Gesetzesänderung daher sich letztlich als überflüssig erweisen. Sie begründet allein die Gefahr einer nicht mehr legitimierten extensiven Auslegung.

2. Wenden wir uns nunmehr § 184 zu, so ist zunächst zwischen der sogenannten harten Pornographie und sonstigen einfachen pornographischen Schriften zu unterscheiden.

a) Bei der sogenannten harten Pornographie handelt es sich um pornographische Schriften, Filme etc., die Gewalttätigkeiten, den sexuellen Mißbrauch von Kindern oder sexuelle Handlungen von Menschen und Tieren zum Gegenstand haben (§ 184 Abs. 3). Sie unterliegen einem absoluten Verbreitungsverbot. Darüber hinaus ist das öffentliche Ausstellen, Anschlagen, Vorführen und Zugänglichmachen (Abs. 3 Nr. 2) ebenso bei Strafe verboten wie das Herstellen, Beziehen, Liefern etc. (Abs. 3 Nr. 3). Das absolute Verbot der harten Pornographie verfolgt nun gewiß zunächst durchaus in legitimer Weise Zwecke des Jugendschutzes. Doch reicht die legislatorische Zielsetzung weit darüber hinaus. Schutzzweck des § 184 Abs. 3 ist nach dem Willen des Gesetzgebers ein Doppeltes: Geschützt werden sollen zunächst jeder einzelne, aber auch die Allgemeinheit davor, daß durch Verbreiten sadistischer, pädophiler oder sodomistischer Pornographie entsprechende Taten begünstigt, propagiert oder gar ausgelöst werden. Zudem soll jeder einzelne Bürger vor der Gefahr bewahrt werden, daß er solche Verhaltensweisen oder Einstellungen übernimmt. Diese Zielsetzung ist sicher, soweit es um sadistische und pädophile Taten geht, im wesentlichen legitim, da solche Taten auch selbst mit Strafe bedroht sind. Problematisch ist sie jedoch bereits, soweit sodomistische Verhaltensweisen betroffen sind. Es läßt sich mit gutem Grund fragen, warum das Verbreiten sodomistischer Pornographie generell bei Strafe verboten ist, wenn ein Verbot für die Vornahme sodomistischer Handlungen selbst vom Gesetzgeber zu gleicher Zeit aufgehoben wird. Insoweit scheint es daher dem Gesetzgeber auch bei dem Verbot der sogenannten harten Pornographie lediglich um die Wahrung bestimmter moralischer Standards zu gehen, um eine Aufgabe also, die mit dem Mittel der Strafe zu verwirklichen rechtsstaatlich nicht mehr legitimierbar ist.

Im übrigen richten sich auch gegen das Verbot der harten Pornographie die gleichen Einwände wie gegen § 131, nämlich, daß die Strafbarkeit sehr weit in das Vorfeld eigentlich kriminellen, d. h. rechtsgutsverletzenden oder rechtsgutsgefährdenden Handelns erstreckt werde sowie daß die Wirkungsforschung bisher die sozialschädlichen Wirkungen der harten Pornographie nicht hinreichend dargetan habe. Doch greifen diese letztlich hier wohl ebenso wie bei § 131 nicht durch, zumal nach den jüngsten Ergebnissen der empirischen Forschung die sozialschädlichen Auswirkungen jedenfalls der harten Pornographie in einem hohen Grade wahrscheinlich sind und man daher dem Gesetzgeber das Recht zugestehen muß, die Verbreitung der harten Pornographie zur Vermeidung dieser wahrscheinlichen sozialschädlichen Folgen zu verbieten.

b) Entscheidend verschieben sich jedoch die Gewichte, wenn es um die einfache Pornographie geht. Gerechtfertigt mag hier zwar ein Verbot sein, soweit es Kinder und Jugendliche vor Störungen ihrer normalen Entwicklung bewahren will. Nicht mehr legitimierbar ist dagegen eine Strafdrohung, die sich generell gegen das Verbreiten der einfachen Pornographie richtet.

Richtig ist zwar, daß die pornographischen Darstellungen die Grenzen des sexuellen Anstands nach den herrschenden Wertvorstellungen überschreiten und in aller Regel die Frau in erniedrigender Weise als bloßes Objekt sexueller Lust darstellen. Ohne Zweifel besteht daher ein Interesse der herrschenden Moral an dem Verbot pornographischer Schriften etc. Und es mag auch sein, daß – wie Dreher meint – die Menschen ohne Pornographie glücklicher sind als mit Pornographie. Doch fragt sich nicht nur, ob das Strafrecht ein taugliches und angemessenes Mittel zur Erreichung dieser Ziele ist, sondern zuallererst, ob es überhaupt ein legitimes Ziel staatlichen Strafrechts ist, die Bürger zu moralisch wertvollem Handeln anzuhalten und dadurch glücklicher zu machen. Die Frage stellen, heißt, sie verneinen. Unser Staat ist keine moralische Anstalt, die staatlichen Zwang zur moralischen Erziehung der Bürger einsetzen darf. Erst dort, wo ein Verhalten rechtsgutsgefährdend oder gar rechtsgutsverletzend in Erscheinung tritt, beginnt die Legitimität des Strafrechts. Das Verbreiten einfacher Pornographie erreicht diese Zone jedoch allein dort, wo es Interessen des Jugendschutzes zuwiderläuft. Die meisten Verbote des § 184 Abs. 1 erweisen sich unter diesem Aspekt daher durchaus als legitim, und es mag auch noch die eine oder andere Lücke zu schließen sein. Zu weit geht es allerdings beispielsweise, wenn nach § 184 Abs. 1 Nr. 6 auch jeder gestraft wird, der eine pornographische Schrift an einen anderen gelangen läßt, ohne von diesem hierzu aufgefordert worden zu sein. Ebensowenig läßt sich das generelle Verbot auch der einfachen Pornographie aus dem Entwurf der »EMMA« in das Strafrecht übernehmen. Allerdings sprechen m. E. auch gewichtige Bedenken dagegen, die von der »EMMA« vorgeschlagene Regelung in das Zivilrecht zu übernehmen.

Anmerkungen

1 Vgl. dazu Amelung: Rechtsgüterschutz, 318 ff.; Hanack, S. 47. DJT, Teil A, S. 29 ff.; Jakobs, 2/21; Roxin, JuS 1966, S. 382; Rudolphi, Honig-Festschr., S. 159 ff. und Welzel-Festschr., S. 617 ff.; Müller-Emmert, GA 1976, S. 293 ff.
2 Vgl. dazu näher Rudolphi, System. Kom., § 129 Rn 1 ff. und § 130 Rn 1 f.; Rudophi, ZRP 1979, S. 214 ff.; s. ferner Jakobs, ZStW 97 (1985), S. 751 ff.
3 Vgl. dazu Hassemer, a. a. O., S. 196 ff.; Zipf, Kriminalpolitik[2], S. 54 f.

Susanne Baer

Zur Situation in den Niederlanden und in Schweden

Eine Vorbemerkung: Es fällt auf, daß die Informanten aus der Porno-Industrie sich auf die kühle Präsentation von Zahlen beschränkten, die – mit besonderer Emphase – Arbeitsplätze und Löhne, Steueraufkommen und den Umsatz therapeutischer Hilfsmittel betrafen.

Ich kann mich des Eindrucks nicht erwehren, daß sehr bewußt versucht wurde – und wird –, die Diskussion über Gewalt gegen Frauen auf Nebenschauplätze zu verlagern, über die sich in aller Regel auch sehr viel leichter sprechen läßt. Nebenschauplätze wie marktwirtschaftliche oder erzieherische Aspekte einer sich als ungemein sauber darstellenden Branche. Und ich möchte es noch einmal sagen: Auch diese Damen und Herren verdienen – wenn auch nicht immer hauptsächlich – mit der Erniedrigung von Frauen Geld, mit der Darstellung von Frauen als ständig verfügbarem Lustobjekt des Mannes. Und – diese Damen und Herren berufen sich mit Vorliebe auf unser Strafrecht, weil sie sich dementsprechend zu verhalten vorgeben. In öffentlichen Anhörungen würde ich das an ihrer Stelle auch sagen. Und in öffentlichen Anhörungen würde ich als Saubermann der Sex-Industrie auch auf ein Strafrecht pochen, das mir nicht gefährlich wird. Die bestehenden Vollzugsdefizite können Pornographen nur recht sein. Und die schwammige Fassung geltenden Rechts, in dem – wie immer – Frauen nicht vorkommen, ist ebenso verträglich. Ich möchte es dabei nicht belassen.

Ich betrachte mich eigentlich nicht als Expertin für die Rechtslage in den Niederlanden und Schweden. Ich habe gemeinsam mit Dr. Vera Slupik einen Anti-Pornographie-Gesetzentwurf erarbeitet,* der sich grundlegend an einem US-

---

* Susanne Baer/Vera Slupik: Entwurf eines Gesetzes gegen Pornographie, in: Kritische Justiz, Heft 2/1988, S. 171 ff..

amerikanischen Entwurf orientiert, den Catharine A. Mac-Kinnon und Andrea Dworkin 1983 erstellten. Spezialisiert habe ich mich entsprechend auf die Rechtslage in den USA. Auf besonderen Wunsch werde ich hier trotzdem versuchen, Sie über die Rechtslage im europäischen Ausland zu informieren.

Die Situation in Schweden und den Niederlanden stellt sich folgendermaßen dar:

In Schweden ist das sogenannte »unerlaubte Verfahren mit einer pornographischen Abbildung« unter Strafe gestellt. Unter Pornographie wird verstanden, was geeignet ist, »öffentlichen Anstoß zu erregen«. Wie in Schweden ist in allen Ländern von offizieller Seite immer zu hören, daß Pornographie entweder gar nicht oder nur über das Schamgefühl definiert werden könne. Damit wird die moralisch-zeigefingernde Doppelmoral einer sexistischen Gesellschaft zum Maßstab. Gewalt jedoch ist das Kriterium, wo hingesehen werden muß, wo definiert werden kann und wo Diskriminierungen offensichtlich werden.

Bestraft wird in Schweden, wer Pornographie öffentlich ausstellt, unerwünscht mit der Post zusendet oder damit in »sittenverderbender Weise« auf Kinder und Jugendliche einwirkt. Beim Jugendschutz wird auf die verrohende und sittlich gefährdende Wirkung von Pornographie abgestellt, erfaßt wird allerdings nur die berufs- oder planmäßige Verbreitung an Jugendliche – ungehindert bleibt der Verkauf an einzelne in Buchläden. Außerdem gibt es ein Verbreitungsverbot gewalttätiger Videos an Jugendliche unter 16 Jahren. Verboten ist auch die Herstellung und der Vertrieb von Pornographie, die sexuelle Handlungen Minderjähriger – d. h. unter 16 – zum Inhalt hat.

In den Niederlanden sieht es ganz ähnlich aus:

Bestraft wird das öffentliche Zeigen oder Anbieten sowie das unverlangte Zusenden von Pornographie. Diese ist – wie in Schweden – nicht handhabbar definiert: Pornographisch ist das, was einer »belangreichen Mehrheit des niederländischen Volkes als anstößig erscheint«.

Der Jugendschutz findet sich in einem Verbot der sittlichen Gefährdung von unter 16jährigen durch die Verbreitung von Pornographie.

Produktion und Vertrieb von Kinderpornographie sind ebenfalls unter Strafe gestellt.

In beiden Ländern existiert also keine Definition der zu regelnden Materie: Schwammige Begriffe wie Anstand, Sitte und Moral bleiben Worthülsen, die eine effektive Durchsetzung der Verbotsnormen behindern. Ansonsten steht der Jugendschutz im Vordergrund, Erwachsene sollen angeblich vor ungewollter Konfrontation mit Pornographie geschützt werden.

Die rechtspolitische Diskussion prägten in beiden Ländern Regierungskommissionen. Diese hatten sich in erster Linie mit dem Aspekt der Meinungsfreiheit und ihrer Einschränkung zu beschäftigen.

In Schweden veröffentlichte die – zweite – Kommission von 1977 ihren Schlußbericht 1983. Sie kam zu folgenden Ergebnissen:

1. Eine Einschränkung der Meinungsfreiheit – die in diesem Zusammenhang immer die Freiheit der Pornographen ist, nicht die der betroffenen Frauen – sei nur im Extremfall zulässig.

Der Extremfall beträfe Kinder und Jugendliche und Gewalt. Daher käme ein Verbot von Gewaltvideos und – da noch gefährlicher – von Gewaltpornographie in Betracht.

2. Das Strafrecht sei allerdings nicht effektiv und außerdem unfähig, ethische Normen und Verhaltensweisen zu beeinflussen. Daher sei eine allgemeine Verschärfung des Strafrechts hier nicht wünschenswert.

In den Niederlanden beschäftigte sich mit dem Thema Pornographie die Regierungskommission »Melai« seit 1970. Auch sie sollte sich in erster Linie mit Meinungsfreiheit – wieder die der Pornographen – auseinandersetzen. Trotz allgemeiner Kritik am Sittenstrafrecht ließ sie die moralische Definition von Pornographie unangetastet. Sie bejahte eine schädliche Auswirkung von Pornographie auf Kinder und Jugendliche und befürwortete daher Regelungen nur in diesem Bereich.

Seit 1980 beeinflußte die niederländische Frauenbewegung die Debatte, als sie verstärkt auf gewalttätige Produktionsbedingungen und den Anstieg der sogenannten »hard-core«-Pornos hinwies. Vor allen Dingen brachte sie jedoch die Erniedrigung von Frauen in der Pornographie in die Öffentlichkeit.

Bei der Verabschiedung der heute geltenden Anti-Pornographie-Gesetzgebung im Strafrecht der Niederlande standen 1985 deshalb mehrere Gesetzentwürfe zur Diskussion:

Pornographie als sexuelle Gewalt gegen Frauen sollte in ein bereits normiertes Diskriminierungsverbot ausdrücklich aufgenommen werden. Da angeblich Definitions- und Abgrenzungsschwierigkeiten bestünden – schließlich war immer noch die »sittliche Anstößigkeit« Kriterium –, wurde dieser Vorschlag letztlich abgelehnt.

Die zweite Möglichkeit: Pornographie sollte dann verboten sein, wenn Gewalt und Zwang bei der Produktion eine Rolle spielten. Das Gegenargument: Diese Handlungen seien vom geltenden Recht als Körperverletzung, Nötigung, Vergewaltigung etc. erfaßt. Ein Argument übrigens, welches auch in der hiesigen Diskussion nicht unbekannt ist: Vergessen wird dabei, daß Anzeige immer nur gegen den direkten Täter erstattet werden kann und die Entscheidung über ein Einschreiten immer bei der – in aller Regel männlich besetzten – Institution Staatsanwaltschaft liegt: Der männlich-pornographische Blick entscheidet. Außerdem sind Folge einer Verurteilung Haft oder Geld an die Staatskasse. Was fehlt, ist die Verhinderung der ständigen Reinszenierung der Vergewaltigungen, Körperverletzungen etc. Was im Strafrecht immer fehlt, ist jede konkrete Hilfe für die Betroffenen.

Um es noch einmal deutlich zu machen:

In Schweden und den Niederlanden wird Pornographie nirgends definiert, sondern mittels unbestimmter Rechtsbegriffe schwammig-moralisch umschrieben.

Pornographie taucht überhaupt nur im Strafrecht auf und wird kaum verfolgt.

Auch staatliche Stellen beklagen die Unfähigkeit der strafrechtlichen Regelungen, denken jedoch nicht weiter.

Rechtspolitisch interessanter ist der Blick über den großen Teich:

Auch in den USA ist das »Problem Pornographie« bislang im Strafrecht, d. h. in den sogenannten »Obszönitäts-Gesetzen« geregelt. Und wie der Name sagt: Es geht bislang um Obszönes, um Sitte und Anstand, um dieselben unklaren Begriffe wie im schwedischen, niederländischen und bundesdeutschen Recht. Auch in den USA wird gegen Pornographie nicht ernsthaft vorgegangen, auch in den USA blüht die Porno-Industrie. Und nicht nur deshalb, sondern auch aufgrund der Geschichte der Recht-Losigkeit von Frauen in allen patriarchalen Rechtssystemen ist ein Umdenken erforderlich, ein Hinsehen, wie es so harmlos im Titel dieser Anhörung heißt. Ein Umdenken, welches sich vom Strafrecht mit seinen Verboten löst und Rechte für Frauen fordert.

In den USA stellten Catherine MacKinnon und Andrea

Dworkin eine neue gesetzliche Initiative zur Diskussion, an der Vera Slupik und ich uns bei unserem Anti-Pornographie-Gesetzentwurf orientierten.

Es geht zunächst um Zivilrecht.

In einem Bereich, in dem zuallererst Frauen betroffen sind, kann es nicht um das Abwarten auf Männerrecht oder die Verschärfung desselben gehen. Gefordert ist die offensive und kreative Nutzung des Rechts für Frauen.

Recht organisiert Macht.

Im Patriarchat heißt das Macht von und für Männer. Gleichberechtigung als Folge einer Umverteilung von Macht erfordert Re-Organisation, neues, anderes Recht. Recht, in dem Definitionsmacht und Initiative nicht bei Männern liegt, wenn es um Gewalt gegen Frauen geht. Gesetze, die Frauen als Subjekte, als Rechtsträgerinnen anerkennen. Träger von Rechten haben in dieser Gesellschaft Zugang zum Gericht. Dieser Zugang muß Frauen eröffnet werden.

Recht für Frauen – das heißt: explizite Berücksichtigung von Frauen im Gesetzestext,

Benennung der jeweils vorliegenden Diskriminierung in ihrer geschlechtsspezifischen Ausprägung,

Konfliktlösungsmodelle zugunsten der Betroffenen,

Vermeidung der Schwierigkeiten von Frauen im Zugang zum Recht.

Recht für Frauen – das kann, in dem Gesetzentwurf von Vera Slupik und mir auf den Fall Pornographie angewandt, nur heißen: Klare Definition von Pornographie als Diskriminierung durch Gewalt gegen Frauen und nur sehr selten – sozusagen im Nebensatz – auch gegen Männer. Klare Definition, das heißt keine unbestimmten Rechtsbegriffe, die beliebig auslegungsfähig sind und Sittenwächtern bei der Bestimmung von »Anstand« oder »Würde der Frau« freie Hand lassen.

Das heißt auch die klare Aufzählung der – in diesem Fall vier – Tatbestände, die als Anspruchsgrundlagen dienen:

– die Herstellung und Verbreitung von Pornographie,
– die erzwungene Arbeit in der Porno-Industrie,
– der Zwang zur Wahrnehmung von Pornographie,
– die Gewalttaten infolge bestimmter Pornographie.

Und das heißt Schadensersatz und Unterlassung als Rechtsfolgen, die Wiedergutmachung für das Opfer gewährleisten und als Unterlassungsanspruch die ständige Wiederholung des Mißbrauchs verhindern.

Und schließlich: Die aus dem Umwelt- und Verbraucherschutzrecht bekannte Verbandsklage, hier für Frauengruppen und -verbände, die Frauen die kollektive Klagemöglichkeit gegen kollektiven Mißbrauch einräumt und zudem – auch angesichts des Prozeßkostenrisikos bei zivilrechtlichem Vorgehen – die Effektivität dieses Gesetzentwurfes erhöht.

Als Anti-Diskriminierungs-Gesetz kann sich unser Entwurf in die Reihe der Schutzgesetze des Zivilrechts stellen. Er gibt den betroffenen Frauen – einzelnen wie Verbänden – die Möglichkeit zur Klage, wo es um die Abwehr alltäglicher Diskriminierung geht.

Pornographie ist keine harmlose Kulturerscheinung, bei der es nur um Hin- oder Wegsehen geht. Pornographie ist Gewalt gegen Frauen, es geht um Taten. Im internationalen Vergleich hat das Strafrecht hier nur die Männer-Doppelmoral gestützt: verbieten, aber kaufen. Eine wirksame Alternative bietet das Zivilrecht.

Die Unterstützung eines zivilrechtlichen Anti-Pornographie-Gesetzes könnte rechtspolitisch die Parteilichkeit für Frauen unter Beweis stellen, die die SPD – nicht als erste Partei und auf vergleichsweise harmlosem Terrain: der Quotierung – schon einmal angedeutet hat.

Alice Schwarzer

Der Gesetzentwurf von »EMMA«

Lassen Sie mich in aller Klarheit sagen, was wir Feministinnen heute unter Pornographie verstehen. Pornographie ist die Propagierung von Sexualgewalt. Pornographie ist nicht die kritische Darstellung dieser real existierenden Sexualgewalt; Pornographie ist auch nicht die künstlerische, also kritische Bearbeitung des Themas. Ich habe gehört, daß sich ein Linker während der Anhörung stark gemacht haben soll für die Freiheit des Marktes. Zeitgeist. Alles ist möglich. Ich hingegen gehöre zu den politischen Kräften, die ganz altmodisch an den alten Idealen der Aufklärung und des Kampfes gegen Machtverhältnisse festhalten.

Ich möchte zuerst ein Mißverständnis aufklären. Das Mißverständnis ist, daß der EMMA-Gesetzentwurf jegliche Pornographie verbieten will. Dafür können wir gar nicht sein, weil dies unmöglich ist. Wir müßten dann nämlich quasi den pornographisierten Blick der Männer auf die Welt verbieten. Aber wir können nun mal den – zunehmend – pornographisierten Mann nicht abschaffen, sondern wir müssen uns mit ihm auseinandersetzen, ihn verändern. Die Hilfe des Zivilrechtes fordern wir lediglich für die Spitze des Eisberges der Pornographie, für die Gewaltpornographie. Wir definieren das klar in unserem Gesetzesentwurf, den jeder nachlesen kann.

Die Gewaltpornographie ist weitgehend legal seit der sogenannten Liberalisierung von 1975. Es ist wahr, daß wir alle, auch jemand wie ich, damals nicht alarmiert waren. Für mich war die Reform des Sexualstrafrechtes ein Fortschritt. Vielleicht hatte man ein kurzes Unbehagen bei dem Thema Pornographie, aber wir sind ja nicht auf die Barrikaden gegangen. Wir alle hatten unrecht. Wir haben sehr rasch die Rechnung für diesen Fehler präsentiert bekommen. Übrigens eine Entscheidung, die 1975 gefallen ist: Dies war auch das Jahr der Frau. Auch darauf komme ich gleich noch einmal zurück, denn da gibt es einen Zusammenhang – wenn er auch sicherlich für die meisten, die diese Entscheidung getroffen haben, unbewußt war.

Alexander Mitscherlich hat 1975 in dem Hearing zur Sexualrechtsreform gesagt, er sei für mehr Freiheit und er hoffe auf den Schock der aufklärenden Selbsthilfe der Bürger gegen Schund. Ich möchte Alexander Mitscherlich, der nicht mehr lebt, nichts unterstellen, aber ich vermute, er würde zu den Menschen gehören, die heute die Hände über dem Kopf zusammenschlagen über die Entwicklung der letzten 13 Jahre, die die Liberalisierung des Porno-Paragraphen nicht verursacht, aber möglich gemacht hat.

Über diese Entwicklung ist hier sehr viel berichtet worden, zuletzt von den Pornographen, den Verursachern selbst, die hier zu Worte gekommen sind. Denn die Liberalisierung hat es möglich gemacht, daß das, was vorher unter dem Ladentisch gehandelt werden mußte, in der Illegalität, in der Heimlichkeit, also beschränkt war, legal vermarktet werden konnte. Das hatte z. B. die Konsequenz, daß ein Pornoproduzent wie Herr Moser von Foxy Lady im Jahr 1975, wie er selbst sehr offen erzählt, in die BRD zurückkommen konnte und nicht mehr vom Ausland her und in der Illegalität seine Pornogeschäfte betreiben mußte, sondern dieses in aller Öffentlichkeit in der Bundesrepublik tun konnte.

Seit 1975 rollt bei uns eine Pornowelle sondergleichen, verstärkt von den neuen Medien wie Video. Wir alle wissen, was da los ist. Wir alle wissen, wie gerade die Jugendlichen, die Allerjüngsten, sich das reinziehen, wie man so sagt. Und es erfolgte eine umfassende Pornographisierung von Medien und Kunst. Ich sage jetzt nicht, daß das vorher gar nicht der Fall war, aber es nahm bisher nicht gekannte Ausmaße an. Quantitativ wie qualitativ.

Wir können das an uns selbst feststellen, auch wir Feministinnen. Unser Blick hat sich desensibilisiert. Die traditionelle Sexpresse wie z. B. »Playboy«, die gucke ich mir heute fast mit müdem Lächeln an, das scheint mir wirklich Opas Sex neben den Folterungs- und Fesselungsdarstellungen der Zeitgeistblätter. Und uns allen fällt auch nicht mehr auf, wenn in einer Jugendzeitschrift wie »Bravo«, die in meiner Jugend auf dem ausklappbaren Poster ein Pferd abgebildet hatte oder James Dean im Regenmantel, heute 12- oder 13jährige – ausgestattet wie für die Herbertstraße, in rotschwarzen Dessous, Pumps, mit dem dazugehörenden dümmlichen Gesichtsausdruck – zu sehen sind, umringt von ganz easy Jungs auf Rollschuhen. Das ist das neue Bild: die vernuttete Frau.

Pornographie ist, wenn die Erniedrigung der Frau – das ist das Entscheidende! – sexualisiert dargestellt und propagiert wird. Egal ob das die sogenannte Weich- oder Hartpornographie ist. (Wir haben ja zur Zeit eine Bedrängung der weichen Pornographie durch Hartpornographie. Die Produzenten der weichen Pornographie sind bedroht oder aber stellen sich – wie das Haus Uhse – verstärkt um auf Hartpornographie.)

Pornographie propagiert ein Bild von Frauen als Objekte, die man benutzen kann, erniedrigen, foltern, töten kann, ja muß, weil das lustbringend ist. Selbstverständlich formt sie die Phantasie, die Bedürfnisse und den Blick, vor allem von den besonders formbaren jungen Leuten. Pornographie ist eine Propagierung der Frauenverachtung, der Menschenverachtung. Gerade wir Deutschen wissen, was das heißen kann, wenn man ungestraft und unwidersprochen die Verachtung und Erniedrigung von Menschen propagieren kann – und bis wohin das führen kann...

Die allgegenwärtige Pornographie – die nichts mit Erotik zu tun hat, ganz im Gegenteil – hat die Erotik kaputtgemacht. Denn sie propagiert etwas ganz Unerotisches: mechanisch rein-raus, oben-unten. Die Pornographie hat auch den Blick der Frauen geprägt. Das wurde von Eberhard Schorsch zu Recht angesprochen. Welche Schlüsse daraus zu ziehen sind, steht noch mal auf einem ganz anderen Blatt. Und es steht auch auf einem anderen Blatt, daß die Sexualwissenschaftler bei Messungen z. B. den schnellergehenden Puls bei der Vorführung von Vergewaltigungsszenen und Schweißausbrüche für Anzeichen von Lust halten. Als Frau weiß ich natürlich, daß das auch sehr gut Angst sein kann. Es ist eben so was mit der Männerwissenschaft...

Mit diesem pornographisierten Blick sehen heute die Jugendlichen, die Männer ihre Nachbarin an, ihre Mutter, ihre Freundin und Frau oder auch die Bundestagsabgeordnete auf der Nebenbank. Das Schlimme an der Pornographie ist, daß sie die Beziehung zwischen den Geschlechtern entmenschlicht und ein Bild von der Frau als Untermensch propagiert. Und sie tötet die Erotik. Pornographie verknüpft unlösbar Sexualität und Gewalt, brutalisiert die Sexualität – und zwar für Männer wie für Frauen, nur daß die Frauen dabei die Opfer sind und die Männer die Täter.

Sexualität ist nach der Auffassung aufgeklärter, fortschritt-lich denkender Menschen nicht Natur, sondern Kultur. Dies ist auch die Grundauffassung eines radikalen Feminismus, und dies ist die Grundauffassung dieser Kampagne. Das heißt, ge-rade wir, die wir gegen Pornographie kämpfen, glauben eben nicht an den geborenen Triebtäter, glauben eben nicht an das geborene Opfer. Sondern wir halten diese Art von Sexualität für eine Frage der Machtverhältnisse und nicht für eine Frage der Geschlechter. Der Vorwurf des Biologismus ist also in die-sem Zusammenhang nicht nur ganz und gar gegenstandslos, sondern die Umdrehung feministischer Werte. Ich denke, daß wir Feministinnen im Gegenteil dazu beitragen, klarzuma-chen, daß Männer nicht böse sind von Geburt an und Frauen nicht gut von Geburt an. Ich gehöre zu den Feministinnen, die noch nie eine Mystifizierung der Frau befürwortet haben, es gibt schließlich auch, wenn die Machtverhältnisse danach sind, den weiblichen KZ-Wärter. Und wir wissen auch, daß es in der Pornographie den zum Weib degradierten Mann gibt, in der Homosexuellen-Pornographie. Wir sehen daran: Man muß nicht die primären weiblichen Geschlechtsmerkmale haben, um in den Augen der Männergesellschaft nur eine Frau zu sein.

Ich komme damit zu der Frage: Warum fordern wir den zivil-rechtlichen Schutz gegen Gewaltpornographie nur für Frauen? Ganz einfach, weil Pornographie ein Frauenproblem ist und kein Männerproblem. Die Forderung nach einem Antiporno-graphiegesetz, das Pornographie als Frauenfeindlichkeit defi-niert – und nicht als Verstoß gegen irgendeinen »öffentlichen Anstand«, der uns nicht interessiert –, diese Forderung ist ein elementarer Teil der Forderung nach Antidiskriminierungsge-setzen zum Schutz von Frauen. Wir leben nun einmal in einer Gesellschaft, in der die Männer die Macht haben. Ich als Frau verstehe zwar die männlichen Widersprüche, das männliche Zögern bei der Aufgabe von Privilegien sehr gut. Von einem Mann, der von sich behauptet, er wolle Frauen nicht diskrimi-nieren, demütigen und mißbrauchen, erwarte ich, daß er auf unserer Seite und gegen Pornographie ist.

Es gibt ja auch durchaus Vergewaltigung von Männern. Wo gibt es die? Nicht etwa im trauten Heim in der Vorstadt, auch nicht in der lockeren WG. Die gibt es im Gefängnis und in den Kasernen. Da, wo Hierarchie und Gewalt unter Männern ist. Und wo die Männer keine Frau zur Verfügung haben. Also machen die Kerle unter den Männern einen Mann zur Frau. Hauptsache Erniedrigung, Hauptsache Loch. Es ist übrigens bezeichnend, daß diese sehr weit verbreiteten Gewalt- und Vergewaltigungsverhältnisse in den Männergefängnissen so tabuisiert sind. Wir alle reden selbstverständlich nur von Vergewaltigungsgesetzen zum Schutz für Frauen. Warum tun wir das? Weil die reale Vergewaltigung zu 99 % ein Geschlechterproblem ist. Und die Vergewaltigungsideologie ausschließlich Frauen meint. So ist es auch mit der Pornographie. In der Homosexuellen-Pornographie nun wird ein Teil Männer sozusagen zu Frauen degradiert. Es gibt aber dennoch, so traurig dieser Vorgang ist, einen kleinen, sehr wichtigen Unterschied: Der betrachtende Mann dieser homosexuellen Pornographie hat die Freiheit, sich mit dem Opfer oder dem Täter zu identifizieren. Er ist Täter und Opfer zugleich. Er ist nicht in der Situation der Frau, der nur die Identifikation mit dem Opfer oder – bestenfalls – mit der Verkörperung der Männerprojektionen geboten wird.

Pornographie propagiert ein Bild von der Frau als Opfer und propagiert damit gleichzeitig das Bild vom Mann als Täter. Bitteschön, der Täter braucht einfach nur aufzuhören, Täter zu sein, er braucht dazu nicht den Schutz eines Zivilgesetzes. Wir Frauen aber möchten nicht länger als Opfer stigmatisiert werden.

Ich möchte hier einen Mann zitieren, der schon in den 50er Jahren den Vergleich gezogen hat zwischen der üblichen Folter und der Sexualfolter: Folter »ist wie eine Vergewaltigung, ein Sexualakt ohne das Einverständnis des einen der beiden Partner«. Das schrieb Jean Améry, der übrigens letztendlich nicht hat damit weiterleben können, von den Nazis gefoltert worden zu sein. Er sagte, er sei gar nicht so schlimm gefoltert worden, was immer das heißen mag. Er schrieb im Rückblick, die Folter habe ihm das »Weltvertrauen« zerstört.

Améry: »Wer der Folter erlag, kann nicht mehr heimisch werden in der Welt (...), ist waffenlos der Angst ausgeliefert. Sie ist es, die fürderhin das Szepter über ihnen schwingt.«

Pornographie propagiert Sexualgewalt und Sexualfolter. Es scheint, als sei heute jede zweite bis dritte Frau Vergewaltigungsopfer und jedes dritte Mädchen Inzestopfer. Wir müssen uns heute fragen, ob diese Zerstörung des Weltvertrauens nicht ein Problem des gesamten weiblichen Geschlechtes ist, das permanent der Gewalt oder der Drohung von Gewalt ausgeliefert ist. Ob die Zerstörung unseres »Weltvertrauens« nicht einer der zentralen Gründe ist für weibliche Fremdheit in dieser Welt, für Zögerlichkeit, Verletzlichkeit, Angst, für unsere Kampfunfähigkeit.

Es gibt Frauen – darauf wird immer wieder sehr gerne hingewiesen in dieser Debatte –, die für Pornographie sind. Und die obszönerweise von einer »alternativen Pornographie« sprechen. Gibt es für die auch die »alternative Vergewaltigung«? Entweder handelt es sich um Pornographie – ist also erniedrigend für Frauen –, oder es handelt sich um Erotik, was bitteschön etwas anderes ist – auch wenn unsere Erotik insgesamt von der Pornographie angefaßt, die Trennung also gar nicht leicht ist, das gebe ich zu. Aber genau dafür müssen wir sensibel werden! Genau darüber müssen wir nachdenken!

Ich denke, das Problem dieser Minderheit von Frauen, die für Pornographie plädiert, ist, daß es – lassen Sie mich das mal ganz ehrlich sagen – etwas sehr Erniedrigendes für eine Frau ist, auch für mich, öffentlich sich und anderen zuzugeben: Auch ich gehöre zu der Sorte Mensch, die mit Pornographie gemeint ist. Ich bin zwar Journalistin oder Bundestagsabgeordnete oder Quotenfrau –, und ich bin stolz darauf. Aber im Dunkeln, in dieser Unterwelt der Pornographie, wo die Munition immer schärfer wird, da bin ich ein Stück Fleisch, eine winselnde Hündin, bin ich kein Mensch, sondern nur ein Loch. Es gehört Kraft dazu, sich das zuzugeben und nicht wie das Kind im Wald die Augen zuzumachen und zu sagen: Ich bin gar nicht gemeint, und außerdem finde ich Pornographie unheimlich geil.

Es ist dank der uns Feministinnen sehr vertrauten Spaltungsmanöver der Männergesellschaft inzwischen hinlänglich bekannt, daß kein denkender Mann sich heute noch die Finger dreckig macht in dieser Kampagne und daß Frauen gegen Frauen vorgeschickt werden. Es hat uns gefreut, bei der Umfrage, die wir von Sample haben machen lassen, zu sehen, daß die Meinungen gar nicht so sind, wie die Männermedien gern behaupten. Die Sample-Umfrage hat gezeigt, daß 56 % aller befragten Männer und Frauen Pornographie als frauenfeindlich empfinden: darunter 68 % aller Frauen und immerhin 41 % der Männer. Mehr noch: 85 % aller Befragten sind für ein Antipornogesetz in unserem Sinne, darunter 88 % der Frauen und immerhin 80 % Männer! Die Hälfte dieser 85 % ist für ein Antipornogesetz speziell gegen Gewaltpornographie, so wie »EMMA« es vorschlägt. Die andere Hälfte geht sogar noch viel weiter und fordert ein Gesetz gegen Pornographie überhaupt.

Beim Kampf gegen Pornographie geht es um Menschenwürde. Und das geht auch die Parteien an, geht auch den Gesetzgeber an. Dafür kämpfe ich.

Arndt Teichmann

Stellungnahme aus zivilrechtlicher Sicht zum Gesetzentwurf von »EMMA«*

I. Zusammenfassende These

Die im Gesetzesvorschlag vorgesehenen zivilrechtlichen Unterlassungs- und Beseitigungsansprüche gegen Hersteller und Vertreiber von Pornographie sind im Ausgangspunkt und auch im Ergebnis als Ergänzung des bisherigen strafrechtlichen und öffentlich-rechtlichen Sanktionensystems zu begrüßen. Die Nachteile müssen deutlich gesehen, sie können aber in Kauf genommen werden.

Die im Entwurf vorgeschlagene Regelung läßt sich jedoch nur teilweise und in modifizierter Form in das gegenwärtige Rechtssystem einordnen.

II. Zivilrechtliche Ansprüche

1. Wo liegen nun die *Vorteile* dieses zivilrechtlichen Ansatzpunktes? Sie liegen darin, daß Privatpersonen die Initiative ergreifen können und man nicht auf die staatlichen Träger angewiesen ist. Ich meine dies nicht im Sinn einer Staatsfeindlichkeit, die mir wirklich nicht naheliegt, sondern im Sinn einer Entlastung staatlicher Tätigkeit und auch im Sinn einer größeren inhaltlichen wie tatsächlichen Effektivität.

Die bisherigen Möglichkeiten der Strafverfolgung und öffentlich-rechtlichen Sanktionen – wie beispielsweise das Untersagen von Veranstaltungen oder der Entzug einer Konzession – haben ihre sinnvolle Funktion und sollten beibehalten werden. Das ganze Spektrum läßt sich freilich damit nicht abdecken. Auch stellt sich für das Strafrecht – ich stimme da mit Hans-Joachim Rudolphi ganz überein – die Frage nach der Sozial-

---

* Zusammenfassung des schriftlichen Referats und der mündlichen Stellungnahme bei der Anhörung »Pornographie – hinsehen oder wegsehen«.

schädlichkeit in viel stärkerer Weise als für das Zivilrecht. Rechtliche Normen, Verbotsnormen, bedürfen dort einer besonderen Legitimation. Weiter sind Strafverfolgungsbehörden – also Polizei und Staatsanwaltschaft – überlastet, sie haben wohl auch »Wesentlicheres« zu tun, als irgendwelche Hefte oder Filme zu beschlagnahmen. Sie sind schließlich an den Gleichbehandlungsgrundsatz gebunden: Wenn sie gegen A vorgehen, müssen sie auch gegen B vorgehen oder umgekehrt: Reicht die Kapazität nicht, um alle etwa gleich Handelnden zu erfassen, so wird das Vorgehen gegen einen einzelnen problematisch. Dies gilt im Prinzip auch für das öffentliche Recht.

Für das Zivilrecht und damit für das Vorgehen einer Privatperson stellen sich die Dinge anders. Bei dem einzelnen liegt die Initiative und die freie Entscheidung, ob gegen eine bestimmte pornographische Erscheinung etwas unternommen werden soll. Eine Bindung an einen Gleichbehandlungsgrundsatz besteht nicht. Ich kann mir vorstellen – hier bewege ich mich allerdings auf grundsätzlichem wie auch auf ungesichertem Boden –, daß zivilrechtliche Untersagungsansprüche einfacher gesetzlich festgelegt werden können als im Strafrecht oder im öffentlichen Recht. Es geht hier nicht um eine Sozialschädlichkeit, sondern (»nur«) um ein Abwägen der Interessen zwischen den Gewerbetreibenden und denen, die unter Pornographie leiden. Ich denke mir also, daß die ganze Diskussion um die negativen Auswirkungen der Pornographie nicht so intensiv geführt werden muß wie im Strafrecht und daß damit rechtliche Regelungen darüber, was zulässig ist und was nicht, leichter gefunden werden können.

Den Hauptvorteil eines zivilrechtlichen Verfahrens sehe ich schließlich darin, daß Emotionen eine weit geringere Rolle spielen. Geht es für die Produzenten nicht mehr um die Strafbarkeit und damit auch nicht um ein persönlich vorwerfbares Verhalten, um individuelle Schuld, sondern schlicht um Unterlassung, so läßt sich wohl manches im vorprozessualen Abmahnverfahren erledigen. Wir haben hier eine Parallele im Kartellbußverfahren. Seitdem – dort verwaltungsrechtlich – die Kartellbehörde die Unterlassung eines bestimmten Verhaltens anordnen kann und nicht mehr nur den Bußgeldbescheid als Instrument hat, ist manches einfacher geworden. Und das muß man wohl auch sagen: Richter sind, glaube ich, ebenfalls entlastet, wenn sie nicht zur Strafe, sondern – ich komme noch später darauf – nur zur Unterlassung verurteilen müssen.

Schließlich ist mit dem einstweiligen Verfügungsverfahren ein besonders rasches und wirksames (wenn auch für beide Parteien risikoreiches) prozessuales Instrument vorhanden, das einem Strafverfahren in seiner Effektivität weit überlegen ist.

Dies sind wohl ganz erhebliche Vorteile des Zivilverfahrens. Auf die Nachteile komme ich noch später.

2. Gegen die *Klagebefugnis von Einzelpersonen*, wie sie im Entwurf steht, habe ich jedoch Bedenken. Sie ist zwar im Prinzip möglich, ich halte sie aber nicht für praktikabel. Klagen kann, wer betroffen ist. Individuell betroffen im Sinn unserer Rechtsordnung ist aber nicht jemand, der von der Existenz der Pornographie weiß oder der von den allgemeinen soziologischen Auswirkungen, auf die die Verfasserinnen des Entwurfs abstellen, berührt wird. »Betroffen« von Pornographie ist nach rechtlichem Verständnis nur jemand, der ihr unmittelbar begegnet. Zutreffend stellt der Entwurf deshalb darauf ab, daß eine Frau oder ein Mädchen mit einer pornographischen Darstellung »konfrontiert« wird (§ 3). »Konfrontiert« wird aber mit Sicherheit von der Rechtsprechung als »unfreiwillig konfrontiert« verstanden werden. Dies gebietet schon der allgemeine Rechtsgrundsatz, daß demjenigen kein Unrecht geschieht, der in eine Beeinträchtigung einwilligt. Ein Großteil pornographischer Darstellungen, etwa Vorführungen in einschlägigen Kinos, in Bars oder auch der Verkauf unter dem Ladentisch, könnte damit nicht erfaßt werden. »Betroffen« würde man nur von derjenigen Pornographie, die sich unmittelbar an die Öffentlichkeit wendet – wobei wohl schon wieder die dezenten Streifen über der Abbildung die Sache unangreifbar machen.

3. Ich neige deshalb sehr dazu und sehe als einzige Möglichkeit, die sogenannte *Verbandsklage* zuzulassen, wie wir sie aus dem Wettbewerbsrecht und dem Verbraucherschutz kennen. Möglicherweise ist dies auch die eigentliche Zielrichtung des Entwurfs. Nur müßte sie dort anders formuliert werden. Die Verbandsklage müßte ein eigenes Recht der Vereinigung beschreiben, bestimmte Interessen wahrzunehmen, eben die Interessen zum Schutz vor Erniedrigung. Dieses eigenständige Recht des Verbandes kann im Anschluß an § 13 II Nr. 3 UWG bzw. § 13 II 1 AGBG formuliert werden. Es kommt dann nicht mehr darauf an, daß jemand mit der Sache unfreiwillig konfrontiert wird, sondern entscheidend ist, daß (unzulässige) Pornographie existiert. Wird als klagebefugt eine rechtsfähige

Vereinigung angesehen, zu deren satzungsmäßigen Aufgaben es gehört, den Schutz der Bevölkerung vor unzulässiger Pornographie wahrzunehmen, dann setzt man sich als Gesetzgeber auch nicht dem Einwand aus, man habe in Wahrheit eine bisher im deutschen Recht nicht bekannte Popularklage geschaffen.

4. Worauf sollte nun geklagt werden können? Im Entwurf spielen zwei Dinge eine Rolle, nämlich ein Anspruch auf Schadensersatz und auf Unterlassung.

Der *Schadensersatzanspruch* ist sehr problematisch.

a) Klagt eine *Einzelperson* – ich spreche hier nicht von den Darstellerinnen, sondern immer nur von denen, die von Pornographie betroffen sind –, so müssen wir sehen, daß sich nach unserer gegenwärtigen Dogmatik im Zweifel ein materieller Schaden nicht wird feststellen lassen. Denkbar ist deshalb nur ein Anspruch auf Schmerzensgeld (§ 847 BGB). Dieses Schmerzensgeld müßte sich nun in die Systematik der übrigen Schmerzensgelder, beispielsweise wegen einer Körperverletzung oder der Verletzung des Persönlichkeitsrechts, einfügen. Wir kennen diese Prozesse seit Jahrzehnten, etwa beim Eindringen in die Intimsphäre, beim Herausbringen irgendwelcher Dinge, die die Öffentlichkeit nicht interessieren sollten. Wenn man dann abwägt, was im Vergleich dazu etwa eine Betrachterin an einem Kiosk verlangen könnte, dann käme man wohl nur zu symbolischen Beträgen. Schadensersatz einschließlich Schmerzensgeld bringt also voraussichtlich für eine Einzelperson nichts. Die im Entwurf vorgesehene Abschöpfung des Gewinns läßt sich auf diesem Weg auf keinen Fall erreichen.

b) Im *Verbandsprozeß* ist die Frage, ob auch ein Schadensersatz geltend gemacht werden kann, im Rahmen des UWG intensiv diskutiert worden. Sie ist kontrovers diskutiert worden, auch noch bis in den Bundestag hinein. Die damalige Mehrheit der sozialliberalen Koalition hat sich dann – wenn ich es richtig in Erinnerung habe, auf Betreiben der FDP – gegen einen Schadensersatzanspruch von Verbänden ausgesprochen. Ich persönlich halte dies für richtig. Verbände können grundsätzlich nur Ansprüche ihrer Mitglieder wahrnehmen. Der hier ins Auge gefaßte Verband nimmt aber gar nicht die Interessen der Mitglieder wahr, sondern allgemein die der Betroffenen. Insofern treten materiell schon Schwierigkeiten auf. Der Anspruch auf Schmerzensgeld ist als solcher nicht abtretbar. Man würde also mit der Verbandsklage im Hinblick auf den Schadensersatz nicht durchkommen, wenn man nicht das Rechtssystem insgesamt kippen will; und es spricht eigentlich nicht viel dafür, dieses Rechtssystem kippen zu lassen.

5. Der *Anspruch auf Unterlassung oder Beseitigung* von Pornographie, geltend gemacht im Verbandsprozeß, scheint mir das wesentliche und auch geeignete Instrument zivilrechtlichen Schutzes zu sein. Insofern schließe ich mich dem Entwurf an. Freilich müssen auch Grenzen und Risiken gesehen werden.

a) Die *Schwierigkeiten* liegen zum einen darin, daß man in einem bestimmten Verfahren hinsichtlich eines Bildes oder einer Vorführung sicher auf Beseitigung oder Unterlassung klagen kann. Damit ist aber nichts über andere, ähnliche Fälle gesagt. Aus einem Unterlassungsurteil, verbunden mit der Androhung einer Vertragsstrafe für den Fall der Wiederholung, kann beispielsweise nur dann vollstreckt werden, wenn die Verletzungshandlung genau und eindeutig gekennzeichnet ist und sich diese Handlung wiederholt. Wird nun eine ähnliche, aber eben nicht dieselbe Handlung vorgenommen, etwa eine andere Version mit denselben Darstellern, dann ist unter Umständen ein neuer Prozeß notwendig. Dies ist eine Schwierigkeit, die man ganz klar sehen muß. Vielleicht hat aber auch die Furcht des Produzenten vor einem neuen verlorenen Prozeß generalpräventive Wirkung.

Schwierigkeiten liegen weiter und insbesondere in den Kosten. Das Kostenrisiko kann dem Verband nicht genommen werden, man könnte allerdings wie im UWG vorsehen, daß die Kosten herabgesetzt werden. Aber daß ein erhebliches Kostenrisiko bei einstweiligen Verfügungsverfahren und sich anschließenden Hauptverfahren über mehrere Instanzen bleibt, hat sich im Wettbewerbsrecht gezeigt. Das gilt für beide Seiten, damit aber auch für die Verbände. Möglicherweise führt dies dazu, daß nur eindeutige Prozesse angestrengt werden, aber auch dies wäre ja schon ein Vorteil. Ob man dann wie im Verbraucherrecht einzelne Verbände öffentlich subventioniert, ist eine Frage, die man später noch diskutieren müßte.

Das Kostenrisiko hat noch eine weitere Seite: Werden in einem Prozeß, etwa durch einstweilige Verfügung, bestimmte Publikationen untersagt, wird aber am Ende des Hauptverfahrens die Publikation doch als zulässig angesehen, so hat der beklagte Produzent seinerseits Schadensersatzansprüche. Und dies mag dann auch erheblich ins Geld gehen.

Diese Risiken müssen gesehen werden, sie sprechen noch zusätzlich gegen die Zweckmäßigkeit einer Individualklage.

b) Politisch muß man sehen, daß die Verbandsklage eine *praktisch allen offenstehende Möglichkeit*, ein »Zauberlehrling« ist: Niemand hat dann mehr in der Hand, was damit geschieht. Es besteht überhaupt keine Garantie, welche Verbände sich konstituieren. Ich halte es für eine schlichte Illusion, wenn man hierfür nur reine Frauenverbände zulassen wollte. Dies verstieße gegen das Grundrecht der Vereinsfreiheit; kein Mann könnte wohl gehindert werden, sich in einer solchen Vereinigung auch für die Rechte von Frauen einzusetzen. Aber selbst wenn man so etwas festschreiben könnte, kann niemand verhindern, daß sich Tugendwächter zusammenschließen und nun entgegen den Zielvorstellungen der Initiatorinnen versuchen, die saubere Leinwand der 50er Jahre wieder herbeizubringen. Für noch schlimmer halte ich – wir kennen das aus dem Wettbewerbsrecht –, daß sich möglicherweise kommerzielle Verbände bilden, in denen durch die Abmahnverfahren nur schlicht verdient werden soll und für die die Zielvorstellungen des Gesetzes uninteressant oder nur ein Vorwand sind.

Deshalb wird alles daran liegen, daß Richterinnen und Richter das nötige Instrument in die Hand bekommen, zulässige von unzulässigen Verfahren zu scheiden. Somit hängt alles ab von der Definition der Pornographie.

6. Als *geschütztes Rechtsgut* nennt der Entwurf das Recht auf Würde und Freiheit, die körperliche Unversehrtheit und das Leben von Frauen und Mädchen (§ 1). Dies ist in der Sache wohl eine zu weite Umschreibung. Dieser Zielsetzung entsprechend gibt es auch nur einen Anspruch von Verbänden, die – unabhängig von der Art ihrer Zusammensetzung – die Gleichberechtigung von *Frauen und Mädchen* zum satzungsgemäßen Ziel erklärt haben. Ich verstehe, daß hier ein feministischer Ansatzpunkt gewählt worden ist, das kann ich angesichts dessen, was an Pornographie auf dem Markt ist, nachvollziehen. Für einen Gesetzgeber gilt es aber zu bedenken, ob man wirklich den Schutz von Frauen und Mädchen allein durchhalten kann, ob man nicht entgegen der Absicht der Initiatorinnen auf den Schutz von Menschen abstellen muß. Wir haben hier keine unmittelbaren Vorbilder in der Rechtsprechung des Bundesverfassungsgerichts, sondern nur das eine Urteil zur Homosexualität. Es soll als heute im Tatsächlichen wohl überholte, im Rechtlichen aber ein Indiz gebende Entscheidung zitiert werden. Das Bundesverfassungsgericht hat damals die Strafbarkeit nur der männlichen Homosexualität aufgrund sexualwissen-

schaftlicher, sehr ausführlich zitierter Gutachten damit begründet, daß hier eine täterspezifische Gefährlichkeit vorhanden sei, die man bei der weiblichen Homosexualität nicht feststellen könne. Dies mag heute als medizinische Aussage nicht mehr zutreffen. Das interessiert in diesem Zusammenhang aber auch nicht, sondern es geht um die zu übertragende rechtliche Wertung. Das Bundesverfassungsgericht sagt damit, ein täterspezifisches Recht sei nur möglich, wenn man täterspezifische Eigenschaften, Gefährlichkeiten feststellen kann. In unserem Fall wäre ein opferspezifisches Recht zu konstruieren, und ich weiß trotz allem, was hier gesagt worden ist, wirklich nicht, ob tatsächlich nur Frauen und Mädchen als Opfer in Frage kommen. Pornographie, soweit sie sich auf Macht und Abhängigkeit bezieht, Sodomie, Pornographie im Zusammenhang mit homosexuellen Darstellungen können zumindest auch Männer als Opfer nehmen. Dies könnte ein erheblicher Einwand gegen die Verfassungsmäßigkeit eines Gesetzes sein, das nur Frauen und Mädchen schützen soll. Der Entwurf argumentiert in seiner Begründung, Männer seien durch die Strafrechtsnormen hinreichend geschützt. Das überzeugt nicht, weil ja gerade für Frauen und Mädchen der strafrechtliche Schutz auch bei der sogenannten harten Pornographie als nicht ausreichend angesehen wird.

Die Verfassungsfrage möchte ich als Zivilrechtler nur andeuten, nicht vertiefen. Auf das Risiko sollte aber dennoch hingewiesen werden. Politisch wäre zu fragen, ob ein Gesetz zum Schutz einer bestimmten Gruppe nicht auch die Wirkung haben kann, diese Gruppe zu stigmatisieren; aber mit dieser Bemerkung bewege ich mich auf einem Gebiet, auf dem ich keine Fachkompetenz habe.

7. Die *Definition der Pornographie* erscheint mir für den privatrechtlichen Unterlassungs- und Beseitigungsanspruch, um den es hier geht, im Ansatz brauchbar. Insbesondere gibt die »erniedrigende sexuelle Darstellung« einen zutreffenden Hinweis auf die Ziele, die der Entwurf verfolgt. Das Hinzufügen des Wortes »deutlich« ist eine notwendige Konzession an die Rechtssicherheit. Vermutlich würde auch die Rechtsprechung von sich aus unter dem Blickwinkel der Interessenabwägung zwischen Produzent und Betroffenem zu ähnlichen Merkmalen gelangen. Eine Interessenabwägung ist notwendig, weil auch Produzenten und Vertreiber grundrechtlichen Schutz genießen, nämlich den Schutz der Meinungsfreiheit (Art. 5 GG) und der Berufsfreiheit

(Art. 12) bzw. des Eigentums (Art. 14). Dann wird es notwendig sein, in den Begriff der Pornographie qualifizierende Elemente mit hineinzunehmen, was im Entwurf ja auch geschieht. Allerdings relativiert sich dann auch der Schutz; ich habe Zweifel, ob der damalige Prozeß gegen den »stern« unter einem neuen Gesetz anders zu entscheiden wäre. Man wird vermutlich auch zivilrechtlich in der Sache nicht sehr viel weiter kommen als zu dem, was durch § 184 StGB erfaßt wird. Der Vorteil liegt, wie anfänglich geschildert, in der erheblich stärkeren praktischen Durchsetzbarkeit.

Im einzelnen ist zu den Formulierungen des Entwurfs festzuhalten, daß die dort erwähnten Beispielsfälle wohl das Ziel haben, nur die schwereren Formen der Pornographie zu erfassen. Rechtstechnisch ist das abschließende Aufzählen von Beispielsfällen nicht zu empfehlen; es fordert zu Umgehungen heraus. Günstiger erscheint deshalb eine qualifizierende allgemeine Definition (»erheblich«, »unter Anwendung von Gewalt«) und das Anführen von erläuternden Beispielen (»Pornographie ist insbesondere...«).

An einer Stelle spricht der Entwurf den Konflikt mit anderen Grundrechten an, nämlich mit dem Recht der sogenannten Wirtschaftsfreiheit und auch der Meinungsfreiheit unter dem speziellen Blickwinkel der Gesellschaftskritik. Er behandelt nicht den bekannten Konflikt mit der Kunstfreiheit, der durch die verwendete Definition der Pornographie nicht ausgeschlossen ist; denn auch deutlich erniedrigende sexuelle Darstellungen können Kunst sein. Gesetzlich läßt sich dieser Konflikt auch nicht lösen. Er wird – mit den erwähnten Kostenrisiken für die am konkreten Verfahren Beteiligten – nur im Einzelfall vom Gericht zu entscheiden sein.

III. Der Schutz der Darstellerin/des Darstellers

1. In verschiedenen Bestimmungen nimmt sich der Entwurf des Schutzes der Darstellerin an. Zur Prüfung, ob dies zweckmäßig ist, bedarf es eines kurzen Eingehens auf die gegenwärtige Rechtslage.
a) Die Verwertung erotischer Darstellungen, die im rechtlich zulässigen Rahmen liegen, ist entsprechend allgemeinen Grundsätzen davon abhängig, daß der Betroffene damit einverstanden ist. Das Einverständnis muß sich auf das Ob und auch

das Wie der Nutzung beziehen. So deckt nach der Rechtsprechung etwa das Einverständnis mit einer Veröffentlichung in einem Boulevardblatt nicht die Verwendung in einem Sexmagazin.

Was eine »Einwilligung« ist, kann im Zivilrecht nur nach recht grobem Raster und dann auch allein unter Berücksichtigung individueller Gesichtspunkte ermittelt werden. Allgemeine Elemente wie etwa das Fehlen anderer Arbeitsmöglichkeiten lassen sich nicht erfassen, wohl aber die persönliche Abhängigkeit etwa von einem Zuhälter oder auch die konkrete Täuschung oder Drohung (Minderjährige unterliegen einem besonderen Schutz).

Als Rechtsfolge für inhaltlich zulässige Darstellungen ergibt sich:

– Liegt eine wirksame Einwilligung vor, so hat die Darstellerin bzw. der Darsteller einen einklagbaren Anspruch auf die vereinbarte Vergütung.

– Liegt eine wirksame Einwilligung nicht vor, so entsteht ein Anspruch auf Schadensersatz, der je nach den Umständen (allgemeine Bereitschaft zu derartigen Darstellungen) der üblichen Vergütung entsprechen oder auch in einem Schmerzensgeld bestehen kann.

Der Entwurf befaßt sich nicht mit der einverständlichen Mitwirkung an zulässigen erotischen Darstellungen. Hier besteht auch kein Bedarf.

2. Probleme treten auf bei der einverständlichen Mitwirkung im Rahmen gesetzlich verbotener oder sittenwidriger Pornographie. In der Praxis finden sich dafür unterschiedliche Lösungen.

a) Im Ausgangspunkt ist der Vertrag über die Mitwirkung nach § 134 oder nach § 138 BGB nichtig. Der vertraglich vereinbarte Vergütungsanspruch besteht damit nicht. Darauf haben sich verschiedentlich gerade diejenigen gestützt, die die Dienste in Anspruch genommen haben und nun das Entgelt nicht zahlen wollten. Um dieses mißliche Ergebnis zu vermeiden, hat teilweise die Rechtsprechung mit fragwürdiger Begründung den konkreten Vertrag im Widerspruch zu den generellen Maßstäben dennoch für nicht sittenwidrig und damit wirksam gehalten; teilweise ist dem Veranstalter nach Treu und Glauben verwehrt worden, sich auf die Nichtigkeit des Vertrages zu berufen. Es ist aber auch an der Unwirksamkeit des Vertrages festgehalten und die Klage des Darstellers abgelehnt worden, so daß die Vorteile einseitig bei dem Veranstalter blieben.

b) Für Schadensersatzansprüche stellt sich die Situation etwas anders dar. Ein solcher Anspruch, etwa wegen der Verletzung des Persönlichkeitsrechts, setzt einen rechtswidrigen Eingriff voraus. Daran könnte es fehlen, wenn die Darstellerin oder der Darsteller (ohne Täuschung und ohne konkrete Drohung) eingewilligt haben. Allerdings kann eine Einwilligung in ein sittenwidriges – nicht unbedingt in ein verbotenes – Rechtsgeschäft ihrerseits sittenwidrig und damit unwirksam sein; der Schadensersatzanspruch bleibt also trotz des geäußerten Einverständnisses bestehen. Allerdings kann im Rahmen des § 254 die tatsächlich gegebene Freiwilligkeit bei der Höhe des Ersatzanspruches berücksichtigt werden.

Angesichts der unterschiedlichen Ergebnisse in der Rechtsprechung könnte eine gesetzliche Regelung hilfreich sein. Dabei müßte wohl in Übereinstimmung mit der allgemeinen Dogmatik davon ausgegangen werden, daß wegen der Nichtigkeit des Vertrages über unzulässige Pornographie Vergütungsansprüche nicht bestehen. Festgelegt werden könnte jedoch ein Anspruch auf Schadensersatz mindestens in Höhe der vereinbarten oder üblichen Vergütung und auf Schmerzensgeld, und zwar – um es zu wiederholen – auch für den Fall, daß die Darstellerin bzw. der Darsteller ohne Zwang oder Drohung mitgewirkt hat. Es gibt zumindest in der Literatur diskutierte Parallelen, in denen Schadensersatzansprüche schutzwürdiger Parteien auch für den Fall bejaht wurden, daß diese Partei einverständlich an dem Abschluß eines gesetzlich verbotenen Vertrages mitgewirkt hat (s. § 15 GWB).

IV. Zusammenfassender Vorschlag

Ein Gesetz gegen die Pornographie könnte folgenden Inhalt haben:

1. Zweckmäßig ist eine Definition der Pornographie als erheblich erniedrigende sexuelle Darstellung von Menschen und das Erwähnen einiger beispielhafter Ausdrucksformen.

2. Die Herstellung wie die Verbreitung von Pornographie i. S. des Gesetzes sollten für unzulässig erklärt werden.

3. Bestimmte Verbände sollten das Recht erhalten, Ansprüche auf Beseitigung und Unterlassung der Herstellung und der Ver-

breitung geltend zu machen. Das Einräumen eines individuellen Beseitigungs- und Unterlassungsanspruchs ist rechtlich möglich, aber nicht zweckmäßig.

4. Mitwirkenden Darstellern sollte ein Anspruch auf Schadensersatz auch bei faktischer Einwilligung zugebilligt werden.

Lore Maria Peschel-Gutzeit

Stellungnahme einer Zivilrechtlerin zum Gesetzentwurf von »EMMA«

Auch ich stimme ein in den Chor der Befürworter eines Zivilgesetzes. Das kann nicht anders sein. Ich bin Zivilrichterin aus Überzeugung und halte sehr viel von zivilrechtlichem Schutz auf diesem Gebiet, aus manchen Gründen: einmal positiv, weil ich erfahren habe, daß sich zivilrechtlich sehr viel machen läßt, zum anderen negativ, weil wir alle erleben, daß der strafrechtliche Schutz mehr oder weniger leerläuft. Die Gründe können dahinstehen. Entscheidend ist das Ergebnis. Hiernach nützt es im Einzelfall nichts, daß gewisse Pornographiedarstellungen strafrechtlich verboten sind.

Unterschied zwischen Strafrecht und Zivilrecht

Mit der strafrechtlichen Normierung ist noch nichts darüber gesagt, was für den einzelnen gelten soll, der sich durch derartige Darstellungen verletzt fühlt. Den Transport der im Strafrecht zum Ausdruck kommenden allgemeinen sittlichen Normen auf den einzelnen Betroffenen leistet das Zivilrecht: Wer sich geschädigt fühlt und von dem Schädiger Schadensersatz oder, bei fortdauernden Ein- und Übergriffen, Unterlassung fordert, wer möchte, daß der Schädiger mit seinem Verhalten aufhört, der kann und muß den zivilrechtlichen Weg beschreiten. Er muß den Schädiger oder Störer auf Unterlassung verklagen, ein Instrument, das das Zivilrecht zur Verfügung stellt. So kann z. B. der Bestohlene von dem Dieb, der ihm sein Auto gestohlen hat, Schadensersatz verlangen. Und wenn der Dieb sagt: »Das werde ich immer wieder tun, Sie sollten sich kein neues Auto mehr kaufen«, so kann der Geschädigte u. U. auch auf Unterlassung klagen.

Damit ist die Frage gestellt nach der Notwendigkeit und der Nützlichkeit von zivilrechtlichen Ansprüchen, wenn es um die

Ehrverletzung und die Persönlichkeitsverletzung in der Gesellschaft geht.

Notwendigkeit und Nützlichkeit eines zivilrechtlichen Anti-Porno-Gesetzes

Auf dem Gebiet des Ehrenschutzes klaffen der strafrechtliche und der zivilrechtliche Schutz besonders deutlich auseinander. Theoretisch ist jeder Mensch gegen Ehrabschneidung durch die Vorschriften der §§ 185 f. StGB geschützt: Niemand darf den anderen beleidigen, ihn verleumden, ihm übel nachreden. In der Wirklichkeit erweist sich dieser strafrechtliche Schutz als unzureichend. Bekanntlich werden einfache Beleidigungen, Verleumdungen und üble Nachreden von den Strafverfolgungsbehörden, also den Staatsanwaltschaften, nicht verfolgt, sei es aus Gründen des fehlenden öffentlichen Interesses, sei es aus Gründen mangelnder Kapazität. Der in seiner Ehre Verletzte wird mithin im allgemeinen auf den sogenannten Privatklageweg verwiesen, eine öffentliche Strafverfolgung findet nicht statt.

Das Faktum, daß nach dem Strafgesetzbuch Ehrverletzungen zwar unter Strafe gestellt sind, sie aber praktisch nicht strafverfolgt werden, hat zu der allgemeinen Erkenntnis geführt, daß im deutschen Recht ein nur mangelhafter rechtlicher Ehrenschutz besteht. Verstärkt worden ist diese Überzeugung in Zeiten der Massenmedien, in denen eine veröffentlichte Ehrverletzung eine um ein Vielfaches stärkere Wirkung hat und daher auch einen immensen Schaden anrichten kann. Der fehlende Ehrenschutz, kombiniert und verstärkt durch die Gefahren, die durch Veröffentlichungen in Massenmedien entstehen, hat schließlich zu einem ausgeprägten zivilrechtlichen Schutz des Betroffenen geführt. Der in seiner Ehre Verletzte kann zivilrechtlich den Schädiger auf Unterlassung, auf Widerruf und auf Ersatz des materiellen Schadens in Anspruch nehmen. Darüber hinaus erkennt die Rechtsprechung seit nunmehr 30 Jahren bei entsprechend schwerwiegenden Ehrverletzungen auch einen Anspruch auf immateriellen Schadensersatz an. In seiner Entscheidung vom 14. Februar 1958, der sogenannten »Herrenreiter-Entscheidung«, hat der BGH einem Mann, dessen Bild ohne sein Wissen und Wollen in einer Reklame für ein Potenzmittel veröffentlicht worden war, wegen eines hierdurch hervorgerufenen, nicht vermögensrechtlichen Schadens eine Entschädigung in Geld in Höhe von 10000 DM zugesprochen (BGHZ 26, 349f.). Der BGH hat zur Begründung ausgeführt, der Geschädigte verlange nicht Ersatz eines gar nicht vorhandenen Vermögensschadens, sondern begehre eine fühlbare Genugtuung für einen widerrechtlichen Eingriff in seine durch das Grundgesetz, Artikel 1 und 2, geschützte Persönlichkeit. Er begehre Genugtuung dafür, daß ihn das weit verbreitete Plakat in eine weithin demütigende und lächerliche Lage gebracht habe. Die durch das Grundgesetz, Artikel 1 und 2, geschützte Unantastbarkeit der Menschenwürde und das Recht auf freie Entfaltung der Persönlichkeit sei auch als bürgerlich-rechtliches, von jedem im Privatrechtsverkehr zu achtendes Recht anzuerkennen. Da ein Schutz der inneren Freiheit ohne das Recht auf Ersatz auch immaterieller Schäden weitgehend unwirksam wäre, würde es eine nicht erträgliche Mißachtung dieses Rechts darstellen, wollte man demjenigen, der in der Freiheit der Selbstentschließung über seinen persönlichen Lebensbereich verletzt ist, einen Anspruch auf Ersatz des hierdurch hervorgerufenen immateriellen Schadens versagen.

Es ist sicher kein Zufall, daß die Erweiterung der Ansprüche auf Ersatz immateriellen Schadens bei Ehrverletzungen durch Richterrecht nunmehr vor 30 Jahren ihren Anfang genommen hat in einem Fall, in dem ein *Mann*, Mitglied der besseren Gesellschaft, ein bekannter Industrieller, in seiner Ehre dadurch verletzt worden war, daß seine Fotografie in Verbindung gebracht worden war mit einem sexuellen Stimulanz. Die Rechtsprechung hat es als unerträglich angesehen, daß ein Mann unberechtigterweise mit Potenzsteigerungsmitteln in Verbindung gebracht und damit die Assoziation geschaffen wurde, er habe derlei Dinge nötig, genüge also den sexuellen gesellschaftlichen Anforderungen nicht.

Das so geschaffene zivilrechtliche Instrumentarium zur Abwehr von Ehrverletzungen hat sich in den vergangenen 30 Jahren bestens bewährt: Insbesondere die Massenmedien, die sich häufig um den strafrechtlichen Ehrenschutz überhaupt nicht kümmerten und kümmern, reagierten und reagieren empfindlich, wenn es um zivilrechtliche Klagen auf Unterlassung, Widerruf oder gar Schmerzensgeld geht. So wurde z. B. eine Zeitung in den 70er Jahren verurteilt, an die Prinzessin Irene der Niederlande ein Schmerzensgeld von 25000 DM zu zahlen, weil über die Prinzessin zu Unrecht berichtet worden war, sie habe abgetrieben. Derartige Verfahren haben die Medien als außerordentlich schädlich empfunden, nicht nur, weil es für sie teuer wird, sondern vor allem deswegen, weil sie in ihren eigenen Blättern diese Darstellungen richtigstellen müssen.

Es läßt sich also zusammenfassen, daß auf dem Gebiet des Presserechts der zivilrechtliche Ehrenschutz sich als außerordentlich nützlich und richtig erwiesen hat. Schließlich haben alle, auch weniger seriöse Blätter, es gelernt, derartige Ehrabschneidungen entweder von vornherein zu unterlassen oder aber sie möglichst schnell und unauffällig zu widerrufen, auch Schmerzensgelder werden häufig bereits im Vereinbarungswege gezahlt.

Unter diesem Aspekt erscheint auch der zivilrechtliche Schutz vor gewaltpornographischen Veröffentlichungen notwendig und nützlich. Zwar denkt m. E. niemand an eine neue Zensur oder auch nur zensurähnliche Maßnahme. Sicherlich ist es wünschenswert, insgesamt eine gesellschaftliche Veränderung anzustreben, in der derart menschenverachtende pornographische Darstellungen keine Abnehmer mehr finden. Leider fährt jedoch der Zug zur Zeit in die entgegengesetzte Richtung; man kann ohne Übertreibung von einer »pornographischen Umweltverschmutzung« sprechen. Es muß deshalb eine Lösung gefunden werden, die die Zeit überbrückt, bis alle unsere Mitmenschen verantwortungsbewußt mit pornographischen Darstellungen umgehen können. Wie bei allen komplexen Sachverhalten gibt es auch hier kein einfaches Entweder – Oder. Einerseits hoffen alle auf gesellschaftliche Veränderungen, andererseits sind Sofortmaßnahmen nötig, um unerträgliche Auswüchse einzudämmen, weil die sexuelle Revolution aus den 70er Jahren möglicherweise eine Befreiung in eine Richtung war, die so nicht gewollt war.

Zur Nützlichkeit zivilistischer Regelung ist bereits das Nötige gesagt: Sie dürfte, wenn sie vernünftig gesetzlich begründet ist, sich in der Praxis bewähren.

Soweit gegen zivilrechtliche Regelungen auf dem Gebiet der Gewaltpornographiedarstellung eingewendet wird, letzten Endes laufe diese Regelung doch auf eine *Zensur* hinaus, werden m. E. unvergleichbare Dinge zusammengeworfen. Zwar trifft es zu, daß ein Pornoproduzent, der auf Unterlassung verklagt wird, also gehindert wird, dieses eine Objekt oder Produkt weiter zu veräußern, damit im Endeffekt auch eine gewisse konkrete Zensur erlebt. Hierbei handelt es sich jedoch um eine konkrete Zensur, die auch eine Zeitung erlebt, wenn ihr verboten wird, eine bestimmte Ausgabe auszuliefern. Dieser Effekt wird wegen des überragenden Ehrenschutzes hingenommen; unsere liberalisierte Gesellschaft erträgt ihn trotz der im übrigen geltenden Pressefreiheit. Eine seriöse Argumentation muß also eine Güterabwägung vornehmen zwischen dem Interesse der Allgemeinheit auf liberalen Umgang mit sexuellen Darstellungen einerseits und dem Interesse von Menschen, die sich durch besonders erniedrigende, mit Gewalt verbundene pornographische Darstellungen in ihrer Menschenwürde verletzt fühlen, andererseits. Derartige Abwägungen kann und muß ein Gesetzgeber leisten.

Konkreter Inhalt des geforderten Gesetzes

Mit der hier geforderten Schaffung zivilrechtlicher Ansprüche auf Unterlassung und Schadensersatz sind nur bestimmte, ganz besonders wenig erträgliche Darstellungen gemeint, nämlich die Darstellung von Gewaltpornographie, die auch nach dem Strafrecht ein bestimmter Ausschnitt aus der allgemeinen Pornographie ist. Nur von ihr ist hier die Rede. Nur wer solche Art pornographischer Darstellung herstellt und/oder veröffentlicht, setzt sich den in § 1 des »EMMA«-Entwurfes genannten Ansprüchen aus, weil er dadurch das Recht auf Würde und Freiheit, körperliche Unversehrtheit und Leben von Frauen verletzt.

Wenn in der Generalklausel des § 1 davon die Rede ist, daß Frauen und Mädchen in ihrem Recht auf Würde und Freiheit, körperliche Unversehrtheit oder Leben verletzt werden, so mag das manchem theatralisch klingen. Diese Ausdrucksweise hat aber einen direkten Bezug zum geltenden Recht. Bekanntlich ist in der Verfassung der Bundesrepublik, Artikel 1 und 2 GG, das Recht auf Leben und Würde grundrechtlich geschützt. Daneben ist in dem sogenannten einfachen Recht, also dem Bürgerlichen Gesetzbuch, das Recht auf körperliche Unversehrtheit geschützt. Wer einen Menschen körperverletzt, ist ihm zum Ersatz des daraus entstehenden Schadens verpflichtet, § 823 BGB.

Diese Bezugnahme auf geltendes deutsches Recht in der Generalklausel des vorgestellten Gesetzentwurfes ist dringend nötig, weil sich das Gesetz nur so in unser vorhandenes Rechtssystem eingliedert. Aus demselben Grunde ist der von Baer/ Slupik vorgestellte Alternativentwurf eines Gesetzes gegen Pornographie jedenfalls zur Zeit nicht aussichtsreich. Denn in der Generalklausel dieses zweiten Gesetzentwurfes heißt es nur, daß derjenige, der Frauen durch, in oder aufgrund von Pornographie diskriminiert, auf Schadensersatz oder Unterlassung in Anspruch genommen werden kann. Im deutschen Zivilrecht ist aber die Diskriminierung als solche noch kein Tatbestand, die zu Schadensersatz oder Unterlassung führt. Der »EMMA«-Entwurf hat sich mit seiner Überlegung an das geltende Deliktsrecht angeschlossen und lehnt sich zu Recht an die darin und in Artikel 1 und 2 GG geschützten Rechtsgüter an.

Mit Recht enthält der »EMMA«-Entwurf in § 2 auch eine eigene *Definition der Pornographie*, gegen die der Gesetzentwurf schützen soll. Hiergegen wird bisweilen eingewandt, es sei nicht nötig, erneut eine Pornographiedefinition vorzunehmen, weil sich diese bereits in § 184 StGB befindet. Es ist jedoch unerläßlich, daß ein Zivilgesetz wie das hier vorgeschlagene selbst definiert, welche Tatbestände es erfaßt sehen will. Andernfalls müßte der Anwender eines Zivilgesetzes sich bei jeder Zweifelsfrage in der Strafrechtsliteratur und Rechtsprechung kundig machen. Dieses Verfahren kann nur zu fehlerhaften Ergebnissen führen. Schon die seit Monaten geführte Debatte um »harte« und »weiche« Pornographie zeigt, daß allgemein Unkenntnis und Unwissenheit besteht darüber, was bei uns erlaubt und verboten ist. Diese Unsicherheit würde noch anwachsen, wenn ein Zivilgesetz der hier vorgestellten Art nicht sagt, welche wenigen Tatbestände es selbst überhaupt meint. Außerdem würde durch eine Verweisung auf die Strafrechtsnorm des § 184 StGB unnötigerweise der Eindruck entstehen und bestärkt werden, es handele sich vielleicht doch um eine Verschärfung des strafrechtlichen Tatbestandes, um die es ja gerade nicht geht.

Nach dem Gesetzentwurf soll jede Frau, die mit einer pornographischen Darstellung, wie sie in § 2 beschrieben ist, *konfrontiert* wird, im eigenen Namen Unterlassung und Schadensersatz verlangen können. Daneben – und das ist die wichtigste Neuerung – sollen Verbände, Vereine oder Institutionen, die die Gleichberechtigung von Frauen zu ihrem programmatischen Ziel erklärt haben, dieses Verfolgungsrecht haben.

Diese vorgeschlagenen Regelungen haben besonderen Widerstand hervorgerufen. Und in der Tat ist es problematisch, die Allgemeinheit, also jede Frau, die sich mit derartigen Dingen konfrontiert sieht, zivilrechtlich zu schützen. Dabei muß man in Gedanken hinzufügen, daß es um die Konfrontation einer Frau mit gewaltpornographischer Darstellung *gegen ihren Willen* geht. Hier können nur wenige Zusatzprobleme angerissen werden: In erster Linie stellt sich die Frage nach der Schadensminderungspflicht der Frau, die plötzlich vor sich unerwartet gewaltpornographische Darstellungen sieht. Sie ist z. B. verpflichtet, wegzusehen.

Besonders problematisch ist die sogenannte *Verbandsklage oder auch Popularklage*. Sie ist unserem Zivilrecht freilich nicht fremd. Eine Parallele gibt es in § 13 UWG (Gesetz gegen den unlauteren Wettbewerb). Nach § 1 desselben Gesetzes sind alle Teilnehmer am Wettbewerb verpflichtet, redlich miteinander umzugehen. Da das aber längst nicht alle Wettbewerber tun, ist jeder Mitbewerber berechtigt, Wettbewerbsverstöße zu verfolgen. Mit dieser Prozedur sind viele Mitbewerber überfordert. Deswegen hat das UWG die Verbandsklage als Stellvertreterklage geschaffen. Nach § 13 UWG müssen Wettbewerbsverstöße auch im Interesse der Öffentlichkeit bekämpft werden. Da die Verfolgung von Wettbewerbsverstößen den einzelnen oft überfordert, ja von ihm gar nicht gewagt werden kann, ist diese Rechtsverfolgung in die Hände der Verbände gelegt, die oft auch besonders sachkundig sind, so daß ihr Vorgehen wirksam und abschreckend ist. Diese Gedanken eignen sich zur Parallele für das vorgeschlagene Anti-Porno-Gesetz. Denn auch bei der Verfolgung der hier vorgeschlagenen Ansprüche werden viele Betroffene fragen, ob denn die einzelne Frau sich dem Kampf mit Pornoherstellern aussetzen kann und will. Deshalb steht und fällt die Wirksamkeit eines Anti-Porno-Gesetzes mit der Zulassung einer Verbandsklage.

Schließlich ist zu fragen, *worauf* die Ansprüche gerichtet sind, die in dem Anti-Porno-Gesetz enthalten sind: Wie schon erwähnt, ist in erster Linie an *Unterlassung* gedacht. Darüber hinaus schlägt das Gesetz *Schadensersatzansprüche* vor. Der Schadensersatz wird als besonders problematisch angesehen. Wie bereits bei der »Herrenreiter-Entscheidung« erwähnt, ist der materielle Schaden, also derjenige, der sich in Mark und Pfennig ausdrücken läßt, häufig entweder gar nicht vorhanden oder so gering, daß sich seine Verfolgung nicht lohnt. Entscheidend ist der immaterielle Schaden, der, wenn er bejaht wird, zur Zahlung von Schmerzensgeld führt.

Hier wird behauptet, es sei kein immaterieller Schaden denkbar, und zwar wegen der individuellen Betrachtungsweise. Es wird argumentiert, immaterielle Schadensersatzansprüche seien nicht feststellbar, weil die Toleranz der einzelnen Frauen unterschiedlich groß sei. Meines Erachtens ist dies keine zulässige Argumentation. Denn bei der im Gesetzentwurf beschriebenen harten pornographischen Darstellung handelt es sich um die Herabsetzung des weiblichen Geschlechts generell, um die Erzeugung und Aufrechterhaltung eines Menschenbildes der Frau, das eher das Bild eines Nichtmenschen oder nicht gleichwertigen Menschen zeichnet. Dieses alles betrifft *nur*, aber eben auch *alle* Frauen. Diese Entwürdigung und Herabsetzung aller Frauen ist nicht zu vergleichen mit sonstigen Nachteilen, die im täglichen Leben hingenommen werden müssen.

Ausblick

Selbstverständlich wird es schwierig sein, einen immateriellen Schadensersatzanspruch höhenmäßig zu messen. Ebenso schwierig ist seine prozessuale Durchsetzung. Hier könnte daran gedacht werden, Verbänden, die die Pornohersteller auf Unterlassung in Anspruch nehmen können, auch das Recht einzuräumen, einen, möglicherweise pauschalierten, immateriellen Schadensersatz, also ein Schmerzensgeld stellvertretend für die betroffenen Frauen einzuklagen. Eine ähnliche Konstruktion gibt es bei den Verwertungsgesellschaften. Zwar hat die Rechtsprechung bisher die Geltendmachung von Schadensersatz und noch dazu immateriellem Schadensersatz durch Verbände nicht zugelassen. Aber das hindert nicht, im Wege der Rechtsreform derartige Schadensersatzansprüche zuzulassen und ihre Geltendmachung auch Dritten, mächtigen Verbänden, die die Auseinandersetzung mit Pornoherstellern nicht zu scheuen brauchen, zu übertragen. Derartige Abmahn- oder Schutzverbände könnten durch die eben bezeichneten immateriellen Schadensersatzleistungen finanziert werden.

Mit einer solchen Konstruktion würde zwar juristisches Neuland betreten. Darin allein liegt aber noch kein Hindernis. Denn der gesamte, hier erörterte zivilrechtliche Schutz vor pornographischer Gewaltdarstellung ist juristisches Neuland. Auch der mehrfach erwähnte »Herrenreiter-Fall« galt vor 32 Jahren, als er entschieden wurde, als juristische Revolution; niemand mochte sich vorstellen, wie die Rechtsprechung fortfahren würde, welche Dämme nun eingerissen wären. In der Zwischenzeit hat die Rechtsprechung gelernt, mit dem Instrument des zivilrechtlichen Ehrenschutzes und des immateriellen Schadens bei Ehrverletzung umzugehen. Ich bin davon überzeugt, daß Rechtsprechung und Gesetzgebung es ebenfalls schaffen können, den zivilrechtlichen Schutz vor pornographischen Gewaltdarstellungen in den Griff zu bekommen.

Ich möchte zum Schluß noch auf das »Recht zum zivilen Widerstand« zurückkommen, das uns Frauen – meist von Männern – nahegelegt wird. Ich überlege: Wie sollen wir Frauen denn eigentlich Widerstand leisten? Lysistrata und ähnliche Vorbilder gehen mir durch den Kopf, doch verwerfe ich sie gleich wieder. Denn ich frage mich, und das sollten sich auch alle Männer fragen: Wie wäre es eigentlich gewesen, wenn man Herrn XY, dem Herrenreiter, vor 32 Jahren gesagt hätte: Weißt du was? Du mußt nur zivilen Widerstand gegen die Verletzung deiner Ehre leisten! Wie hätte er das wohl tun sollen? Gegen die Presse aufstehen, als einzelner, David gegen Goliath? Oder indem er durch seinen Bekanntenkreis geht und erklärt: Ihr müßt euch vorstellen, ich bin und war dagegen, ich habe auch gar nicht zugestimmt! Dieses Beispiel zeigt, daß ziviler Widerstand allein, so verlockend die Vorstellung ist, uns hier nicht weiterhelfen kann.

Manfred Engelschall

Stellungnahme aus richterlicher Sicht
zum Gesetzentwurf von »EMMA«

Ich bin also der Richter, der im Jahre 1978 – nicht 1975, im Jahre der Frau, wie Frau Schwarzer meinte – den sogenannten Sexismusprozeß entschieden hat. Damals haben zehn Frauen geklagt gegen den »stern« wegen vermeintlich sexistischer Titelbilder. Wir haben die Klage abgewiesen oder haben sie abweisen müssen. Erstens, weil nicht zehn Frauen stellvertretend für alle Frauen der Bundesrepublik klagen können. Und zweitens, weil sie nicht persönlich betroffen waren: Keine der beteiligten Frauen, die zum Teil sehr hübsch waren, also ohne weiteres für die Titelbilder in Frage gekommen wären – pardon, ich will das nur sagen, weil das eine Tatsache war –, war auf den Titelbildern selbst abgebildet. Sie waren also nicht persönlich betroffen im Sinne des Gesetzes. Eine der Klägerinnen, die Schauspielerin Erika Pluhar, war dadurch betroffen, daß Henri Nannen Nacktbilder von ihr verteilt hatte, nicht aber, weil Bilder von Frau Pluhar auf den Titelbildern des »stern« gewesen waren. Bestimmt nicht, dies weiß ich ganz genau. Die Bilder von Frau Pluhar waren verteilt worden im Vorraum der Verhandlung. Und in der mündlichen Urteilsbegründung habe ich auch gesagt, daß man in 20 bis 30 Jahren möglicherweise einen anderen Standpunkt vertreten könnte.

Ich teile uneingeschränkt die Meinung, die hier von fast sämtlichen Frauen vertreten wird, daß seit damals die tatsächliche Entwicklung in den letzten zehn Jahren so ist, daß jetzt der Gesetzgeber irgendwie tätig werden muß, daß man die Sache nicht länger hinausschieben kann, daß etwas gemacht werden muß. Die Frage ist nur, wer es machen soll.

Neu für mich war die Mitteilung von Frau Schwarzer, daß sie nur gegen Gewaltpornographie vorgehen wolle. In ihrer Begründung zu dem Gesetzentwurf bin ich oder sind wir mit unserem damaligen Urteil zitiert, und die damaligen Bilder des

»stern« waren mit Sicherheit keine Gewaltpornos. Ich hatte angenommen, mit dem von »EMMA« vorgelegten Gesetzentwurf solle erreicht werden, daß, wenn eine Pressekammer erneut mit diesen Sachen konfrontiert wird, sie nunmehr entscheiden könne, anstatt wieder die Klage abweisen zu müssen mit der Begründung, leider können nicht alle Frauen hervortreten und selbst klagen, sondern nur die Betroffenen. Ich hatte angenommen, es solle mit diesem Gesetzentwurf generell eine Aktivlegitimation, gegen Pornographie zu klagen, erreicht werden.*

Nun meine Stellungnahme. Ich werde mich dabei nur stichwortartig zu den einzelnen Punkten, die ja zum Teil bereits mehrfach erörtert worden sind, äußern.

1. Erforderlichkeit einer neuen gesetzlichen Regelung: Ja.

2. Ist der Gesetzesentwurf von Frau Schwarzer akzeptabel? Das fängt an mit der Vorfrage, ob Pornographie definiert werden soll. Es gibt endlose Mengen von Definitionen für Pornographie. Es gibt auch eine ganze Menge juristische Formulierungen, die nicht nur von männlichen Juristen, sondern auch von weiblichen Juristinnen stammen, und es ist auch nicht etwa so, daß die Formulierungen, die die Juristen gefunden haben, sich nur auf Männer beziehen. Es steht also z. B. in dem einen Strafrechtskommentar, den ich gelesen habe: Pornographie liegt dann vor, wenn »Frauen oder Männer zum bloß auswechselbaren Objekt der geschlechtlichen Begierde degradiert werden«. Es hieß dort als Oberbegriff: *Menschen* – und Menschen sind Männer und Frauen.

Man hat sich im übrigen 1975 die Mühe gemacht und versucht, Pornographie zu definieren. Das ist damals kläglich mißlungen. Ich meine, daß man auch jetzt davon ausgehen sollte, gerade weil das ein Begriff ist, der sich von Zeit zu Zeit und in den Anschauungen und Wertvorstellungen – ob es nun Männer oder Frauen betrifft – wandelt. Man sollte davor warnen, den Versuch einer Definition zu machen. Die Definition, die Frau

* Anmerkung der Herausgeberinnen: Alice Schwarzer erläuterte an dieser Stelle noch einmal kurz ihre Intention, es solle geklagt werden »gegen Pornos, die Gewalt propagieren«. Sie erinnerte daran, daß einer der »stern«-Titel durchaus Gewalt propagiert habe, nämlich das Bild einer »nackten Schwarzen in Fußfesseln«, das »Sklavenhalterphantasien provoziere« (zitiert nach der Dokumentation der Anhörung »Pornographie – hinsehen oder wegsehen«, herausgegeben vom Arbeitskreis der SPD-Bundestagsfraktion für die Gleichstellung von Frau und Mann, Bonn 1989, S. 174).

Schwarzer gebracht hat, ist schlicht und ergreifend falsch, weil sie nur darauf abstellt, daß Pornographie die Herabsetzung von Frauen ist. Es gibt natürlich auch andere Pornographie, durch die Männer herabgesetzt werden. Ich erinnere nur an die erwähnten Homo-Filme mit Männern, die also gezwungen worden sind, die erniedrigt worden sind, Darstellungen über Sodomie und ähnliches mehr, die ohne weiteres unter den Generalbegriff Pornographie fallen und die auch unter ein künftiges Gesetz fallen müßten, falls man nicht nur ein Gesetz zugunsten der Frauen machen will.

Das war die Frage der Definition. Ich würde jedenfalls jede Definition vermeiden. Es hat auch den Nachteil, wenn man definiert, daß natürlich sofort von klugen Leuten Ausnahmen gefunden werden. Und daß dann die Ausnahmen geschäftlich ausgebeutet werden.

Auch ich begrüße den Vorschlag, einen wirksamen Schutz gegen Pornographie auf dem Zivilrechtsweg einzuführen. Es gibt auch andere strafrechtliche Neben- und zivilrechtliche Hauptgebiete – z. B. den unlauteren Wettbewerb –, wo sich der Zivilrechtsschutz viel besser bewährt hat als der Schutz der Staatsanwälte. Die Staatsgewalt ist oft viel zu langsam, und wenn ein Anwalt die Sache in der Hand hat, ist der Zivilrechtsweg sehr schnell. Er hat es auch in der Hand, sofort eine der Pressekammern anzurufen, und bei uns ist es immer so gewesen, daß die Sachen, die einstweiligen Verfügungsanträge, am gleichen Tag entschieden waren. Die Widersprüche kamen am nächsten Tag. Da wurden sämtliche Fristen für Verhandlungen abgekürzt, und innerhalb von zwei Wochen hatten die Parteien das Urteil, in der ersten Instanz, also nicht zwei Jahre später. Das liegt natürlich daran, daß dahinter eine gute Privatinitiative steht.

Was kann verlangt werden von so einem Zivilrechtsweg? Ich teile den Standpunkt, der hier mehrfach vertreten worden ist: natürlich Unterlassung. Schadensersatz ist kaum nachweisbar, Schmerzensgeld natürlich auch nicht. Es gibt viele Sachen, über die man sich im täglichen Leben ärgert. Ich habe mir hier notiert: die über meinen Kopf hinwegdonnernden Flugzeuge, Waldsterben, Straßenverkehr, wandelnde Prostituierte oder vielleicht auch die moderne Kunst. Alles das – wenn man sich darüber ärgert – ist zwar ärgerlich für einen selbst, aber dieser Ärger ist nicht mit barer Münze auszahlbar. Und ich meine eben auch, daß das pure Anblicken eines noch so widerwärtigen Pornofilms oder vielleicht nur eines Bildes (Pornofilme braucht man sich nicht anzugucken, da kommt die Frage des mitwirkenden Verschuldens, man könnte ja weggehen), nicht so schlimm ist, daß man unbedingt auf einen geldlichen Ausgleich Anspruch haben muß.

Weiter kommt die Frage der Einzelklagen durch die einzelnen Frauen. Völlig unpraktikabel. Stellen Sie sich vor, gegen eine Veröffentlichung klagen 500 oder 600 Frauen vor verschiedenen Gerichten. Erst mal würde es sicherlich so sein, daß sie zum Teil vor den falschen Gerichten klagen, dann die falschen Passivbeteiligten herausfinden, so daß die Hälfte der Sachen sowieso über den Deich geht. Ein Rattenschwanz von unproduktiven Prozessen, der ohne weiteres vermieden werden kann, wenn man den weiteren Schritt geht, den ich auch unterstütze, daß eine Verbandsklage zugelassen wird. Daß also ähnlich wie nach § 13 UWG diejenigen, die nun meinen, das weiter nachprüfen lassen zu wollen, Verbände gründen und Unterlassungsklagen einreichen. Ich meine aber, daß Unterlassungsklagen bzw. -verbände nicht nur von Frauen geführt bzw. gegründet werden dürften. Warum nicht z. B. empörte Väter oder empörte Kirchenleute oder Normalbürger gegen Pornographie vorgehen sollen oder irgendwelche Schutzverbände, die sich gegen die Homosexualität wenden, warum die das nicht machen können, weiß ich nicht.

Zusammenfassend meine ich, daß man eine gesetzliche Regelung suchen sollte, durch die das, was wir 1978 nicht konnten, nämlich über die Sache sachlich zu entscheiden, möglich wird. Wir konnten damals nicht sagen, ob die Titelbilder sexistisch, pornographisch oder grobpornographisch waren. Wir konnten es nicht, weil die Antragstellerinnen oder die Klägerinnen nicht aktiv legitimiert waren. Man sollte den Gerichten also dadurch helfen, daß das ganz schnell eingeführt wird. Dies geht an sich anstelle des umfangreichen Gesetzes, das uns im Entwurf vorliegt, sehr einfach, durch einen Paragraphen, der wohl ins BGB eingefügt werden müßte: daß bei Unterlassungsansprüchen auf diesem Gebiet Verbände tätig werden dürfen und daß sie Unterlassung geltend machen können. Dann werden sehr schnell die ersten Sachen vor die Pressekammer kommen, werden ganz schnell entschieden werden, und es wird nicht erst ewig über Pornographiebegriffe, über Schutzberechtigte diskutiert werden (sind nur Frauen oder auch Männer berechtigt?).

Ich plädiere dafür, daß die Gesetzgebung den Richtern – und zwar den Zivilrichtern – die Möglichkeit gibt, Sachen, die ihnen vorgelegt werden auf diesem Gebiet, auch alsbald zu entscheiden.

Margarete Fabricius-Brand

Stellungnahme aus anwaltlicher Sicht zum Gesetzentwurf von »EMMA«

Meine Aufgabe ist es, mich zur geplanten Rechtslage aus anwaltlicher Sicht zu äußern. Ich grenze das Thema ein und zeige einige Probleme auf, die bei Beratung und Vertretung der betroffenen Frauen auftauchen werden, wenn der Entwurf in der vorliegenden Form verabschiedet würde.

Meine These ist, daß der Gesetzentwurf den Frauen eine abstrakte Rechtsposition gewährt, bei eingebauter »justitieller Perversion«.

Hauptproblem des Entwurfs ist die Konstruktion einer individuellen Klagebefugnis bei Verletzung allgemeiner Normen. Hiermit ist folgendes gemeint.

Der Entwurf gibt *jeder* Frau einen *eigenen* Anspruch bei sexistischer Darstellung einer *anderen* Frau, sie selbst ist *klagebefugt*, darüber hinaus haben Vereine und sonstige juristische Personen eine eigene Klagebefugnis, sogenannte *Verbands- oder Popularklage*.

Es gilt der Grundsatz, wird *eine* Frau als Sexualobjekt dargestellt, dann sind *alle* Frauen gemeint und *jede* ist »verletzt« (§ 1).

Neu zu definierendes und geschütztes Rechtsgut ist die *Würde der Frau*. Mit dieser Schutzgutbestimmung soll zum einen die Gleichung aufgebrochen werden, das *Allgemeine ist das Männliche*, außerdem soll die Würde der Frau aus *der Subsumtion unter die Würde an sich gelöst werden*. Damit ist die Rechtsgutbestimmung eine andere als in den Strafgesetzen, der Rechtsweg natürlich auch.

Durch die Konstruktion einer individuellen Klagebefugnis bei Verletzung allgemeiner Normen, die alle Frauen angehen, entsteht ein Bruch im Gesetzentwurf. Einmal abgesehen von der Frau, die bei der Herstellung von Pornographie mitwirkt, fehlt es an einer Verletzungshandlung gegenüber der klagewilligen Frau. (Inwieweit hier ein erhöhter Schutz der Frau durch

213

Verbesserung arbeitsrechtlicher Normen zu erreichen wäre, müßte an anderer Stelle erörtert werden.)

Diese Lücke schließt der Entwurf durch § 3, in dem die Voraussetzung der »Anspruchsberechtigung« festgelegt wird. Es gilt, daß jede Frau, die mit einer pornographischen Darstellung *konfrontiert* wird, berechtigt ist, ihre Rechte gem. § 1 im eigenen Namen geltend zu machen.

In der Regel werden Frauen nicht ohne oder gegen ihren Willen mit pornographischen Darstellungen im Sinne des Entwurfes konfrontiert. Noch sind die Verhältnisse nicht so, daß harte Pornographie im Supermarkt oder Kiosk unübersehbar ausliegt oder offen gehandelt wird. Erst die *Konfrontation* begründet die »Anspruchsberechtigung«, d. h., wollen Frauen klagen, müssen sie diese erst herbeiführen. Die Klagewillige muß also auf Materialsuche in die einschlägigen Läden gehen. Anschließend muß sie vortragen, sie habe nun gefunden, wonach sie gesucht habe, und fühle sich in ihrer weiblichen Würde verletzt. An dieser Stelle muß sich die Frau fragen lassen, warum sie die *Konfrontation freiwillig* herbeigeführt hat. *Juristisch angesiedelt* wird dies bei der im Schadensersatzrecht geforderten *Schadensminderungspflicht*, mit der Folge eines verminderten Schadensersatzanspruches, evtl. sogar der Verneinung der *Klagebefugnis*. Eine ausgetüftelte Rechtsprechung zur freiwilligen Konfrontation wird hier einen entsprechenden Kriterienkatalog aufstellen.

Die gerichtliche Bewertung eines Identifikationsprozesses

Hiermit ist folgendes gemeint. In den Prozessen, in denen es nicht um die Frauen geht, die ihren Körper und ihre Intimität direkt bei der Herstellung von Pornographie verkaufen, sondern um diejenigen, die konfrontiert wurden, handelt es sich um einen *Identifikationsprozeß* einer Frau mit dieser gedemütigten Frau. Die »Konfrontierte« wird in den Augen der anderen a priori weniger schutzwürdig sein und muß sich den Vorwurf gefallen lassen, es gehe ihr gar nicht um ihre verletzte Würde, sondern um Rache, Politik oder sonst was. (Wie die Justiz reagieren wird, s. u.)

Die »Konfrontierte« muß darlegen, worin die Verletzung ihrer Würde zu sehen ist, d. h., sie ist letztlich gezwungen, über ihre gefühlsmäßigen Reaktionen beim Betrachten der harten Pornographie zu reden: Angst, Ekel-, Schamgefühle, Haß und Aggressionen bei Betrachtung der Bilder oder sonstiger sinnlicher Konfrontation. Bei Darstellung dieses Identifikationsprozesses muß die Frau viel über ihr Privat-, Intim- und Gefühlsleben preisgeben. Je ausführlicher und genauer sie das tut, desto überzeugender wird ihre Verletzung sein. Dies wird viele Frauen emotional erheblich belasten. Ob Anwältinnen oder Anwälte geeignet sind, diese Last zu verringern, wage ich zu bezweifeln.

Gutachterliche Schlachten sind teuer und kränkend

Erschwerend kommt hinzu, daß die Darstellung dieses Identifikationsprozesses der Klägerin eine *Angriffsfläche für die GutachterInnen bietet*. Aus den Vergewaltigungsprozessen, in denen die Frauen begutachtet werden, um herauszufinden, ob ihre Aussage glaubwürdig ist, wissen wir, wie demütigend und beschämend eine Begutachtung des Intimlebens sein kann, wie belastend und kränkend die Beschäftigung Fremder mit dem eigenen Lebenswandel ist, der schließlich das »Siegel« »liederlich« oder »anständig« erhält. Wie bei den Glaubwürdigkeitsgutachten besteht auch hier die Gefahr, daß die Klägerin letztlich wieder zum *Opfer des Verfahrens* wird. Das Argument, die Frau müsse ja nicht klagen, hilft letztlich nicht, weil eine vergewaltigte Frau den Vergewaltiger auch nicht anzeigen muß und sich das Verfahren »ersparen« könnte.

Weiterhin sind gutachterliche Schlachten über das Ob und den Grad weiblicher Erniedrigung in einzelnen Darstellungen zu befürchten, inszeniert von gut bezahlten Vertretern der Porno-Industrie. Hierbei sollten wir nicht vergessen, mit welchem Zuvorkommen die wirtschaftlich Mächtigen bei dem »white collar crime« im Unterschied zu sozial und ökonomisch Schwachen behandelt werden.

Es ist zu fragen, wie die Klägerin mit der Last umgehen wird, die sie sich durch diesen Prozeß – freiwillig – auflädt. Die Justiz wird im Namen des Volkes über diesen höchstpersönlichen Identifikationsprozeß urteilen. Wie aber wird ein Urteil aufgenommen werden, das zwar einen Schmerzensgeldanspruch dem Grunde nach zuspricht, dessen Höhe aber lächerlich ist oder als zu gering empfunden wird angesichts der erlebten Konfrontation mit den harten Pornos?

Es steht zu befürchten, daß Frauen mit diesem Urteil wenig glücklich sind, sie werden sich beschämt, mißverstanden, wenn nicht gar mißachtet fühlen, wobei die Gerichtsöffentlichkeit, aber auch die durch Presse oder Rundfunk nur für einige erleichternd sein wird.

Im Entwurf angelegte Beweisschwierigkeiten führen zum prozessualen Mißerfolg

Nach § 5 des Entwurfes wird der Personenkreis geschützt, der gegen seinen Willen der Wahrnehmung von Pornographie ausgesetzt wird. Auch hier muß sich die Frau fragen lassen, warum sie den Schaden nicht gering gehalten hat, schließlich kann sie ja die Augen schließen. Wenn es keine Zeugen gibt, bleibt als letztes Beweismittel die Parteivernehmung der Klägerin, d. h. wieder ein Glaubwürdigkeitsgutachten, wenn dies überhaupt als zulässig erachtet wird.

Ähnlich schwierig ist die Beweislage und damit die Erfolgsaussicht der Klägerin in § 6 des Entwurfes. Schadensersatzpflichtig macht sich hiernach, wer nachweislich aufgrund des Konsums von Pornographie Frauen in ihrer Würde verletzt. Wie wollen Frauen die – bislang wissenschaftlich noch nirgendwo nachgewiesene – Kausalität von Pornographiebetrachtung und Verletzungshandlung nachweisen? Und *sie* müssen es als behauptende Partei tun. Der Amtsermittlungsgrundsatz gilt nicht in Zivilprozessen, ebensowenig wie eine Haftung für vermutetes Verschulden.

Schadensersatzansprüche ersetzen den Schaden nicht

Schadensersatzansprüche in der BRD sind im Vergleich zum europäischen Ausland, erst recht zur USA als gering anzusehen. Es steht zu erwarten, daß sie geradezu lächerlich sind. Abgesehen hiervon wird suggeriert, daß mit Geld der durch Porno angerichtete Schaden wieder gut gemacht werden könne. Die Wiedergutmachung oder der Ausgleich in Geld mag bei der unmittelbar an der Pornoherstellung Beteiligten noch angehen, sie enthält eine Entschädigung für unmittelbare Beeinträchtigungen, die sie während der Produktion erlitten hat – bei der »Konfrontierten« erscheint dies höchst fraglich. Mit wieviel Interesse werden Sensationshungrige in Erfahrung bringen wollen, was Frau Meier sich für das erkämpfte Geld wohl kaufen wird.

Dieses zugegeben zynische Beispiel verweist wieder auf die Wurzel, was als »strukturelles Problem« bezeichnet wurde: Bei der Pornographie geht es um eine bewußtseinsbildende Einwirkung, die das gesellschaftliche Bild von Frauen objektiv, gerade ohne Bezug auf die einzelne Frau prägt.

Die *Bezifferung des Schadens* ist objektiv schwierig, außerdem geeignet, die Frauen lächerlich zu machen. Fragen werden auftauchen, wieviel denn nun diese oder jene pornographische Darstellung kosten soll, 100 Mark oder 1000 Mark, oder ist die Würde der Frau dann plötzlich doch unbezahlbar?

Lächerlich und kränkend wird auch eine Spruchpraxis sein, die sogenannte »Tarife« festlegt, wie wir es aus der Verkehrsrechtsprechung zum Führerscheinentzug bei entsprechender Promillehöhe aus den einzelnen OLG-Bezirken kennen.

Frauen sind die wirtschaftlich Schwächeren

Der Zivilrechtsweg verspricht Gleichheit der Parteien sowie rechtliche Gestaltungsmöglichkeit und weckt damit leichter Hoffnungen, die er gerade unter den spezifischen Bedingungen umfassender weiblicher Diskriminierung, zu der auch bisherige Richtersprüche ihren nicht unerheblichen Teil beigetragen haben, nicht wird durchhalten können. Frauen werden auch in diesen Prozessen die ökonomisch Schwächeren sein. Recht ist das Instrument gesellschaftlicher Herrschaft. So berechtigt das Interesse der Herrschaftsunterworfenen an der Gewinnung von Einflußnahmemöglichkeiten gerade bezogen auf das Herrschaftsinstrument Recht ist, so deutlich muß auch gesagt werden, wie schwach dieses Instrument in den Händen derer werden kann, die von dieser Herrschaft ausgeschlossen sind. Dies gilt um so mehr, wenn *starke ökonomische Interessen* involviert sind, wie im Fall der milliardenstarken Porno-Industrie.

Wir kennen die Auswirkungen dieses Ungleichgewichts aus Unterhaltsprozessen, wo Frauen oft auf ihre Rechte verzichten, weil sie weder die Kraft noch den Mut haben, gegen den wirtschaftlich stärkeren Ehemann zu prozessieren. Dieser kann sich als der ökonomisch Stärkere nicht nur besseren anwaltlichen Rat kaufen, während die Frau um Prozeßkostenhilfebewilligung kämpft. Er hat auch den längeren Atem, alle Rechtsmittel auszuschöpfen. Dies gilt in allen Gerichtsverfahren, die stark vom finanziellen Durchhaltevermögen der Partei abhängig sind.

Nicht vergessen werden sollten auch die Erfahrungen aus den Conterganprozessen. Hier kämpften – kollektiv – große Betroffenengruppen gegen die Pharmaindustrie. Die Verfahren waren langwierig und endeten, meist vergleichsweise, mit geringen Zahlungsansprüchen angesichts des Ausmaßes der Körperschäden und lebenslangen Behinderungen.

Schmerzensgeldsummen zahlt die Porno-Industrie aus der Portokasse

Die Idee, der Porno-Industrie wenigstens einen Teil ihres Profits zu entziehen, um ihr den ökonomischen Reiz am Geschäft zu nehmen, ist bei den bundesdeutschen Schadensersatz- und Schmerzensgeldsummen eine Illusion, die Porno-Industrie zahlt diese ohne mit der Wimper zu zucken, auch wenn nicht verkannt werden soll, daß empfindliche Zahlungen die einzige Sprache wären, die verstanden würde. Aus genannten Gründen steht gerade dies aber nicht zu erwarten.

Justizförmige Kontrolle verdrängt die Notwendigkeit der gesellschaftlichen Auseinandersetzung

Außerdem besteht die Gefahr, daß mit der Existenz einer rechtlichen, justitiellen Regelung, in diesem sich justizförmiger Kontrolle weitgehend entziehenden gesellschaftlichen Bereich, die Notwendigkeit der Auseinandersetzung um Pornographie in die engen Bahnen prozeßrelevanter Fragen gelenkt wird. Auch hier sei an die zahlreich zu beachtenden Fragen bei vergewaltigten Frauen erinnert, wenn es um deren Glaubwürdigkeit geht, oder an die »richtigen« bzw. »falschen« Antworten in den Kriegsdienstverweigerungsprozessen, in denen über die glaubwürdige Gewissensentscheidung geurteilt wird. Die erforderliche breite gesellschaftliche Diskussion um Funktion der Pornographie, deren Massenkonsum und Propagandacharakter kann und wird in den Prozessen nicht mehr geführt werden, auch wenn es eigentlich hierum geht und gehen sollte.

Nicht die klagenden Frauen werden es sein, die die Begriffsbestimmungen und Auslegungen der unbestimmten Rechtsbegriffe in dem Gesetzentwurf vornehmen, sondern dies werden Zivilrichter tun

Die Auslegung der im Gesetz vorhandenen unbestimmten Rechtsbegriffe (Konfrontation, Verbreiten etc.) nimmt der Zivilrichter vor, und damit ein Repräsentant des Staates mit individuellen aber auch institutionellen Vorverständnissen.

Der Richter muß letztlich entscheiden, was unter Pornographie zu verstehen ist. Zwar haben wir konkrete Anhaltspunkte durch § 2 des Entwurfs, dennoch bleiben Auslegungsfragen offen. Die Antwort eines Richters am US Supreme Court, was Pornographie sei, lautete: Ich weiß es, wenn ich es sehe. Dies können wir ebenfalls für uns gelten lassen. Die subjektiven Maßstäbe einer solchen Bewertung werden stark divergieren, nicht nur zwischen den einzelnen Juristinnen und Juristen, sondern auch nach ländlichen Regionen.

Zunächst ist generell zu sagen, daß jeder Richter und jede Richterin als Urteilende(r) über verletzte Gefühle (Scham, Selbstverachtung, Insuffizenz, Minderwertigkeitsgefühle etc.) im erhöhten Maße persönlich angesprochen sein wird. Devereux spricht hier von einem Bombardement auf das Unbewußte. Jeder Richter wird also zunächst einmal zurückgreifen auf sein höchst individuelles subjektives Vorverständnis. Es gibt begründete Befürchtungen aus zahlreichen Urteilen, daß in diesen Prozessen düstere, doppelmoralisierende und tendenziell frauenfeindliche Wertvorstellungen von Anstand und Sexualmoral reproduziert werden.

Der Richter wird nach institutioneller
Entlastung suchen

Der Richter wird nicht nur persönlich durch den Gegenstand, über den er urteilen soll, verunsichert sein, er kämpft auch mit Umsetzungsproblemen, die bei der Verrechtlichung allgemeiner gesellschaftlicher Forderungen und Ziele in individuelle Anspruchsnormen entstehen. Um so mehr erwartet er von der Institution Hilfe, um seine Entscheidung institutionell abgesichert und persönlich möglichst angstfrei treffen zu können.

Dies wird zur Folge haben, daß die Auslegung der unbestimmten Rechtsbegriffe nicht ohne Anleihen im *Straf- und Ordnungsrecht* im Sinne einer Inhaltsübertragung erfolgen wird. Zentraler Anknüpfungspunkt für das richterliche Urteilen werden also *Wertvorstellungen sein*, wie wir sie aus bisherigen Straf- und Ordnungsrechtsentscheidungen bei Pornographie und sonstigen Darbietungen kennen. Anknüpfungspunkt in den bisherigen Entscheidungen ist das *allgemeine Anstands- und Sittenempfinden bezüglich der Sexualität*. Es steht zu befürchten, daß damit die überkommene Reichsgerichtsformel, die die Anschauung aller billig und gerecht Denkenden (RGZ 120, 144,) zum Maßstab der Sittlichkeitsbeurteilung heranzieht, erneut Eingang in die Entscheidung der Zivilgerichtsbarkeit finden wird. Dies bezeichne ich als *institutionelle Hilfe*, auf die sich der einzelne Richter stützen wird, in der Erwartung, daß seine Rechtsprechung in den oberen Instanzen bestätigt wird.

Es steht nicht zu erwarten, daß in den Zivilprozessen ein Abrücken vom derzeitigen justitiellen Umgang mit der Darstellung und Vermarktung sexualisierter Gewalt und Machtausübung stattfinden wird. Es steht zu befürchten, daß die Realisierung des angestrebten weiblichen Würdeschutzes durch das Gesetz im justitiellen Aburteilen auf der Strecke bleibt, weil absehbar ist, daß sich die Würdevorstellung am Maßstab althergebrachter Spruchpraxis orientieren wird und damit dem Inhalt nach in der bisherigen Rechtsprechungstradition stehenbleibt.

Richter und Richterinnen stehen unter Druck, weil sie dazu aufgerufen sind, ein gesamtgesellschaftliches Problem zu bewältigen, was bislang niemandem gelungen ist. Das größere Problem scheint mir hier zu liegen, die Einschränkung der richterlichen Definitionsmacht ist nur eine – vorauszusehende – Folge hiervon. Justizkritik in diesem Falle verschleiert das Versagen der Politik gegenüber den wirtschaftlich Mächtigen, die qua ihrer ökonomischen Macht die gesellschaftlichen Verhältnisse in ihrem Sinne beeinflussen bzw. bestimmen. Der Vorwurf düsterer Frauenfeindlichkeit, der sicherlich bei negativem Ausgang der Prozesse gegenüber der Justiz zu Recht erhoben wird, ignoriert, was schon vorher absehbar ist:

Recht verlangt immer einen hohen Grad von Allgemeingültigkeit, diese kann in einem emanzipativen, frauen-würdigen Sinne derzeit nicht festgestellt werden.

Richter wollen nicht als Instrument der Politik mißbraucht werden

Aufgrund des dargelegten strukturellen Problems des Entwurfes – individuelle Klagebefugnis bei Verletzung einer anderen Frau – wird folgender Konflikt auftauchen: In diesen Prozessen geht es letztlich darum, daß eine Frauenpolitik, die sich der Würde der Frau annimmt, in einem Einzelfall durchgesetzt werden soll. Dies kann bewirken, daß sich die Richter funktionalisiert fühlen, weil allgemeine Politik gemeint ist und ein individueller Anspruch geltend gemacht wird. Es steht zu erwarten, daß sich hiergegen erheblicher Widerstand regt. Mißbrauchsgefühle werden auftauchen, insbesondere, wenn der Richter als Individuum diese Politik nicht gutheißen kann, sei es bewußt oder unbewußt. Ein anderes Problem, das bislang nicht diskutiert wurde, zumindest nicht ausreichend, wird gerade in diesen Prozessen eine besondere Schärfe erlangen. Juristen und Juristinnen, egal ob vor oder hinter dem Richtertisch, sind nicht gerade besonders qualifiziert im Umgang mit intimen, heftigen Gefühlen wie Angst, Scham, Ekel und Lust.

Um diese Gefühle geht es aber – wenn auch unausgesprochen – letztlich in den zu erwartenden Verfahren. Hinzu kommen die eigenen Erfahrungen, Wünsche, Bilder und Phantasien, die nicht unbedingt durchgearbeitet und in der eigenen Psyche integriert sind. Der Umgang mit diesen Gefühlen wird von Jurist zu Juristin höchst unterschiedlich, aber in jedem Fall entscheidungsrelevant sein. Die Anwesenheit entgegengesetzter Gefühle, Strebungen, Haltungen kann unterstellt werden, sie wird urteilsrelevant werden, ohne daß man dies im einzelnen fassen kann. Zugegeben handelt es sich hierbei um ein allgemein vorhandenes Problem, es wird allerdings besonders negative Auswirkungen in den zu erwartenden Pornographieprozessen haben. Es wäre interessant und notwendig, über institutionelle bzw. interpersonale Abwehr (H. E. Richter, Stavros Metzos) gerade in diesen Prozessen nachzudenken, weil sie unter den schwarzen Roben den Urteilstenor bestimmen.

Monika Frommel

Alles eine Frage des Wettbewerbsrechts – Überlegungen einer Strafrechtlerin zur PorNO-Kampagne

I. Strafrechtliche Kontrolle pornographischer Schriften – effektiv, aber absurd

Werner Schiessl, Teilhaber des Schiessl-Großvertriebs in Regensburg, hat viel Arbeit mit dem Porno-Boom. Wöchentlich muß er ca. 2000 Presseerzeugnisse auf ihre Vereinbarkeit mit dem geltenden Jugendschutz und Strafrecht hin überprüfen; denn das Gesetz zum Schutz der Jugend überantwortet die Hauptlast der Pornographiekontrolle den 83 Presse-Grossisten, die es in der Bundesrepublik gibt. Anfang November 1987 fiel ihm die Nummer 11 der »EMMA« mit Darstellungen verbotener Pornographie in die Hände. Er stutzte: Waren das nicht die nach § 184 Abs. 3 StGB verbotenen Darstellungen von Sex mit Tieren und Kindern? Er war unsicher. Schließlich wird seriösen Zeitschriften das Privileg eingeräumt, über Mißstände aufzuklären und bei dieser Gelegenheit ausführlich zu zitieren. Aber die Aufmachung dieses Heftes schien ihm alles andere als seriös. Er blieb unentschieden und legte den Fall seinem Hausjuristen, Dr. Auer in München, vor. Dieser prüfte aus der Perspektive der zuständigen Staatsanwaltschaft, deren formalistische Kriterien er aus früheren Strafverfahren bestens kennt. Bedenklich wiegte er den Kopf und erkannte auf einen Grenzfall. Der Großvertrieb Schiessl stoppte daraufhin die Auslieferung für den Regensburger Raum und verhalf damit »EMMA«s Anti-Porno-Kampagne zu nie geahntem Erfolg. Nach kurzer Zeit war kein Exemplar des Heftes mehr zu erhalten. Das von »EMMA« angestrebte zivilrechtliche Eilverfahren auf Auslieferung blieb erfolglos. Aber auch ein Ermittlungsverfahren wegen der Herstellung verbotener pornographischer Schriften wurde abgelehnt. Ein juristisches Patt. Im nächsten Heft 12 vom Dezember 1987 präsentierte die »EMMA«-Redaktion ihren medienwirksamen

Gesetzesentwurf, der die Möglichkeit einer Zivilklage gegen Gewaltpornographie vorsieht.

Die Erfahrungen mit dem Auslieferungs-Stopp von Heft 11 können als Bestätigung für die Strategie gelten, nicht nach mehr Strafrecht gegen verbotene Pornographie zu rufen, sondern eine *Alternative* zu suchen zu den vorhandenen Formen staatlicher Zensur. Warum sollen sich die Betroffenen nicht selbst zur Wehr setzen können, unabhängig davon, ob die dazu berufenen staatlichen Instanzen ein Einschreiten für notwendig halten? Dies hätte einige Vorteile. Es ginge nicht mehr in erster Linie um die Grenzen des sittlichen Anstandes, so wie ihn Strafgerichte definieren. Im Mittelpunkt stünde vielmehr der Persönlichkeitsschutz von Frauen und die Norm, ihr sexuelles Selbstbestimmungsrecht in Bild und Tat anzuerkennen. In einem Zivilverfahren geht es nicht um die Bestrafung einzelner Pornoproduzenten, sondern um das berechtigte Interesse von Frauen daran, daß Gewaltpornograhie aus dem massenmedialen Verkehr gezogen wird. Ein mit Mitteln des Zivilrechts ausgetragener Konflikt ist die angemessene Form der Auseinandersetzung in einer demokratischen Gesellschaft. Nicht Ankläger und Staat, sondern konkurrierende Privatinteressen stehen sich gegenüber.

II: Zivilklage gegen Pornographie?

Nach dem »EMMA«-Gesetzesentwurf sollen Frauen ein individuelles Klagerecht gegen Pornographie haben. Was unter Pornographie zu verstehen ist, wird relativ präzise definiert. Kombiniert wird eine Generalklausel (verharmlosende und verherrlichende Darstellung weiblicher Personen als Sexualobjekt) mit Regelbeispielen (Vergewaltigung, Verstümmelung, Fesselung oder vergleichbar erniedrigende Prozeduren). Nur wenn ein Regelbeispiel *und* die in der Generalklausel umschriebene Tendenz zu bejahen ist, soll der Rechtsanspruch entstehen. Eigentlich sind bei dieser Gesetzestechnik Mißbrauch und scheinheilige Entrüstung so gut wie ausgeschlossen. Kritikerinnen, die dies dennoch befürchten, wie Claudia Gehrke (in »Konkursbuch extra«: Frauen und Pornographie, 1988), übersehen meines Erachtens, daß diese Definition – verglichen mit herkömmlich strafrechtlichen Umschreibungen – bemerkenswert eng und praktikabel ist. Der Glaube an die Verrechtlichung von Frauenpolitik scheint in der »EMMA«-Redaktion eher schwach zu sein.

Doch bei aller Sympathie für das Anliegen, leuchtet mir die Konstruktion eines *individuellen* Klagerechts nicht ein. Dieses wäre nur plausibel, wenn die Verhältnisse so wären, daß wir ohne oder gar gegen unseren Willen von pornographischen Darstellungen betroffen würden. Aber das ist so gut wie ausgeschlossen, jedenfalls dann, wenn wir die von »EMMA« gewählte Definition ernst nehmen. Eine Belästigung durch Produkte dieser Art wäre nur denkbar, wenn sie in jeder Tankstelle oder in jedem Kiosk offen zugänglich wären. Aber dies ist nicht der Fall. Schon die Darstellung eines erigierten Penis gilt, jedenfalls in den meisten Regionen, als eindeutig »jugendgefährdend«. So ungesichert und fragwürdig diese Risiko-Bewertung auch sein mag, sie hat ihre Wirkungen. Was die Bundesprüfstelle als »jugendgefährdend« indiziert und Strafgerichte unter weiche Pornographie im Sinne von § 184 Abs. 1 StGB subsumieren, und das geht ziemlich weit, darf nicht offen gehandelt werden. Es gilt die Regel, daß sogenannte weiche Pornographie zwar nicht verboten, aber nur auf Nachfrage zu erhalten ist. Wird die Schwelle zur verbotenen Gewaltpornographie überschritten, gilt ein striktes, nicht unbedingt strikt eingehaltenes Verbot. Erwerben kann Gewaltpornos nur, wer sich erkundigt, wo sie trotzdem gehandelt werden.

Diese eingespielte Praxis wird gestört durch die wie Pilze nach dem Regen prosperierenden Video-Shops. Sie handeln offen mit Gewalt-Videos, vermeiden aber jeden offen sexuellen Bezug. Die zuständigen Stellen könnten sie nach § 131 StGB verbieten. Nach dieser 1985 reformierten Strafbestimmung sind Darstellungen verboten, die die »grausame oder unmenschliche Gewalttätigkeit gegen Menschen« verherrlichen oder verharmlosen. Aber in der Praxis wird dieses Verbot noch nicht effektiv umgesetzt. Ein Grund für diese unverständliche Zurückhaltung ist die herkömmliche Fixierung der für den Jugendschutz zuständigen Stellen auf sexuell Anstößiges. Die Folge dieser Praxis ist, daß nebeneinander im wesentlichen zwei graue Märkte existieren. In dem einen wird mit konventionellen Pornos gehandelt, die in der Regel gewaltfrei sind, im anderen mit Gewalt-Videos, die offen pornographische Elemente tunlichst vermeiden. Zwar ist anzunehmen, daß sich beide Märkte zunehmend vermischen werden, aber dieser Prozeß hat noch nicht stattgefunden.

Eine Frau, die sich aufmacht, Material für eine Zivilklage gegen Gewaltpornographie zu finden, hat es schwer. Sie trifft auf Pornos, die die Legende von der immer bereiten Frau und dem immer potenten Mann bis zum Überdruß strapazieren. Aber auf Gewalt in einem engen Sinne verzichten sie in der Regel. Daneben werden Gewalt-Videos angeboten, die sich darum bemühen, in sexueller Hinsicht »sauber« zu bleiben. Die beliebten Zerstückelungs-Filme etwa sind so gemacht, daß sie zwischen die Strafbestimmungen fallen. Sie werden Splatterfilme genannt und handeln von zombieartigen Gestalten, die Männer, Knaben, Frauen und Mädchen metzeln und mit der sich bildenden, wabernd schwarzen Masse von Blut und Leichenteilen eher anale Bedürfnisse befriedigen. Jedenfalls müssen potentielle Klägerinnen einige Aktivitäten entfalten, um durch Gewaltpornographie individuell betroffen zu werden. Es wäre reichlich makaber, wollte eine Frau, die sich mit viel Mühe Kenntnisse über den grauen und schwarzen Markt der verbotenen Gewaltpornographie verschafft hat, behaupten, sie habe nun gefunden, wonach sie gesucht habe, fühle sich in ihrer persönlichen weiblichen Würde verletzt und wolle diese ihre Verletzung gerichtlich geltend machen. So leicht läßt sich weder die weibliche Würde noch die stumme Gewalt der Bilder in unseren Köpfen dingfest machen. Dort, wo Frauen persönlich betroffen sind, etwa in der Werbung, ist die Entsublimierung der Sexualität so subtil, daß rechtliche Gegenreaktionen unmöglich sind. Aber umgekehrt fehlt es da, wo strafrechtliche Normen überschritten und damit der Verstoß schon verrechtlicht ist, an einer unmittelbaren Beeinträchtigung. Verletzt werden nicht individuelle Rechte, sondern allgemeine Normen, die alle, Männer ebenso wie Frauen, angehen. Noch nehmen wir die Normüberschreitungen hin, vielleicht weil wir uns daran gewöhnt haben, daß Menschenwürde nicht einklagbar ist.

Die Gefährlichkeit von Gewaltpornographie ist bereits dargelegt worden. Ich möchte hier nur noch hervorheben: Die nicht nur für pornographische Darstellungen typische Umdeutung von »Gewalt« in »Eroberung« oder »Verführung« hat psychische Folgen. Sie prädestiniert unerfahrene Männer zu sogenannten geschlechtsspezifischen Mißverständnissen, wie Strafgerichte später entschuldigend feststellen. Bei routinierten, gewaltgeneigten Männern verhindern sie, daß sie ein (Unrechts-)Bewußtsein von dem, was sie tun, entwickeln. Doch ändert die Gefährlichkeit gewaltförmiger Pornographie nichts daran, daß ein individueller Schadensersatzprozeß keine sinnvolle Gegenreaktion sein kann.

Nur mittelbare Beeinträchtigungen, so anstößig ihr Anlaß auch sein mag, reichen nach juristischen Maßstäben nicht aus, um einen individuellen Schaden zu begründen. Bürgerinnen und Bürger, so die Logik des Bürgerlichen Gesetzbuches, sind nicht befugt, gesellschaftliche Interessen, so berechtigt sie auch sein mögen, auf dem Wege einer individuellen Schadensersatzklage geltend zu machen. Einmal abgesehen von diesen juristisch-technischen Einwänden, wäre ein individuelles Klagerecht gegen Gewaltpornographie auch wenig praktikabel. Nichts ist ineffektiver, als einzelnen Personen die Last aufzubürden, Gerichte anzurufen; allein die anfallenden Prozeßkosten – von den Risiken und Mühen eines Verfahrens gar nicht zu reden – würden bewirken, daß allenfalls ein oder zweimal prominente Klägerinnen ein Musterverfahren durchführen würden, um einen symbolischen Sieg zu erringen.

III. Gewaltpornographie als unlauterer Wettbewerb
Das UWG-Gesetz gegen unlauteren Wettbewerb

1. Verbandsklage für Frauenverbände?

Bleibt der zweite Vorschlag des Gesetzesentwurfs, Frauenverbänden das Recht einer Verbandsklage einzuräumen. Zwar kennt das geltende Recht Verbandsklagen nur in seltenen Ausnahmefällen, aber es gibt sie. Vorbilder für die geforderte Regelung finden sich im Wettbewerbsrecht. (Vgl. den Beitrag von Lore Maria Peschel-Gutzeit.)

Nach dem Gesetz gegen unlauteren Wettbewerb gibt es die Möglichkeit der Verbandsklage für *Verbraucherverbände*. Sie haben das Recht, gegen ungesetzliche oder unlautere Methoden im Wettbewerb gerichtlich vorzugehen. Da Geschäfte mit verbotenen Gewaltpornos nach dem Strafgesetzbuch verboten sind (§ 184 Abs. 2 StGB), sind sie auch wettbewerbswidrig. Theoretisch könnte daher schon nach geltendem Recht ein Verbraucherverband gegen die Herstellung und den Vertrieb dieser Produkte vorgehen. Aber eine solche Strategie ist außerordentlich voraussetzungsreich. Zum einen muß sich ein anerkannter Verbraucherverband finden, der zu einem solchen

Schritt bereit ist. Dann muß er in seiner Satzung das Ziel aufnehmen, den Medienmarkt von verbotenen Gewaltdarstellungen frei zu halten. Und schließlich müssen die angerufenen Zivilgerichte die bestehenden Gesetze so auslegen, daß eine Klage Erfolg hat. Alle drei Voraussetzungen sind eher unwahrscheinlich.

Wir können daraus den Schluß ziehen, daß nicht nur die Ausgestaltung der geltenden Gesetze, sondern auch die Nutzung der vorhandenen rechtlichen Möglichkeiten ausgesprochen ungleich verteilt ist. Jedenfalls ist bislang noch niemand auf die Idee gekommen, eine Verbandsklage nach § 13 UWG in Verbindung mit § 1 UWG gegen Gewaltpornographie anzustrengen.

Dies bedeutet, daß die Forderung des »EMMA«-Entwurfes, in Zukunft von Gesetzes wegen allen Frauenverbänden ein eigenes Klagerecht einzuräumen, sinnvoll und adäquat ist. Ein solches Klagerecht widerspricht nicht der Struktur des Wettbewerbsrechts, sondern läßt sich in sie einfügen. Somit ist juristisch gegen eine Verbandsklage für Frauen nichts einzuwenden. Sie wäre eine sinnvolle Ergänzung schon bestehender Vorschriften zum Schutze des Wettbewerbs gegen unlautere und verbotene Praktiken.

2. Kreativer Umgang mit Recht –
Ein juristisches Strategie-Spiel

Wer einmal beginnt, juristische Strategien zu entwickeln, die theoretisch möglich wären, auf die aber niemand kommt, weil sich Juristen ebenso wie andere Berufe an Angebot und Nachfrage orientieren, befindet sich auf Abwegen. Die Neigung ist groß, eine »Nachfrage nach Recht« zu konstruieren, die es nicht gibt. Ich will es trotzdem tun, um zu demonstrieren, daß Rechtspraxis und die Diskussion über mögliche rechtliche Schritte weit auseinanderfallen können.

Entwerfen wir ein fiktives Strategie-Spiel für klagebereite Medienfrauen:

Sieben Frauen, die als selbständige Gewerbetreibende im Medienmarkt tätig sind, gründen einen Verein. Dessen Satzung sieht die Bekämpfung der Gewaltpornographie vor. Die Vereinsmitglieder einigen sich auf die Definition des »EMMA«-Entwurfes, beschließen also, nur gegen Darstellungen vorzugehen, die Gewalt gegen Frauen verharmlosen oder verherrlichen.

Ein Blick in das schon erwähnte Gesetz gegen unlauteren Wettbewerb bringt Überraschungen mit sich. Denn danach haben Mitbewerber ein Klagerecht gegen andere Konkurrenten derselben Branche. Sie dürfen klagen, wenn sich jene nicht an die Spielregeln halten, also z. B. verbotene Geschäfte machen. Da die Herstellung und der Handel mit Gewaltpornographie strafbar ist, handelt es sich automatisch um Verstöße gegen das Wettbewerbsrecht. Mit anderen Worten: Als Mitbewerberinnen können die sieben Vereinsgründerinnen klagen. Aber sie müssen sich, um klagebefugt zu sein, auf ihre Eigenschaft als Gewerbetreibende berufen. Kein Wort darf über das eigentliche Anliegen verloren werden, nämlich daß sie sich in ihrer weiblichen Würde beeinträchtigt fühlen.

Die sieben Medienfrauen haben verstanden und klagen unter Berufung auf ihre Verantwortung als Unternehmerinnen. Sie tragen vor, daß es ihnen mißfalle, wenn in der Branche, in der sie tätig sind, solche schmutzigen Geschäfte gemacht werden.

Was ist der Grund für diese undurchsichtige Regelung? Er ist leicht nachvollziehbar. Die Kontrolle von Mißständen in der Privatwirtschaft ist bekanntlich schwer. Unsitten in einer Branche sind von außen nicht erkennbar und schon gar nicht beweisbar. Daher hofft das Wettbewerbsrecht – eher vergeblich – auf sogenannte Selbstheilungskräfte des Marktes und die gegenseitige Kontrolle durch Konkurrenz. Es unterstellt, daß eine freiwillige Selbstkontrolle effektiver ist als staatliche Aufsicht von außen. In der Hoffnung, wechselseitige Kontrolle zu ermöglichen und – sofern vorhanden – zu unterstützen, räumt § 13 UWG Mitbewerbern ein Klagerecht ein – und durchbricht damit den ansonsten streng eingehaltenen Grundsatz, daß nur klagen darf, wer individuell betroffen ist.

Wenn dem aber schon im geltenden Wettbewerbsrecht so ist, dann ist eine Zivilklage von Frauenverbänden gegen Gewaltpornographie alles andere als juristischer Unfug. Es müßten sich nur Frauen finden, die sich die Mühe machten, die Praxis der Porno-Industrie zu durchleuchten.

Beenden wir das Strategie-Spiel. Sein Ziel war es, zu zeigen, daß es durchaus zivilrechtliche Gegenstrategien gegen die Porno-Industrie geben könnte. Aber dies besagt nicht, daß das juristische Angebot auf eine entsprechende Nachfrage trifft. Empörung ist wohlfeil. Gerichtliche Reaktionen sind mühsam. Es könnte sein, daß am Ende niemand ein Interesse daran hat, zivilrechtlich gegen Gewaltpornographie vorzugehen. Feministinnen nicht, weil sie Gewalt sagen, aber ein sexistisches Frauenbild meinen, Konservative nicht, weil sie Menschenwürde sagen, aber Moral meinen, Liberale nicht, weil sie Liberalität sagen, aber am Ende nicht wissen, was sie damit meinen.

IV. Was tun? Zurück zum Strafrecht?

Die zu vermutende »Ineffektivität« des Wettbewerbsrechts hat Gründe. Das offene Geheimnis, wieso die PorNO-Kampagne medienwirksam, aber ungeeignet ist für eine »frauenfreundliche« Gesetzgebung, liegt in der Verknüpfung von Sex, Gewalt und Gewaltdarstellung. Mehr als fragwürdig wird diese Problemdefinition, wenn sie benutzt wird, eine Verschärfung des Sexualstrafrechts zu fordern. Symbolische Strafgesetze sind ein beliebter Ausweg, wenn PolitikerInnen erkennen, daß Probleme unkontrollierbar sind: Strafrecht als »Alleskleber«. Die Kritik an der zunehmend beliebten symbolischen Strafgesetzgebung bedeutet nun nicht, daß Strafrecht als Instrument überhaupt ungeeignet sei, um Sex und Gewalt zu erfassen. Die These lautet, daß es zur Kontrolle so diffuser Handlungen wie *Meinungsäußerungen*, und dazu gehören Filme und Cartoons, nicht taugt. Aufgabe des Strafrechts ist in erster Linie die Sanktionierung *realer* Gewalt. Dies bedeutet, daß vor jeder Debatte über weitergehende Verbote der kommerziellen Gewaltpornographie geklärt werden muß, wieso die schon lange geforderte Reform der sexuellen Gewaltdelikte scheitert. Solange die juristische Verarbeitung realer sexueller Gewalt so unangemessen ist wie zur Zeit noch der Fall, ist die Erwartung illusorisch, daß die strafrechtliche Bewertung von Gewaltdarstellungen sich an einem verallgemeinerten Persönlichkeitsschutz von Frauen orientieren könnte. Opferbeschuldigende Strategien in Vergewaltigungsverfahren sind nicht nur Entgleisungen einzelner (dies auch), sondern sie sind im juristischen Programm, so wie es sich die Praxis zurechtgelegt hat, angelegt. Als öffentlich dargebotenes Schauspiel sind sie aber – so meine These – schlimmer als ein sexistischer Streifen im Bahnhofskino. Denn es handelt sich um ein offiziell praktiziertes Deutungsmuster, das sich als legitim ausgeben muß. Irgendwie ahnen dies die professionellen Mitspieler und wenden die 1987 zum »Opferschutz« geschaffenen Regeln des Ausschlusses der Öffentlichkeit von diesen Verfahren extensiv an, ohne freilich opferbeschuldigende

Praktiken zu ändern. Daher ist *in dieser Arena* – vor jeder PorNO-Debatte – erst einmal das sexuelle Selbstbestimmungsrecht als Auslegungsgesichtspunkt im offiziellen juristischen Programm zu verankern. Erst dann kann man fragen, ob es darüber hinaus notwendig ist, verharmlosende und verherrlichende Gewaltdarstellungen, also nicht nur Gewaltpornographie, nachdrücklicher als bisher zu tabuisieren.

Die Fixierung der PorNO-Kampagne an sexistischer Gewaltdarstellung unterstellt hingegen, daß die vermischten Märkte (Gewalt und Sex) gefährlicher sind als die entmischten (pure Gewalt), daß also die übliche Unterscheidung zwischen Gewaltpornographie und (asexuellem) Gewalt-Video einen guten, womöglich feministischen Sinn habe. Diesen vermag ich nicht einzusehen. Wieso soll denn »saubere« Gewalt noch tolerierbar sein, sexuelle Gewalt aber unter keinen Umständen? Weil nur letztere »frauenfeindlich« ist? Frauen- und Menschenfeindlichkeit hat tiefere Gründe. Der Prozeß der männlich dominierten Zivilisation ging einher mit einer (militärisch verbrämten) Ästhetik der Gewalt, der Hypostasierung männlicher Omnipotenz (»saubere« Gewalt) und zahllosen Varianten der suggerierten Beherrschbarkeit der Natur, deren eine die von der Macht der Männer über Frauen ist. Alle Spielarten dieser Ideologie und nicht – wie die »EMMA«-Kampagne glauben macht – der »penetrierende Mann« sind das Markenzeichen des verbreiteten Männlichkeitswahns.

Wer nur die offen sexuell motivierte Gewaltdarstellung anprangert, schafft falsche Fronten. Sie bleibt nach einer ersten, sich verflüchtigenden Aufregung folgenlos. Vergewaltigungsmythen werden nicht nur (und vermutlich so gut wie nie) durch offen frauenfeindliche Bilder gelernt. Das Deutungsmuster von der hilflosen männlichen Gegengewalt gegen die »provozierende« Verführerin/Mittäterin ist Teil der noch dominanten sozialen Realitätswahrnehmung und als solche auch – wer denkt da noch an den Bock als Gärtner – ein wesentliches Element der herrschenden Auslegung der einschlägigen Bestimmungen des Strafgesetzbuches. Seit Jahren fordern deshalb GRÜNE, Frauengruppen, der Juristinnenbund und während einer Reform-Episode (bis Mai 1988) auch das Frauenministerium (gegen das Justizministerium) das Merkmal *»Gewalt«* in § 177 StGB durch die Formulierung *»gegen den Willen«* zu ersetzen und auf diese Weise den auf Brachialgewalt verengten Gewaltbegriff zusammen mit dem sogenannten minder schweren Fall der Vergewaltigung (etwa wegen »provokativem« Opferverhalten) zu streichen (eine Forderung, der sich die SPD nicht angeschlossen hat). Die Reformdiskussion endete kläglich. Ich ziehe daraus den Schluß, daß die angemessene Definition realer Gewalt (nicht nur extremer Formen von Brachialgewalt) vorrangiges Ziel bleibt. Solange sie nicht erfolgt, erübrigt es sich, die unsägliche Aufzählung verbotener Pornographie in § 184 Abs. 3 StGB (Sex mit Tieren, Kindern und »Gewalttätigkeit«, d. h. Perversionen im konventionellen Sinne) aufzugreifen und einzelne Elemente zu reformieren, etwa die extrem enge Tatmodalität der »Gewalttätigkeit« durch die weitere der »Gewalt« zu ersetzen. Zwar gibt die Rechtsprechung Anlaß zu solchen Änderungen, da es Urteile gibt, die zwar maso-sadistische Darstellungen als »pervers« und daher strafbare Gewalttätigkeit einstufen, nicht aber die filmische Darstellung der Bedrohung einer Frau mit einer Waffe, um sie zum Beischlaf zu zwingen (keine »Gewalttätigkeit«, sondern nur straflose »Gewalt«-Darstellung, vgl. BGH, NJW 1980, S. 65). Aber eine gesetzliche Erweiterung dessen, was unter Gewaltpornographie zu verstehen ist, rettet die fehlende Systematik dieser Strafbestimmung nicht mehr. Sie ist und bleibt ein Relikt der früheren Unzuchtsverbote. Somit bleibt nur eine Anknüpfung an das generelle Verbot der Gewaltverherrlichung (§ 131 StGB).

Wie sind die Chancen einer strafrechtlichen Kontrolle von Gewaltdarstellungen nach § 131 StGB? Diese Bestimmung stellt – ebenso wie § 184 Abs. 3 StGB – nur die Darstellung von »Gewalttätigkeit«, nicht die Ästhetisierung von »Gewalt« unter Strafe. Auch diese Gesetzeslücke ist nicht zufällig, sondern wegen Art. 5 GG (Meinungsfreiheit und Kunstprivileg) geplant. Sie legt es kommerziellen Vertreibern von Gewaltdarstellungen nahe, Ärger mit der Bundesprüfstelle zu vermeiden und Gewalt-Videos durch geschickte Schnitte von strafbaren »gewalttätigen« Szenen zu reinigen. Der Kontext von Gewalt bleibt zwar ungeschmälert erhalten, aber Gesetzgebung und Rechtsprechung genügt es, wenn die optische Darstellung der physischen Verletzungshandlung »geschnitten« wird. Angenommen, man würde den Gesetzestext ändern und »Gewalt« statt »Gewalttätigkeit« einfügen, was wäre die Folge? Strafbar wäre die Verharmlosung oder Verherrlichung von »grausamer oder unmenschlicher Gewalt gegen Menschen«. Die Bewertung würde sich verlagern auf die normative Frage, wann Gewalt »grausam« oder »unmenschlich« wirkt und wann sie »verharmlosend« bzw. »verherrlichend« gemeint ist. Wir ahnen schon die Windungen und Ausflüchte und versprechen uns von einer solchen Gesetzesänderung allenfalls paradoxe Effekte. Immerhin, verglichen mit der PorNO-Kampagne würde diese Diskussion wenigstens in die richtige Richtung zielen. Nicht die Vermischung von Gewalt und Sexualität ist anstößig, lautet die Botschaft, sondern jede Verharmlosung von Gewalt. Gewaltpornos sind nicht »unzüchtiger« als andere Gewaltdarstellungen, sie sind nur (im täglichen Fernsehprogramm) ungewohnter. Erweitern wir also das juristische Strategie-Spiel. Gewaltdarstellungen sind wettbewerbswidrig. Verbraucherschutzverbände haben ebenso wie Mitbewerber auf dem Markt ein Klagerecht. Die einschlägige Norm ist § 131 StGB in Verbindung mit § 1 des UWG, der wettbewerbsrechtlichen Generalklausel. Notwendig ist nicht der Ruf nach »dem Gesetzgeber«, erforderlich sind soziale Initiativen und ein kreativer Umgang mit dem bestehenden Wettbewerbsrecht. Aber im Deutschen Bundestag wäre es an der Zeit, daß die Mandatsträgerinnen von SPD, FDP und CDU/CSU dem Vorbild der Fraktion der GRÜNEN folgen und die längst überfällige Reform der §§ 177, 178 StGB erzwingen: Streichung des Gewaltbegriffs, damit deutlich wird: Vergewaltigung ist nicht Brachialgewalt, sondern Sex »gegen den Willen« einer Person.

Teil III
Perspektiven / Alternativen

Claudia Gehrke

Anregungen zu einer Politik erotischer Kultur von Frauen

Erst in unserer Kultur, historisch gesehen also seit nicht allzu langer Zeit, ist die Abbildung des Sexuellen ausgeschlossen aus der Kultur. – Man denke an asiatische Kulturen, an die griechische Kultur, an sogenannte primitive Kulturen. Abbildungen des Sexuellen waren in aller Deutlichkeit und allen Varianten an den öffentlichen Orten zu finden. Damit möchte ich nicht sagen, daß die Sexualität keinen Regeln unterworfen war, ich möchte nicht dem Bild des »freien Wilden« frönen, aber: das, was eine Kultur unter Sexualität verstand, durfte abgebildet werden.

Die patriarchal-christliche Kultur erst akzeptierte Sexualität nur im Zusammenhang mit Zeugung als »Notwendigkeit der Natur« und verbannte jede Abbildung der Sexualität aus der kulturell akzeptierten Bilderwelt. Und schaffte damit jene hinlänglich bekannte Doppelmoral der Männergesellschaft, die zur – zwecks »Triebabfuhr« – notwendigen, aber kulturell mißachteten Pornographie & Prostitution führte. Beides konnte sich nun jenseits jeder kulturellen Kritik und Regelung zu dem entwickeln, was es heute ist: »Unterwelt«. Ob es sich nun um »verbotene« und unter dem Ladentisch gehandelte oder um »erlaubte« Pornographie handelt, niemals ist sie als Kulturausdruck (= Kunst) akzeptiert. Und die Grenze zur »richtigen« Unterwelt ist in jedem Fall nah: mit bekannten finanziellen Ausbeutungsverhältnissen bis hin zum Menschen(Frauen)handel.

Das christlich-patriarchale Bild der Frauen als Verführerinnen zum Bösen der Sexualität setzt sich bis in aktuelle Pornomythen fort. – Die unersättlich gierige Frau auf dem Sofa oder sonstwo findet endlich den passend potenten Herrn, den sie verführt und der es schließlich schafft, was fast unmöglich ist, sie zu befriedigen. Auch aktuelle Pornos bieten meiner Kenntnis nach nur Varianten. Dazu kommen die Frauen in der Werbung, als Verführerinnen zum bösen Konsum. »Böse« zumindest nach protestantisch-christlicher Auffassung, für die Instandhaltung der technologisch-kapitalistischen Maschinerie aber unbedingt notwendig. Natürlich gibt es auch Männer: Der Marlboro-Abenteuer-Typ suggeriert wenigstens Selbständigkeit & Freiheit, die Frau verlockt durch passive Schönheit oder hausfrauliche Sauberkeit.

Das Bild der Frau als Inhaberin der »Schuld« ist Anlaß für jahrhundertelang versuchte Unterdrückung. Von den Hexenverfolgungen, dem kirchlich legitimierten Massenmord an Frauen – u. a., weil diese Frauen das Wissen über Sexualität als Lust jenseits von Zeugung weitergaben, mit Ratschlägen über Verhütung und auch Abtreibung –, bis hin zur Verfolgung und Einsperrung der Aids-infizierten Prostituierten: die »Schuld« wird bei den Frauen gesucht. Nicht der Freier, der partout ohne Gummi vögeln will, hat die Schuld.

Diese »Schuld« nun umgekehrt ebenso total den Männern in die Schuhe schieben zu wollen, ist keine Lösung des Geschlechterproblems. Sexualität, auch das ist hinlänglich bekannt, ist immer Kultur und niemals reine »Natur«, weder im Sinne jener Partnerschaft zweier verschiedengeschlechtlicher Menschen auf Ewigkeit, noch im Sinn jener Aufklärung, die Sexualität in den Stand der »natürlichen« Körperbedürfnisse erhob wie Essen & Ähnliches.

Daß Sexualität prinzipiell den kommunikativen Künsten eher verwandt ist als den natürlichen Körperbedürfnissen, liegt schon daran, daß sie zwischen Menschen stattfindet und auch der Erkenntnis, einfacher gesagt, dem Kennenlernen anderer dient.

Jenseits jener patriarchalen Geschichte ist zunächst einmal nichts »Böses« oder auch »Erniedrigendes« daran, Techniken der, altertümlich ausgedrückt, Liebeskunst zu erlernen und sie gegen eine angemessene Gegenleistung weiterzugeben – so kalt und der »Religion der Vermarktung« auf den Leim gegangen das auch klingen mag. Wenn nämlich diese Kunst, wie etwa im alten Griechenland, kulturell als gleichwertig anderen Künsten, etwa der Philosophie, der Heilkunst, der bildenden und poetischen Kunst, angesehen wird, ist nichts Anrüchiges mehr daran, diese Kunst abzubilden, zu beschreiben oder auszuüben – auch gegen Geld. Ohne negativen Beigeschmack darf Geld im Spiel sein, wenn es um andere Künste geht. Wenn ich ins Theater gehe oder zum Masseur oder zum Arzt, wenn ich ein Buch kaufe oder ein Bild, immer spielt Geld eine Rolle, und trotzdem dürfen sich Kopf & Körper erfreuen mit diesen Künsten. Nur bei der Sexualität hat die Verknüpfung mit Geld diesen üblen Beigeschmack – und trotzdem, oder gerade deswegen ist die Sexualität in besagter Subkultur auf die übelste Weise mit Geld verknüpft. Ausgerechnet und ausschließlich in der Sexualität soll alles frei vom Materiellen, alles allein aus »Liebe« möglich sein. Die Beziehungen sind hoffnungslos überfrachtet mit diesem Ansinnen und werden es im Zusammenhang mit der Aids-Politik immer mehr.

Daß Liebe und Sexualität nicht immer identisch sind, ist eine triviale Wahrheit; besser gesagt, daß es verschiedene Arten der Liebe gibt und verschiedene Arten der Sexualität. Die intensive, warme Sexualität, die mit großer Nähe verknüpft ist und mit Zärtlichkeit; die kurze, hitzige »Leidenschaft eines Augenblicks«; das Gefühl, manchmal, wenn wir in der Sonne liegen, jetzt, jetzt sofort könnte etwas Sexuelles geschehen, der Nächste, die Nächste, die dir begegnet, wird es sein; oder einfach nur technisches Können, das dazu dient, daß sich ein Körper wohlfühlt. Nur in unserer Kultur, und auch da noch nicht seit allzu langer Zeit, wird Sexualität im Zusammenhang mit jener Liebe am höchsten bewertet, die ewig währt. Alle anderen Arten der Sexualität werden disqualifiziert. Ich möchte hier nicht etwa die griechische Kultur als die erotische Idylle an sich glorifizieren – auch die griechische Kultur war patriarchal organisiert, Ehefrauen waren nichts wert; aber im Unterschied zur christlichen Kultur waren jene Hetären hoch geachtet – daß es auch in der Gruppe der »Liebesdienerinnen« Klassenunterschiede gab, wie in allen gesellschaftlichen Gruppierungen, und entsetzlich ausgebeutete Frauen, sei ebenfalls nicht in Abrede gestellt. Aber die Liebeskunst war, das sei noch mal betont, eine angesehene Kunst. Die ersten Schriften über »Erotik« stammen von Frauen, von bekannten Hetären, so daß Pornographie auch heißen könnte: das, was die Huren, die Liebeskünstlerinnen, über ihre Kunst, ihre Techniken geschrieben haben, pornographische Schriften ursprünglich als Lehrbücher, Aufklärung. »Porne« – so wurde Aphrodite genannt, als Göttin, die für die Gesamtheit der Liebesdienerinnen zuständig war. Und nicht nur für die ausgebeutete Schicht. Im Mittelalter noch hatte das Christentum es anfänglich schwer, sich durchzusetzen: Die bekannten Troubadouras seien hier erwähnt, fahrende Künstlerinnen, die sich auch ihre Liebschaften selbst auswählten; aber auch weibliche Zünfte, in denen ledige Frauen sogar Vorteile hatten. Und es gab eine mittelalterliche Festkultur, in der auch sexuelle Verkleidungsspiele eine große Rolle spielten. Das Christentum machte die Troubadouras zu Prostituierten und die Prostituierten zu den bösen Frauen und die Ehefrauen, die lebenslänglich – aufgrund »christlicher Liebe« – Eigentum eines Mannes waren, zu den guten Frauen.

Diese christliche Liebe, die ewig währt, sitzt in unser aller Köpfe. Moderne Paare wollen grundsätzlich Liebe-Freundschaft-Sex verknüpfen, aber ihre Erwartungen an die Sexualität werden fast immer enttäuscht – was sie dann zu den entsprechenden Experten führt. Von der Fernsehratgebertante zu Bornemans Spalte in der »Neuen Revue«, vom Psychotherapeuten zum Analytiker. Sexualität als Krankheit – von der Frigidität über den vorzeitigen Erguß zu den, neueste Variante, Sexoholics – Sexualität als Wissenschaft. Statt: Sexualität als Kultur. Die sexuelle Kultur wird unmerklich nur noch den Experten überlassen. Selbst die Pornohersteller begreifen sich ja als Therapeuten. »Noch der trivialste Rat eines Psychoexperten gilt heute ungleich mehr als der noch so subtile eines Mitmenschen« (Dannecker). Für die Sprache des Sexuellen bedeutet dies, daß sie immer mehr zur toten Fachsprache der Experten wurde oder zur primitiv-trivialen der Pornosubkultur. Ein Blick in die Geschichte wäre auch auf der Sprachebene angesagt. Die »Liberalisierung« hat zwar erreicht, daß die Abbildung des Sexuellen nicht mehr grundsätzlich verboten war, aber den Bruch zwischen Kultur – in der das Sexuelle nicht vorkommen darf – und Porno, in der es ausschließlich vorkommt, hat sie nicht aufgehoben, im Gegenteil. In kulturellen Produkten kann es zwar dauernd »um Sex gehen«, aber direkt darf er nicht abgebildet werden – aufgrund des »Jugendschutzes«. Die abgeschnittenen Geschlechtsteile machen sich selbständig im Porno. Doch nicht nur der Jugendschutz macht dieses immer noch vorhandene Tabu der hohen Kunst. Die Vorstellung vom Sex als Geheimnis, dem man den Reiz nimmt, wenn man es abbildet, sitzt nicht nur im Kopf vieler Romantiker, sondern durchzieht die gesamte deutsche Sexualwissenschaft. Daß die sexuellen Handlungen dann besonders reizvoll seien, wenn sie mit Verbotenem zu tun hätten, ist eine der »Wahrheiten« aus diesem Zusammenhang. Das »Geheimnis« des Sexuellen liegt gerade nicht in der Abbildung sexueller Handlungen, und man kann es mit deren Abbildung auch nicht nehmen. Das wußten fast alle Kulturen außer der unseren. Das »Geheimnis« liegt etwa in dem Moment, in dem es losgeht zwischen zwei Menschen. In der Attraktion. Warum bin ich plötzlich atemlos, wenn mich ein bestimmter Blick trifft? Warum erregt mich ein Bild, auf dem eigentlich NICHTS zu sehen ist? Vielleicht, weil wir in die »sexuellen Handlungen« soviel hineingeheimnissen, sind wir fast immer ein wenig enttäuscht vom realen Ablauf realer Sexualität. Oder ist der »Pornosammler« nach jedem Bild/Text/ Film nur darauf aus, noch ein(en) Bild/Text/Film zu finden? Noch mal Dannecker: »Es ist wie verhext. Die Sexualität desexualisiert sich, wenn sie praktiziert wird.«

Anliegen

Meiner Meinung nach wären die willkürlichen Grenzen des Jugendschutzes neu zu überdenken. Was Bilder betrifft, etwa die Grenze zwischen »steht er und steht er nicht«, zwischen »scharfer Schamlippe und unscharfem Fleck«. Frauen werden in der für Kinder und Jugendliche zugänglichen Bilderwelt grundsätzlich mit unscharfem, d. h. retuschiertem Geschlecht abgebildet. Denn »Jugend« darf nichts sehen, was dazu dient, »ausschließlich sexuelle Erregung zu erzeugen«, also vorsichtshalber gar keine »sexuelle Erregung«. Da man (Mann) beim weiblichen Geschlecht nicht unterscheiden kann, wann es »sexuell erregt« ist, gibt es in den Magazinen vor dem Vorhang nur diesen verwaschenen Fleck auf den »Mädchenfotos«. Abgesehen von den ewig dummen Gesichtern ist das eine Art Kastration. Verstümmelung. Wo nichts zu sehen ist, ist auch NICHTS. Eva Poluda-Korte, eine Psychoanalytikerin, berichtet von vielen Frauen unterschiedlichsten Alters, die aufgrund ihrer Unfähigkeit, das eigene Geschlecht »in Besitz zu nehmen«, mit Bildern zu besetzen, vielerlei psychisches Leid davontragen. Diese Unfähigkeit, das eigene Geschlechtsorgan positiv zu besetzen, kommt auch von dieser »Bildergrenze«, die sich weit fortsetzt bis in die schulisch erlaubten Aufklärungsbücher. Natürlich gibt es gezeichnete weibliche »Scham«, aber die »sexuelle Erregung« wird noch immer fast ausschließlich am Mann erklärt: Wenn Mami und Papi alleine sind und sie sich gut fühlen, dann wird der Penis von Papi groß und dringt in Mami ein. Ich möchte hier nicht weiter ausführen, daß zur sexuellen Erregung auch etwa gehörte: Die Vagina von Mami wird feucht, die Schamlippen schwellen, der Kitzler richtet sich auf... Es führte hier zu weit, diesen Aspekt der »Bildergrenze« weiter auszuführen, es gibt eine Untersuchung dieser Aufklärungsbücher aus dem Jahr 1984, die auch heute noch weitestgehend zutrifft.

Der »Jugendschutz« geht mit diesen (und nicht nur mit diesen) Grenzen weit an der Realität der Jugendlichen vorbei, fast schon rührend antiquiert. Und er trägt auf spezielle Weise auch dazu bei, daß das Sexuelle als Besonderes betrachtet wird, auf deutsche Weise verklemmt. Ich glaube, es wäre für Kinder und Jugendliche keinesfalls »schädlich«, wenn die Abbildungen des Sexuellen wie selbstverständlich unter anderen kulturellen Abbildern zu finden wären. Im Gegenteil, vielleicht weil das Sexuelle in unserer Gesellschaft nicht gleichwertig und selbstverständlich behandelt wird, weil es auf diese Weise paradox zugleich überbewertet wie abgewertet wird und weil in den meisten Fällen deshalb noch immer ein verklemmter Umgang mit Sexualität vorherrscht (gemeinsames Pornogucken in gemeinsamer Sprachlosigkeit ändert daran nichts, im Gegenteil), können z. B. Mädchen nicht darüber reden, wenn ihnen von nahestehenden Männern etwas angetan wird... Denn daß Erwachsene etwas miteinander tun, das Kinder noch nicht tun, heißt ja noch lange nicht, daß Kinder nichts davon wissen sollten. Sie werden es immer irgendwie und oft mit Ängsten verknüpft erfahren. Jener Überraschungsbesuch im Schlafzimmer mit dem Ausruf »Papi tut der Mami was« ist nicht nur Anekdote. Selbstverständlich sollte sein, daß Erwachsene manche Dinge nicht mit Kindern tun, sondern nur mit ihresgleichen.

Doch das ist wieder ein ausuferndes weiteres Kapitel, was hier nicht weiter ausgeführt werden kann.

Morden beispielsweise, auch etwas, das nur Erwachsene tun, ist in der Bilderwelt unserer Gesellschaft weit eher akzeptiert als das Sexuelle. Ich meine damit nicht einmal jene Gewaltvideos, sondern den ganz alltäglichen Mord in jedem normalen Fernsehkrimi, ganz abgesehen von der täglichen Katastrophenberichterstattung in der Tagesschau, die jedes Kind sehen kann. Und wenn in einem Film (ab zwölf) alle paar Minuten Koks geschnupft wird oder ein Drink eingeschenkt oder auch nur geraucht, tritt der »Jugendschutz« nicht auf den Plan. Obwohl m. E. mehr Kinder und Jugendliche an Drogen oder Alkohol sterben als an Sex. Ich möchte damit nicht provozieren, daß der »Jugendschutz« jeden Film verbieten soll, in dem ein Drink eingeschenkt wird, sondern nur verdeutlichen, daß es viele Dinge gibt, die nur Erwachsene tun sollten und die in der kulturellen Bilderwelt vorkommen können.

Ich plädiere also für eine Politik, die dahin zielt, daß die Abbildung des Sexuellen wieder in die Kultur aufgenommen wird, in die Kunst, und zwar vollständig.

Und für eine Politik, die dahin zielt, daß die einseitig männlich dominierte Bilderwelt ergänzt/ersetzt wird durch weibliche. D. h.: Quotenregelung in allen Bereichen der Bildwelt, in der Werbung, in der Film-/Kunst-/Literatur-Förderung etc.

Und ich plädiere für eine Politik, die dahin zielt, daß der Beruf des/der Prostituierten nicht mehr geächtet wird, daß er wirklich unter allen gesetzlich regelbaren Gesichtspunkten (Versicherung, Rente – nicht nur Besteuerung) als ein Beruf unter anderen behandelt wird. Ich glaube nicht, daß man den Verkauf von Sex gegen Geld ganz abschaffen kann, und ich plädiere in diesem Sinne umgekehrt eher dafür, daß also etwa eine Fußreflexzonenmassage die gleiche kulturelle Wertigkeit hat wie etwa der Umstand, daß eine Frau (ja, auch eine Frau!) oder ein Mann zu einer »Liebestechnikerin« gehen kann, die ihr (oder ihm) einfach mit Fingerfertigkeit und sonstigen Techniken guten Sex gibt – ohne daß diese Frau (oder dieser Mann) selber etwas geben muß, wie das ja im Sinne der Liebe moralisch verlangt wird. Mit »Leidenschaft« hat das nichts zu tun, aber die Möglichkeit zur »Leidenschaft« verschwindet nicht, wenn diese Art der Sexualität kulturell akzeptiert wird.

Pornographie ist mit dem gesellschaftlichen Tabu von Einsamkeit und Masturbation versehen. »Männer brauchen Pornos« – und Frauen brauchen Lehrbücher. Zu Beginn der Neuen Frauenbewegung hat sich vorwiegend die »Masturbationskultur« entwickelt. Mit durchaus notwendigen amerikanischen Lehrbüchern à la: Wie komme ich zum Orgasmus. Eine »Kultur« des Sexuellen hat sich auch innerhalb der Frauenbewegung nur in den winzigen und großenteils angefeindeten, sexuell provokanten (meist sadomasochistisch ausgerichteten) lesbischen Subkulturen entwickelt. Sonst herrschte auch in den lesbischen Teilen der Frauenbewegung eher eine Berührungsangst zum Thema Sex: Sex ist Zärtlichkeit, und Männersex ist schlecht. Feminismus ist die Theorie und Lesbischsein die Praxis. Auch diese Widersprüche der feministischen Sichtweise der Sexualität können hier nicht ausgeführt werden.

Die Entwicklung einer Kultur wäre also zu fördern, in der

Sexualität als eine Form gleichbedeutend mit anderen Formen kulturellen Ausdrucks vorkommt, in der sexuelle Lebensäußerungen nicht mehr getrennt von anderen Lebensäußerungen stattfinden: Kultur entsteht nicht aus »Triebverzicht« – wie noch die Psychoanalyse die Sexualität fatalerweise über- bzw. unterbewertet –, sondern die Inszenierung der Sexualität ist Teil der Kultur.

Warum eine »Politik erotischer Kultur von Frauen«?

Mit den kulturellen Produkten von Frauen könnte sich eine Kreativität Bahn brechen, die historisch noch nicht festgelegt ist. Die »männliche« erotische Kultur (= Pornographie) ist festgefahren. Und im »anderen Bereich«, der »Hochkultur«, bestimmen vorwiegend Männer, die in den Gremien zur Filmförderung etc. sitzen, die Qualitätsnormen. Es ist vielleicht historisch notwendig, eine gewisse Zeit lang nicht zu wissen, was »gut« ist und was »schlecht«. So daß sich neue »weibliche« Qualitätsansprüche finden lassen in der Bewertung von Kunst. Es ist heikel, die Frage nach einer geschlechtsspezifischen Ästhetik zu stellen. Nur zu leicht ist es, sich dabei in Widersprüche zu verwickeln und das, was man der einen Seite unterstellt, plötzlich auf der anderen zu finden.

Ich höre immer wieder einmal, wenn ich erotische Bilder/ Texte von Frauen vorführe, da sei doch auch nichts anderes zu sehen als in den Produkten von Männern. Einmal ganz abgesehen von sehr einfachen Unterschieden, daß es beispielsweise nicht-professionellen Bildermacherinnen und Modellen kaum gelingt, jene plastikpuppenhafte Ästhetik der Mädchenkörper und Gesichter aus den Herrenmagazinen zu imitieren, gibt es Differenzen. Und diese Differenzen liegen in Nuancen. Der erste Blick sieht immer gerne nur, was er sehen will. Das bekannte, das abgelehnte Bild.

Selbstverständlich ist auch, daß Jahrhunderte patriarchaler Geschichte nicht ohne Spuren bleiben können.

Ich möchte im folgenden nur kurz einige Differenzen nennen. Als Verlegerin erotischer Texte & Bilder habe ich schon unendlich viel an Material von Männern und Frauen gesehen, so daß ich inzwischen ein recht gutes »Gefühl« dafür entwickelt habe, ob ein Bild/ein Text von einer Frau/einem Mann stammt.

Dieses »Gefühl« ist auf den Begriff zu bringen, doch auch das wäre zu ausufernd für diesen Text.

1000 Dinge auf einmal sehen, aber nicht eines fixieren zu können. Sich selbst nicht heraushalten, keine Grenze ziehen zu können zwischen Kunst und Privatem. Diese »typisch weiblichen« Eigenschaften entsprechen durchaus einer ästhetischen Realität; der Realität einer erotischen Kunst, die nicht mehr allein aus dem (männlichen) Machtgefälle zwischen Blickendem und Angeschautem lebt, zwischen dem Auge (der Kamera), das immer in Distanz bleibt, das sich niemals selber zeigt (wie die männlichen Voyeure in den Peepshows), und den Objekten des Blickes, die sich nur für den Blick inszenieren (daher diese komischen Verrenkungen der Geschlechtsteile, diese Turnübungen zugunsten der Kamera). Dieses stilistische Mittel des außenstehenden Blickes läßt sich auch in der Literatur nachweisen. In der meisten »weiblichen« Kunst inszeniert sich das Angeschaute für sich selbst. Auch überschreiten »weibliche« Kulturprodukte viel häufiger die Grenzen zwischen Kunst und Nicht-Kunst, was man (Mann) ihnen oft als Qualitätsmangel vorwirft, was aber vielleicht gerade die Chance in sich birgt, das Sexuelle wieder hineinzunehmen in die Kunst.

Dazu fällt auf: die »Liebe zum Detail«. Auch etwas klischeehaft »typisch Weibliches«: Die Mutter sieht den Schnupfen des Kindes, bevor er da ist, und den Fleck auf dem Kleidchen, ohne genau hinzusehen. Sie »herrscht« in ihrem Bereich alleine über eine diffuse Vielfalt gleichwertiger Kleinigkeiten, der Mann ist Teil eines (industriellen) Räderwerks und betrachtet nur eine Sache, die dafür genau. Er unterstellt alles der Logik des Einen, sie verliert sich in Diffusität.

Diese Diffusität hat Nachteile: zur Gestaltung von Lust, zur kreativen Produktivität gehört Konzentration, und die fällt mit dieser »historischen« Last schwer.

Aber es gibt Bilder/Texte, in denen ganz kleine Bewegungen eine außerordentliche Bedeutung bekommen, minimale Regungen. Die Spannung besteht in der Abfolge dieser kleinen Bewegungen. Sie besteht nicht in der Unterordnung unter das mächtige Wichtigste. Es gibt in meinem Verlag Bücher (Cléo Uebelmann, The Dominas; Susanna v. Moellendorff, Erinnerung an eine gewisse Nacht), die sehr unterschiedlich sind und die fast immer Frauen gefallen, während Männer sie mit der Kritik ablehnen: Hier passiert ja NICHTS. Hier würde nur eine unendliche Vorlust inszeniert, aber nichts »Eigentliches«. Damit will ich nicht sagen, daß Frauen nicht auch ganz deftige »eigentliche« sexuelle Szenen inszenieren können – es geht nur um die Bewertung.

Dazu fällt in fast aller erotischen Frauenkunst auf, daß Frauen, die Bilder machen, sich auch zeigen im Bild. Daß – lesbische wie heterosexuelle – Frauen Bilder von Frauenkörpern machen, wird ihnen auch vorgeworfen: als Übernahme des männlichen Blickes auf das weibliche Objekt. Dabei passiert hier genau das Gegenteil: Frauen machen Bilder von sich. Von der eigenen Lust am eigenen Körper. Und das ist die Grundvoraussetzung für eine gelungene Sexualität mit anderen: die Lust am eigenen Körper.

Aber auch im Alltag, nicht nur in der Kunst, geht es um eine »Politik erotischer Kultur von Frauen«.

Ich wohne im Dorf. Hier wohnen viele alte Frauen, die zum Teil immer alleine gelebt haben. Es gibt manchmal kleine Platzfeste. Aus dem Mund einer dieser Frauen hörte ich – in Anwesenheit von Kindern – eines der pornographischsten Volksgedichte, die ich kenne. Frauen haben eine Kultur des Redens, die ebenfalls keine allzu engen Grenzen zieht zwischen Sexuellem und Nicht-Sexuellem. Diese alte mädchenhafte Frau sagte also mit errötenden Wangen ein Gedicht auf über den Bauer, der zu viel arbeitet und darum seiner Frau kein Vergnügen mehr bereiten kann, die ihn drum zur Rübe überredet. Nach dem »EMMA«-Gesetzvorschlag wäre auch dieses Gedicht mit Schadensersatzklagen zu überziehen, doch dazu im letzten Absatz. Im Alltag halte ich eine erotische Frauenkultur für eine positive und lustvolle Sexualität, überhaupt für die psychosexuelle Entwicklung von Mädchen für sehr wichtig, und zwar in dem Sinn, daß eine auch erotisch-körperlich geprägte Frauenfreundschaftskultur »heterosexuellen Schutz« durch »homosexuelle Rückversicherung« gewährt. Diese Art Schutz und Rückversicherung unter Frauen sind für die Realisierung sexueller Potenz grundlegend, und zwar sowohl für den Umgang mit Angst-Lust beim »Coming-out« verdrängter Lust auf Frauen wie auch für die Lust auf Männer. Ich glaube, daß in Kulturen mit ausgeprägten gleichgeschlechtlichen Subkulturen die Probleme mit der Sexualität geringer waren. Weil unsere Kultur den Frauen (als Müttern) körperliche Kontakte zu Gleichgeschlechtlichen – im Sinne der Zärtlichkeit bei der Erziehung von Töchtern – zugestand, haben Frauen hier einen historischen Vorteil: Sie sind in ihrem Körper eher »zu Hause«

als Männer und können so vielleicht auch eher zu einer ent-krampfteren Körperlichkeit beitragen. In der Spiegelung, im symmetrischen Austausch können wir sehr viel über uns selbst erfahren, in dem wir uns »liebend wiedererkennen« im anderen Körper. Zum Gefühl des »Beheimatetseins« im eigenen Körper trägt viel die körperliche Zuwendung des gleichgeschlecht-lichen Körpers bei. Und das fehlt den meisten Männern von frühester Kindheit an. Nicht erstaunlich ist in diesem Zusam-menhang die Aussage vieler junger Väter, die sich heute ja auch vermehrt um ihre Kinder kümmern, daß sie zu den Söhnen nicht so schnell ein auch körperlich-zärtliches Verhältnis finden wie zu den Töchtern.

Insofern ist das Programm erotischer Kultur selbstverständ-lich ein Programm für beide Geschlechter. Auch für Männer ist das »Beheimatetsein« im eigenen Körper essentiell notwendig, und hier muß sozusagen von frühester Kindheit an die Körper-lichkeit von Männern untereinander gefördert werden.

Noch mal: ein liebevoll-zärtlich-sexuell-erotisches Verhältnis zum eigenen Körper ist notwendig für die Sexualität mit ande-ren.

Schlußbemerkung: Warum ich gegen das von der Zeitschrift »EMMA« geforderte Gesetz bin

Dieses Gesetz, provokant polemisch formuliert, zementiert die Opferrolle von Frauen. Frauen werden angeregt, nach Bildern zu suchen, die ihre »Würde« verletzen – Bilder, die es tatsäch-lich massenweise gibt –, und dann zu klagen. Dieser Weg setzt die reine Defensivität aufs Programm.

Ganz abgesehen von der potentiellen Lächerlichkeit solcher Prozesse, in denen eine Frau den Grad ihrer Verletzung, ihren materiellen Wert beschreiben muß, und ganz abgesehen von der entgegengesetzten Möglichkeit, einfach um zu Geld zu kommen, gegen alles & jedes zu klagen.

Dieses Programm der Defensivität wird bestärkt durch die Aussagen zur Produktion eigener Bilder. Den Frauen wird mehr oder weniger direkt immer wieder gesagt, daß auch sie »infiziert« sind von der männlichen Gewaltsexualität und daß freie Bilder »weiblicher« Erotik gar nicht möglich sind, bevor man nicht die alles überflutende männliche Bilderwelt be-kämpft habe. So wird positive Kreativität abgeblockt, bevor sie überhaupt möglich ist. Es ist für Frauen oft schwer genug, eben weil sie es historisch nicht geübt haben, den ersten Schritt nach außen zu machen, über die Leere vor dem ersten Wort hinweg in die Abbildung ihrer Wünsche, zu einem kreativen Produkt also. Und dieses Loch vor dem ersten Schritt wird durch die »EMMA«-Argumentation schier unüberwindlich groß.

Die auf entsprechenden Veranstaltungen immer wieder geäußerte Ansicht, daß »wir« erst mal dieses Gesetz brauchen, um uns den Freiraum zu schaffen, in dem neue Bilder überhaupt möglich wären, führt eher in totale Resignation, als in eine Anregung zur Utopie: die immer darin liegt, gegen Bestehendes zu probieren, einfach zu probieren, einfach die Phantasie spielen zu lassen, auch auf die Gefahr hin, daß erst mal Bekanntes herauskommt und daß nicht alles »Weibliche« so sanft ist und gewaltlos und schön, wie von den feministischen Vordenkerinnen erwünscht.

Außerdem wird in diesem »Glauben« an die Wirkung eines solchen Gesetzes gerne die mögliche Realität übersehen. Und hier geht es um das Durchspielen von Kleinigkeiten, von dem, was eben alles in den Formulierungen eines solchen Gesetzes nicht festgelegt werden kann und hinterher im Auslegungsspielraum der zuständigen Zivilrichter/innen und Rechtsanwälte/innen liegt. Und die juristische Maschinerie hängt von der jeweiligen politischen Situation ab. Das Gesetz bietet in den vorliegenden Formulierungen viele Möglichkeiten, später, wenn dann keine »EMMA«-Redakteurin am Richtertisch sitzt, das zu treffen, was gar nicht gemeint war.

Während sich umgekehrt die Porno-Industrie schnellstens auf den Faktor »erniedrigend« einstellt, so wie sie sich schon heute auf den »Jugendschutz« und andere bestehende Paragraphen einstellt, und Frauen trickreich (scheinbar) anders gestaltet und also mit dem Gesetz gar nicht mehr zu treffen ist (während jede lesbische Frau, die auch mal mit einer Gurke spielt und das auch noch abbildet, sofort zu treffen ist – es ist ja soundso immer um so vieles leichter, juristisch gegen Kleinbetriebe vorzugehen als gegen die große Industrie, und das passiert mit der geltenden »Zensur«-Gesetzgebung schon zur Genüge). Und die »Gewaltpornographie«, die mit diesem neuen Gesetz angeblich vorwiegend getroffen werden soll, ist schon heute verboten und wird schon heute aus dem Untergrund heraus produziert – woran sich auch nach Einführung eines neuen, diesmal »Frauenschutz«(statt Jugendschutz)-Gesetzes nichts ändern wird.

Und gegen alltägliche sexistische Verhaltensweisen oder Bilder ist mit dem Gesetz sowieso nicht vorzugehen, da hilft nur die Eigeninitiative der Frauen und gerade nicht die Delegation an irgendein Gesetz. Gegen sexistische Bilder hilft nur ein Gesetz: Quotenregelung in allen Bereichen, Frauen an die Bilderfront!

Eva Dane

Da capo oder »Politik zur Beförderung
der menschlichen Glückseligkeit«

Die Frage, unter welchen Bedingungen es gelingen könne, zu
einem friedlichen Zusammenleben aller Menschen zu kommen, wurde seit Beginn der Aufklärung von zahlreichen Den-
kern erörtert. Aus einem neuen Selbstverständnis heraus hielt
man es für die vornehmste Pflicht des Menschen, Mittel und
Wege für eine neue Ordnung des Zusammenlebens zu finden;
eine Ordnung, in der unterschiedliche Interessen nicht länger
zu gewaltsamen Auseinandersetzungen führten, sondern durch
vernünftige Vereinbarungen zu regeln seien.

Aufklärung ist – nach Kant – »der Ausgang des Menschen aus
seiner selbstverschuldeten Unmündigkeit«[1]. Der mündige,
aufgeklärte Mensch, der für sein Handeln selbst verantwortlich
ist, hat es zu wagen, seinen Verstand zu gebrauchen und sein
Leben in eigener Verantwortung zu meistern (sapere aude).

Aus dieser Auffassung heraus wurden in der Mitte des
18. Jahrhunderts zahlreiche »Vernünftige Gedanken zur Beförderung der menschlichen Glückseligkeit« veröffentlicht.
Glückseligkeit wurde verstanden als eine Art beständiger
Freude, die sich – in Form einer guten inneren Verfassung – aus
dem Beobachten und Befolgen der Gesetzmäßigkeiten der Natur ergibt. Jeder Mensch sei, so postulierte man, »verbunden«
(d. h. sich selbst, seinen Mitmenschen und der gesamten Schöpfung gegenüber verpflichtet), in seinem »Thun und Lassen«
nach dieser guten inneren Verfassung zu streben, um so zur »gemeinschaftlichen Glückseligkeit« beizutragen.[2] Unerläßlich
zur Erreichung und Wahrung der guten Verfassung des Staates
sei es – so der Volkswirtschaftler, Philosoph und Kriegsgegner
Johann Heinrich Gottlob v. Justi –, nicht nur die materiellen
Güter zu mehren. Ebenso müßten »die Geschicklichkeiten und
Fähigkeiten aller zur Republik gehörenden Personen« gefördert werden, außerdem sei es notwendig, immer den »allgemeinen Zusammenhang der verschiedenen Güther« (der materiel-

len und menschlichen Ressourcen) vor Augen zu haben. Ohne die Beachtung dieser Zusammenhänge könne der Endzweck der Politik, nämlich die »innere und äußere Cultivierung des Landes«, und damit eine sichere Verfassung des Staates, nicht erreicht werden.[3]

Diese egalitäre Auffassung, nach der auch Frauen das Recht auf Ausbildung ihrer Fähigkeiten und dementsprechend auch das Recht und die Pflicht zu gleichberechtigter Integration in die bürgerliche Gesellschaft gehabt hätten, entsprach jedoch nicht den herrschenden Interessen. Im Zeitalter des aufstrebenden Merkantilismus war dem Staat aus ökonomischen und machtpolitischen Gründen an zahlreichem Nachwuchs gelegen, daher waren nicht die individuellen Fähigkeiten, sondern die biologischen Funktionen der Frau gefragt.[4]

Konsequenterweise wurde die »natürliche Bestimmung der Frau« Gegenstand zahlreicher ernsthafter politischer, moralischer, theologischer, philosophischer und medizinischer Überlegungen. Ziel dieser vereinten Anstrengungen war nicht nur, die Frauen auf diese ihre – nach Meinung der Experten – von der Natur »gewollte« Bestimmung als Gattin und Mutter hinzuweisen. Ebensoviel Nachdruck wurde darauf verwandt, sie an »unnatürlicher« Betätigung zu hindern.[5] Bemerkenswert an diesen Anweisungen ist, daß für Frauen sowohl geistige Tätigkeit wie auch nicht zum Zwecke der Fortpflanzung ausgeübte Sexualität als »unnatürlich« und verwerflich galt: Frauen war die Lust an geistigen und körperlichen Entdeckungen verboten. Dies war – so bemühte man(n) sich nachzuweisen – »unweiblich«.

Mit der Festlegung dessen, was (richtig) »männlich« und (richtig) »weiblich« sei bzw. zu sein habe – und der als Gewißheit vertretenen Behauptung, daß beide »Eigenschaften« einander ausschließen –, war eine kaum angreifbare Legitimation der Unterordnung der »von Natur schwachen« Frau unter den »von Natur starken« Mann geschaffen. Schon bald erschien – philosophisch begründet – die Vorenthaltung ihrer Selbstbestimmung nicht mehr als Rückschritt oder als Vorenthaltung ihr zustehender Rechte, sondern konnte als Fortschritt, als Zuweisung besonderer Rechte dargestellt werden. Mit der »Entdeckung« der »Geschlechtscharaktere« wurde die überkommene Selbstverständlichkeit männlicher Vorherrschaft angesichts umwälzender sozialer Veränderungen neu begründet und nachhaltig gesichert.[6] Der so hoffnungsvoll begonnene Weg zur (rational) zu fördernden menschlichen Glückseligkeit nahm – unter männlicher Führung – eine gefährlich irrationale Wendung: Ein neues Gewaltverhältnis wurde begründet, undurchschaubar gemacht durch die Konfusion unveränderbarer biologischer Gegebenheiten mit – durchaus veränderbaren – sozialen Strukturen.

Zukunftsweisend und folgenreich wirkte Rousseau[7], seine Gedanken lassen sich – über Kant und Fichte – noch bei Freud und von ihm beeinflußten Schulen wiederfinden.

Aus der großen Ungleichheit der Geschlechter beim gemeinschaftlichen Unternehmen der Fortpflanzung leitet Rousseau als ersten und wichtigsten Schluß ab:

»Das eine (Geschlecht) muß aktiv und stark, das andere passiv und schwach sein – notwendigerweise muß das eine wollen und können, und es genügt, wenn das andere nur schwachen Widerstand zeigt. Aus diesem festgesetzten Prinzip (!) folgt, daß die Frau eigens dazu geschaffen ist, dem Mann zu gefallen... Da die Frau dazu geschaffen ist, zu gefallen und sich zu unterwerfen, muß sie sich dem Mann liebenswert zeigen und ihn nicht herausfordern, ihre Macht liegt in ihren Reizen, und mit ihnen muß sie ihn zwingen, seine eigene Kraft zu entdecken und zu gebrauchen.«

Aus der biologischen Fähigkeit der Frau zu gebären, wird sodann ihre soziale Unfreiheit abgeleitet: Da sie ihre »eigentliche Bestimmung, viele Kinder zu gebären«, nur durch einen Mann erfährt, durch den sie auch ihre gesellschaftliche Stellung und die Sicherheit ihrer materiellen Bedürfnisse erreicht, kann ihre Existenz niemals autonom sein. Rousseau erklärt (verdächtig selbstsicher): »Wir (die Männer) könnten eher ohne sie bestehen als sie ohne uns.«

Besondere Aufmerksamkeit galt der Erziehung, die völlig auf die unterschiedliche Stellung der Geschlechter im äußeren und inneren Raum abgestellt zu sein hatte. Rousseau erzielte mit seinen unterhaltsam als Roman abgefaßten Erziehungsanleitungen einen weitreichenden und nachhaltigen Einfluß in Europa. Die weibliche Erziehung hatte folgende Ziele anzustreben:

»Die erste und wichtigste Qualität einer Frau ist die Sanftmut: einem so unvollkommenen Wesen wie dem Mann zum Gehorsam geschaffen, der so oft voller Laster und immer so reich an Fehlern ist, muß sie frühzeitig lernen, selbst Ungerechtigkeiten zu erdulden und die Launen eines Gatten klaglos zu ertragen; nicht um seinetwillen, sondern um ihrer selbst willen muß sie sanftmütig sein. Verbitterung und Halsstarrigkeit der Frauen steigern nur ihre eigenen Leiden und das schlechte Verhalten der Gatten; sie (die Männer) spüren, daß dies nicht die Waffen sind, mit denen die Frau sie besiegen sollen.«

Die Mütter werden dazu angehalten, ihre Töchter zu Fügsamkeit anzuleiten, ihnen »wenig Freiheit« zu lassen und sie immer »im Zaum« zu halten. Daraus entstehe eine »Gefügigkeit... deren die Frauen ihr ganzes Leben lang bedürfen, da sie niemals aufhören, unterworfen zu sein, sei es einem Mann oder dem Urteil der Männer, und es ihnen nie erlaubt ist, sich über dieses Urteil zu erheben«.

Darüber hinaus haben die Mädchen zu lernen, daß ihr Ruf besonders wichtig ist: Die Frau muß bestrebt sein, ihren Mann vor Mißtrauen im Hinblick auf die Legitimität seiner Kinder zu bewahren. Sie kann sich daher nicht damit begnügen, nur tugendhaft zu sein, sie muß vor allem auch tugendhaft scheinen: Sie hat nicht wie der Mann die Freiheit, nach ihrem Gewissen zu handeln, Richtschnur ihres Verhaltens muß sein Urteil und das (vermutete) Urteil von »jedermann« sein. (Dies erinnert an die noch heute in vielen Familien gerade von Müttern oft beschworene Meinung »der Leute«.)

In Deutschland übernahm kein Geringerer als Kant (1798) die Argumentation Rousseaus im Hinblick auf das Herrschafts-Unterwerfungs-Verhältnis der Geschlechter. Kant argumentiert pragmatisch-zweckmäßig: Da im ehelichen Zusammenleben die »Gleichheit der Ansprüche zweier, die einander nicht entbehren können..., lauter Zank« bewirke, hat sich die Frau als die Schwächere (und ohnehin »bürgerlich unmündig«) dem Willen des Mannes zu unterwerfen. Im Hinblick auf ihre Geschlechtlichkeit sind für Kant beide Geschlechter »vernünftige Thiere« – auf gegenseitige Befriedigung angewiesen.[8]

Dieser nüchterne Standpunkt wird in der ethischen Freiheitslehre des deutschen Idealismus verlassen. Im Bemühen, die Frau aus der Stellung des »vernünftigen Thieres« herauszuholen, wird ihr eine (später immer wieder beschworene) »eigenartig ideale Stellung« zugewiesen – und das Verhältnis der Geschlechter in ein pathogenes Mißverhältnis gebracht.

Fichte geht in seinem »Grundriß des Familienrechts« (1796) zur Konstituierung der Stellung der Geschlechter ebenfalls von der Paarung aus und leitet – aus einem von ihm postulierten Naturprinzip, einen weiteren Unterschied ab: Da in der Natur

253

nur das aktive Streben vernünftig und zweckmäßig ist, ist es im Sinne der Natur, daß der Mann seinen durch Aktivität gekennzeichneten Geschlechtstrieb befriedigt. Da es aber – so Fichte – schlechterdings unmöglich ist, einen passiven Trieb aktiv zu befriedigen, muß der Frau auch ein aktiver Trieb zukommen: Und so kam der »edle Trieb« der Liebe unter die Menschen:

»Liebe also ist die Gestalt, unter welcher sich der Geschlechtstrieb im Weibe zeigt. Liebe aber ist es, wenn man um des andern willen... zufolge eines Naturtriebs, sich aufopfert. Im Mann ist ursprünglich nicht Liebe, sondern Geschlechtstrieb...« (Fichte lädt der Frau eine uns wohlbekannte, ungeheure Verantwortung auf:) »Nur in dem Weibe ist die Liebe, der edelste aller Naturtriebe, angeboren, nur durch dieses kommt er unter die Menschen...« Infolge dieser Liebe gibt die Frau, »indem sie sich zum Mittel der Befriedigung des Mannes macht, ihre Persönlichkeit (hin)... Das geringste, was daraus folgt, ist, daß sie ihm ihr Vermögen und alle ihre Rechte abtrete und mit ihm ziehe... Sie hat aufgehört das Leben eines Individuums zu führen...«[9]

Diese Auffassung hatte weitreichenden Einfluß (bis hin zur Ehegesetzgebung, die Helene Lange (1896) mit den Worten geißelte, damit sei »die Hörigkeit des einen Teils der Nation zum Gesetz erhoben«. Helene Lange verwahrte sich gegen die »Heuchelei, mit der man die deutschen Frauen, denen man ihre Rechte vorenthält, als die höchsten preist«[10]. Auch die Rechtshistorikerin Marianne Weber unterzog diese Auffassung (1907) einer leidenschaftlichen Kritik. Sie weist auf die Schiefe und den logischen Sprung dieses Konzepts hin, in dem die Frau – im Gegensatz zum Mann – als »Geschlechtswesen« definiert wird, während für den Mann »zergliedernde Geistestätigkeit« als Wesensmerkmal genommen wird. Im übrigen prangert sie den – ihrer Ansicht nach typisch deutschen – »Ehepatriarchalismus« an, zu dem das von Fichte vorgezeichnete idealistische Eheideal in der Realität jämmerlich verkümmert sei. Das Verhalten des Mannes habe sich in Wirklichkeit nur zu häufig zu »naiver Rücksichtslosigkeit und Ichsucht gegenüber der Frau entwickelt«[11].

Auch und gerade in Fällen, in denen die von Fichte geforderte »Großmut« des Mannes gegeben war, erhielt die Beziehung eine pathogene Komponente: Die Frau wird – qua Natur – über eine sittlich »höhere Bestimmung« definiert (wobei der Mann als Ausgelieferter an seine »niederen Triebe« erscheint).

Dieses ver-rückte Geschlechterverhältnis wurde in zweifacher Hinsicht als kultureller Fortschritt betrachtet: als sittliche Weiterentwicklung der bürgerlichen Frau zur züchtigen, entsexualisierten Hausfrau und zur Mutter (in Abgrenzung zur lockeren Adligen und zur primitiven Frau aus dem Volk). Dadurch wurde auch die Familie zur »heiligen, natürlichen Lebensform« [12], denn der Mann wurde vom »sittlich hochstehenden Weibe« zur Großmut (und beruflicher Leistung) verpflichtet.

Diese Familienideologie und die zugehörigen Beschreibungen der Geschlechtscharaktere wurden – mit entsprechenden Handlungsanweisungen anschaulich ausgeschmückt – in zahlreichen Ratgebern, Lexika und Handwörterbüchern verbreitet.

Der Mann »gehört dem geräuschvollen öffentlichen Leben«, die Frau jedoch »dem stillen häuslichen Cirkel. Der Mann arbeitet im Schweiße seines Angesichts und bedarf erschöpft der tiefen Ruh; das Weib ist geschäftig immerdar, in nimmermüder Betriebsamkeit«... [13]

Für die »ehelichen Freuden« wird ihr empfohlen: »Sie dulde, gleich der sanften Rose, daß der Mann ihre Reize genieße, aber sie zeige ihm nicht, daß Begierden in ihr toben, die ihre Würde, ihre Achtung vermindern würden... (da sie) nie den Genuß suchen, sondern nur, aus Liebe sich hingebend, ihn gewähren darf.« [14]

Innerhalb weniger Jahrzehnte wurde die bürgerliche Frau in ein Verhaltenskorsett gepreßt, das der Beförderung der gegenseitigen Glückseligkeit (Kinder eingeschlossen) wenig zuträglich war: Sie wurde zur entsexualisierten, »züchtigen«, auf den häuslichen Bereich beschränkten Frau und Mutter, die – ihrem Körper und ihren Gefühlen entfremdet – ihre Kinder nach den herrschenden Normen von Tüchtigkeit und Leistung (Sohn) bzw. Selbstlosigkeit und »Liebe« (Tochter) abrichtete – so, wie sie selbst abgerichtet worden war. Sexualität war »peinlich« oder »schmutzig«, sexuelle Aufklärung fand nicht statt. »Darüber« konnte nicht gesprochen werden. [15] Statt Stolz und Freude am eigenen Körper wurden Scham und Entfremdung erzeugt; statt Wissen und Selbstsicherheit, Sexualität lustvoll zu erleben, wurden Unsicherheit und Nicht-Wissen vermittelt.

Es dürfte kein Zufall sein, daß etwa zwei Generationen nach Etablierung dieser Art des Zusammenlebens Frauen aus gutbürgerlichem Haus »hysterische« Symptome entwickelten – und Männer ein gesteigertes Bedürfnis nach Puff und Pornographie. Doch während den Männern – wenn sie es mit ihrem Geldbeutel und mit ihrem Gewissen in Einklang bringen konnten – zur Befriedigung ihrer diesbezüglichen Bedürfnisse eine große Auswahl von Angeboten zur Verfügung stand[16], mußten die Frauen ihre »Zustände« – wie Freud es gelegentlich nannte – zu ertragen lernen. Zwar erkannte Freud mit diagnostischem Scharfblick in diesen Störungen die Folgen gewaltsam unterdrückter und/oder gewaltsam aufgezwungener Sexualität; dies belegen sowohl seine (wenigen) Fallbeispiele wie auch seine »Abhandlungen zum Liebesleben«[17]. Gerade aus diesen Abhandlungen geht aber auch mit unmißverständlicher Deutlichkeit hervor, wie sehr der Mann und Wissenschaftler Freud dem auf Zweckmäßigkeit beschränkten bürgerlich-aufgeklärten Denken verhaftet war. An Freud, einem Sohn aus eben den Familienstrukturen, deren Schäden an den Leiden seiner Patientinnen und Patienten manifest wurden, zeigt sich in ganzer Schärfe das Paradoxe einseitig-männlicher Aufklärung. Mißtrauisch gegen sinnliche Wahrnehmung (oder unfähig dazu), wird zur Erklärung auch der sinnlichsten Phänomene einseitig auf Rationalität und Zweckmäßigkeit gesetzt. Aus diesem Selbstverständnis heraus trug Freud wie kaum ein anderer zur Entsinnlichung der Beziehungen der Geschlechter bei und vermittelte ein kümmerlich mechanistisches Modell von Sexualität. Für Freud war Sexualität ein »Pudendum«, etwas Erniedrigendes, das »nicht nur leiblich befleckt und verunreinigt«[18]. Vor allem aber erschien ihm die Sexualität als Naturgewalt, die es – ebenso wie die Frau, in der sie sich für den Mann verkörpert – zu beherrschen galt. Schon körperliche Zärtlichkeit war eine Gefahr, in der Berührungslust sah Freud den »Beginn jeder Bemächtigung«. Die orgastische Vereinigung, die der Mann Freud wegen der damit einhergehenden Aufhebung der Ichgrenzen offensichtlich fürchtete, war für den Wissenschaftler Freud ein – zu vermeidender – infantiler Wunsch nach »symbiotischer Verschmelzung«. (Ein Terminus, der sowohl Freuds Fixierung auf das Mutter-Kind-Verhältnis wie auch seine mechanistische Sicht verrät: Der Mediziner Freud mußte wissen, daß noch nicht einmal Fötus und Mutter wie zwei Metalle miteinander »verschmolzen«, sondern zwei osmotisch miteinander verbunden, dennoch eigenständige Lebewesen sind.) Wie auch immer: Ziel des »reifen« Sexualaktes war die möglichst rasch zu erreichende genitale Vereinigung. Folgerichtig wurde der zu Leistung und Kontrolle verpflichtete Mann auf phallisch-aggressive Sexualität, die zur Unterwerfung bestimmte Frau zur selbstlosen Hingabe erzogen/therapiert. Konnte sie dabei keine Befriedigung empfinden, war sie keine »richtige Frau«, also »nicht normal«.

Damit war das von Rousseau propagierte, von Kant rational begründete und von Fichte idealistisch überhöhte Mißverhältnis der Geschlechter nicht nur juristisch (im BGB), sondern auch medizinisch festgeschrieben. Eine furchtbare Entwicklung war in Gang gesetzt: Die Frau als Geschlechtswesen, deren Körper in den »hysterischen« Symptomen die Verkrüppelung ihres Geschlechts zum Ausdruck bringt, muß, weil sie ihre eigene Wahrheit nicht kennt, zu jenen gehen, die die Beschädigung unter dem Mantel der Aufklärung/Therapie fortschreiben. Der Mann aber hat sich mit seinem Körper der Betrachtung – und der Möglichkeit, vom »anderen Geschlecht« erkannt zu werden – entzogen. Dem Urteil von Frauen nicht unterworfen, von den Arbeiten der unmittelbaren Lebenserhaltung (»Reproduktion«) befreit, kann er sich seinen eigentlichen Aufgaben, den »großen Notwendigkeiten des Lebens« (Freud) zuwenden.

Die Folgen sind bekannt und nachgerade hinreichend beschrieben. Der Mann als »leidloser Macher« nimmt die von ihm verursachte Zerstörung seiner Lebenswelt nicht wahr; die Frau als »machtlos Leidende«[19] hat kaum Einfluß auf den Stand der Dinge. In den Beziehungen herrscht »Angst vor Nähe« (vornehmlich auf seiten des Mannes) und die »Sucht, zu sehr zu lieben« (auf seiten der Frau). Männer dagegen »lassen lieben«, während die »Liebe der Frauen« sich oft genug auch aus gewalttätigen Beziehungen nicht zu lösen vermag. Zunehmend mehr Frauen protestieren mit ihrem Körper (Magersucht) gegen diese als sinnlos und zerstörerisch empfundene Welt;[20] Männer müssen sich ihre verkümmerte Männlichkeit – in der Phantasie und in der Realität – mit Gewalt gegen Frauen »beweisen«.[21]

Inzwischen rufen auch Politiker nach »Mehr Partnerschaftlichkeit« und propagieren die Erkenntnis, wer eine menschliche Gesellschaft will, müsse die männliche überwinden.[22] Andererseits wird jedoch vorsorglich darauf hingewiesen, daß man, was in vielen Jahrhunderten entstanden sei, nicht in wenigen Generationen ändern könne.[23]

Wir sollten es noch einmal wagen, unseren Verstand zu gebrauchen: Erinnern wir uns an die vor rund 250 Jahren dargelegte Auffassung vom Menschen als eines vernunftbegabten, zur Verantwortung fähigen Lebewesens, dessen Aufgabe es ist, in Verbundenheit mit anderen, verantwortlich zur »Cultivierung« seines Lebensraumes beizutragen. Aufgrund der seither gemachten Erfahrungen und mit Hilfe der seither gewonnenen Erkenntnisse lassen sich – aus einer umfassenderen Perspektive – die damals formulierten Überlegungen wieder aufnehmen:

Im Gegensatz zu der damals einseitig aus männlicher Sicht entwickelten Theorie – und der daraus abgeleiteten Politik – ist die pathogene Schiefe im Verhältnis der Geschlechter, die den Mann zum autonomen Kulturwesen erhöht und die Frau zum fremdbestimmten Geschlechtswesen erniedrigt, in allen Bereichen des Zusammenlebens aufzuheben. Beiden Geschlechtern ist die Freiheit, das Leben in eigener Verantwortung zu gestalten, zuzugestehen; beiden Geschlechtern auch die Fähigkeit zu Arbeit und »Liebe« – und beiden Geschlechtern sind – durch gesetzgeberische Maßnahmen – entsprechende Handlungsmöglichkeiten einzuräumen.

Im Gegensatz zu damals – und im Rückgriff auf ältere Vorbilder – ist auch Sexualität als zu kultivierendes »Gut« anzusehen; zu entdecken sind die vielfältigen sexuellen Möglichkeiten von Frau und Mann, einander als Subjekte zu begegnen, einander zu begehren und – im lustvollen Wechsel von Nähe und Distanz, Zugriff und Loslassen – einander zu »erkennen« und zur gegenseitigen »Glückseligkeit« beizutragen.

Ebenfalls aus einer anderen Perspektive zu sehen – und neu zu definieren – ist der so sehr strapazierte Begriff »Liebe«, der, in Verbindung mit Selbstlosigkeit noch heute gern als Tugend des weiblichen Geschlechts hingestellt [24] oder als »romantische Liebe« in den Bereich des Unwirklichen, Sentimentalen verwiesen wird. Auch da sollten wir genauer hinsehen: Das romantische Liebesideal war keineswegs eine blutleere, realitätsferne Angelegenheit. Im Gegenteil: Es proklamierte – für beide Geschlechter – ein Zusammenleben zur eigenen und gegenseitigen Daseinserweiterung, in gegenseitiger Verantwortung. Damit allerdings stand es im Widerspruch zum heraufziehenden Realitätsprinzip des auf Zweckmäßigkeit, Funktionieren und »Weiterkommen« bedachten Bürgertums, da im romantischen Liebes- und Lebensideal auch Frauen freie Menschen waren, mit Herz und Verstand, Sinnlichkeit und Erkenntnisfähigkeit und dem Recht auf Selbstbestimmung. Anders als das bürgerliche Liebesideal, das der Frau ihre Sexualität absprach und den Mann als (bedingungslos zu befriedigendes) Triebwesen erscheinen ließ, war Liebe für die Romantiker eine lust- und spannungsvolle persönliche Beziehung unter Gleichen, gelebt in lebendiger Verantwortung, nicht in Anlehnung an starre Gebote.

Anscheinend waren sich die Männer der Romantik – noch nicht bürgerlich-geschlechtsspezifisch sozialisiert – ihrer Männlichkeit so gewiß, daß sie keine Abgrenzungsängste oder gar Zerstörungswünsche gegenüber dem weiblichen Geschlecht hatten und in der Hingabe (ihrer eigenen!) nicht eine »symbiotische Verschmelzung« fürchten mußten, sondern die »schönste Situation« genießen konnten.

Nicht umsonst riefen »Stellen« wie die folgende – geschrieben von einem der führenden Köpfe der Romantiker etwa zu der Zeit, als Fichte sich um die sittliche Höherentwicklung der bürgerlichen Ehe und Familie bemühte (und der Frau den »Geschlechtstrieb« ab- und die selbstlose Liebe zusprach) – bei ihrem Erscheinen Stürme der Entrüstung hervor und gerieten im bürgerlichen Zeitalter unter Pornographieverdacht.

Aus einer »...Phantasie über die schönste Situation«:
(An die Geliebte)
»Die äußersten Enden der zügellosen Lust und der stillen Ahndung leben zugleich in mir... In den geschwollenen Adern tobt das wilde Blut, der Mund durstet nach Vereinigung, und unter den vielen Gestalten der Freude wählt und wechselt die Phantasie und findet keine, in der die Begierde sich endlich erfüllen und Ruhe finden könnte... Eine unter allen ist die witzigste und schönste: wenn wir die Rollen vertauschen und mit kindischer Lust wetteifern, wer den anderen täuschender nachäffen kann, ob Dir die schonende Heftigkeit des Mannes besser gelingt, oder mir die anziehende Hingebung des Weibes. Aber weißt Du wohl, daß dieses süße Spiel noch ganz andere Reize hat als seine eignen? Es ist auch nicht bloß die Wollust der Ermattung oder das Vorgefühl der Rache. Ich sehe hier eine wunderbare und sinnreiche Allegorie auf die Vollendung des Männlichen und des Weiblichen zur vollen ganzen Menschheit. Es liegt viel darin – und was darin liegt, steht gewiß nicht so schnell auf wie ich, wenn ich Dir unterliege.«[25]

Da capo...

Anmerkungen

1 Max Horkheimer und Theodor Adorno: Dialektik der Aufklärung, Frankfurt 1988, S. 88.
2 Christian Wolff: Vernünftige Gedanken von der Menschen Thun und Lassen, Frankfurt und Leipzig 1733, Neuausgabe Hildesheim 1976.
3 Johann H. G. v. Justi: Grundsätze der Polizey-Wissenschaft, Göttingen 1756, S. 6.
4 Elisabeth Badinter: Die Mutterliebe, München 1981.
5 So z. B.:
   Joachim H. Campe: Väterlicher Rath für meine Tochter, Braunschweig 1789.
   Johann L. Ewald: Die Kunst, ein gutes Mädchen, eine gute Gattin, Mutter und Hausfrau zu werden, Bremen 1798.
   Christoph Meiners: Geschichte des weiblichen Geschlechts, Hannover 1788.
   Karl F. Pockels: Versuch einer Charakteristik des weiblichen Geschlechts, 5 Bände, Hannover 1799–1800.
6 Karin Hausen: Die Polarisierung der »Geschlechtscharaktere« – eine Spiegelung der Dissoziation von Erwerbs- und Familienleben, in: Werner Conze (Hg.): Sozialgeschichte der Familie in der Neuzeit Europas, Stuttgart 1976, S. 363–393.
7 Jean Jaques Rousseau: Emile oder über die Erziehung, Stuttgart 1963, S. 721 ff. (Original Paris 1762).
8 Immanuel Kant: Anthropologie in pragmatischer Hinsicht, 1798 S. 303 f.
9 Johann G. Fichte: Grundlagen des Naturrechts nach den Prinzipien der Wissenschaftslehre: Familienrecht (1796), Zitiert nach Ges. Werke (1978), Band 4, S. 95 ff.
10 Helene Lange: Das Bürgerliche Gesetzbuch und die Frauen, Artikel in »Die Frau«, August 1896, veröffentlicht in: H. Lange: Kampfzeiten, Stuttgart 1924, S. 176–179.
11 Marianne Weber: Ehefrau und Mutter in der Rechtsentwicklung, Tübingen 1907, S. 300 sowie 499 ff.
12 Wilhelm Heinrich Riehl: Die Naturgeschichte des Volkes als Grundlage einer deutschen Sozialpolitik, 3. Band »Die Familie«, Stuttgart und Augsburg 1855.
13 Brockhaus: Conversationslexicon oder Handwörterbuch für die gebildeten Stände, Band 4, 3. Auflage, Leipzig/Altenburg 1815.
14 N. N. Becker: Der Rathgeber vor, bei und nach dem Beischlafe oder faßliche Anweisung, den Beischlaf so auszuüben, daß der Gesundheit kein Nachteil zugefügt und die Vermehrung des Geschlechts durch schöne, gesunde und starke Kinder befördert wird. Leipzig 1816, Neu-Auflage Wiesbaden, o. J.
15 Vgl. Heinz Hunger: Das Sexualwissen der Jugend, München 1960,

S. 121 f., S. 214. Der Theologe und Sexualpädagoge Hunger legte 1960 Ergebnisse einer repräsentativen Untersuchung an Hamburger Schulen (aller Schularten) vor, nach denen mehr als 75 % der Mädchen keinen Ausdruck für die eigenen Genitalien hatten, zwei Drittel von ihnen wußten nicht Bescheid über die Vorgänge Empfängnis/Zeugung und jedes vierte Mädchen war unvorbereitet von der ersten Menstruation überrascht worden. Im Vergleich zu Jungen wußten Mädchen über geschlechtliche Zusammenhänge dreimal weniger als Jungen. Hinweisen aus der Beratungspraxis ist zu entnehmen, daß sich an dieser Sprachlosigkeit noch nicht allzuviel geändert hat.

16 Vgl. Eduard Fuchs: Illustrierte Sittengeschichte in sechs Bänden, Band 6: Das bürgerliche Zeitalter. Nach Fuchs war Deutschland um diese Zeit führend im Vertrieb von Pornographie. – Ein brisantes gesundheitspolitisches Problem war die starke Ausbreitung der Geschlechtskrankheiten, mit denen die Kunden der Bordelle und Straßenprostitution auch ihre Frauen (und sogar Töchter) ansteckten. Die große Nachfrage nach »frischer Ware« (Fuchs) hatte zu einem ausgebreiteten Mädchenhandel geführt, dem vor allem sozial Schwache zum Opfer fielen. Vgl. Bertha Pappenheim: Sisyphus-Arbeit. Referat gegen Mädchenhandel, London 1910, in: Marielouise Janssen-Jurreit: Frauen und Sexualmoral, Frankfurt 1986, S. 207–215. Bertha Pappenheim weist darauf hin, daß Frauen in der Regel in Unkenntnis über die Tatsache der »Ausbeutung und Sklaverei ihrer Geschlechtsgenossinnen« gehalten wurden. Wurden doch einmal Fragen gestellt, »werden sie von männlicher Seite meist dahin belehrt: ›Das muß so sein. Die männliche Natur braucht diese Opfer.‹« a. a. O., S. 210.

17 Sigmund Freud: Beiträge zur Psychologie des Liebeslebens, Teil I–III, vgl. bes. Teil II: »Über die allgemeinste Erniedrigung des Liebeslebens, GW 8, S. 66–91; und Teil III: Das Tabu der Virginität, GW 12, S. 161.

18 Sigmund Freud: GW 8, S. 86.

19 Horst Eberhard Richter: in: Lernziel Solidarität, Reinbek 1979.
Wolfgang Schmidbauer: Angst vor Nähe, Reinbek 1985.
Robin Norwood: Wenn Frauen zu sehr lieben, Reinbek 1986.
Wilfried Wieck: Männer lassen lieben – die Sucht nach der Frau, Stuttgart 1987.
Margrit Brückner: Die Liebe der Frauen, Frankfurt 1983.

20 Sheila MacLeod: Hungern, meine einzige Waffe, München 1983.
Mara Selvini Palazzoli: Magersucht, Stuttgart 1986 (Orig.: Mailand 1963). Außer den beiden letztgenannten bleiben alle Beschreibungen in der individuellen Ebene stecken. Der Hinweis auf die gesellschaftliche Bedingtheit der Störungen erfolgt zwar, wird jedoch nur von Sheila MacLeod und Mara Selvini-Palazzoli konsequent weiterverfolgt. Die erfolgreiche Magersucht-Therapeutin hält die Eman-

zipation beider Geschlechter aus den überkommenen Rollen für
»überlebensnotwendig«. Vgl. dazu:

Eva Dane: Hingabe oder Aufgabe. Eine empirische Untersuchung
zu Familienhintergründen und Persönlichkeitsentwicklung partnerschaftlich verheirateter, verlassener und »gegangener« Frauen,
Weinheim 1987.

21 Nicholas Groth/William F. Hobson: Die Dynamik sexueller Gewalt, in: Jürgen Heinrich (Hg.): Vergewaltigung. Die Opfer und die
   Täter, Braunschweig 1986, S. 87–98.
22 Entwurf des neuen Grundsatzprogramms der SPD, März 1989,
   S. 21.
23 Siegfried Keil: Männerrollen – Frauenrollen, ihre wechselseitige
   Abhängigkeit und Veränderbarkeit. Vortrag auf der Anhörung der
   SPD-Bundestagsfraktion »Die Frauenfrage als Männerfrage« am
   28./29. Juni 1989 in Bonn.
24 Ferdinand Merz: Geschlechterunterschiede und ihre Entwicklung,
   Göttingen 1979, S. 92.
25 Friedrich Schlegel: Lucinde. Berlin 1980, Original 1799.

Rüdiger Lautmann

Ein anderes Verhältnis zur Sexualität

Daß wir in den letzten Jahren soviel über das Sexuelle öffentlich diskutieren können, verdankt sich wesentlich den feministischen Kämpfen. Deren Themen reichen von der Empfängnisverhütung über den Schwangerschaftsabbruch bis hin zur Reproduktionstechnik und zur Gewalt gegen Frauen. All diese Fragen stehen in engem Bezug zur Sexualität. Sie zielen auf mehr Menschenwürde im Privaten, in der Liebe und in der sinnlichen Lust. Die neue Debatte über das Pornographische scheint sich hier nahtlos einzuordnen – scheint! Doch sind sich darüber erstmals die Frauen selber uneins.

Gewiß drückt sich der Sexismus in der Sexualität aus – wie in sämtlichen anderen Lebensbereichen – und damit auch in der Pornographie. Dafür brauchte es keine Experten; die feministische Klage genügte, um es einzusehen. Was indessen folgt daraus unter *strategischen* Gesichtspunkten, also für eine Politik der Geschlechtlichkeit? Läßt sich *mit* der Sexualität Politik machen (wo es noch nicht einmal eine Politik *für* die Sexualität gibt)?

Das Sexuelle als Thema der Politik erregt bei vielen Abscheu und Bedenken. Die einen begnügen sich mit dem scheinbar harmlosen Satz, das Sexuelle sei eine »Privatsache« und müsse es bleiben. Sie überantworten das Thema subpolitischen Instanzen, den Kreuzzüglern der Moral. Die anderen befürchten, nicht ohne Grund, unerträgliche Übergriffe, wenn Staat und Moralapostel sich verbünden. Zweifellos wird immer schon eine Politik *über* Sexualität gemacht: Es gibt keinen angemessenen Schulunterricht in Sexualkunde (nach dem Aufbruch um 1970 und einem klärenden Urteil aus Karlsruhe blieb der zur Initiative aufgerufene Gesetzgeber untätig). Es gibt heute merkwürdige Safer-sex-Kampagnen, die aus Bundesmitteln bestritten werden; und es ist die ungleichmäßige Implementation des § 218 StGB, wofür die Länder verantwortlich zeichnen. Dies sind Beispiele einer staatlichen Politik, die neuralgische Punkte des Sexuallebens berührt.[1]

Noch deutlicher tritt im historischen Rückblick hervor, wie der Staat in die sexuelle Autonomie der Menschen immer interveniert hat. Die *Geschichte der Sexualpolitik* erscheint, von heute her gesehen, als voll von absurden Irrtümern. Immer wurde das Streben nach geschlechtlicher Lust in den Dienst politischer und ökonomischer Zwecke gestellt (Bevölkerungsentwicklung und Industrialisierung!), und es wurde unter religiöse Imperative gestellt. Sexualpolitik verkörpert weithin eine Geschichte des Unheils und der verdorbenen Lebensbedingungen. Politische Enthaltsamkeit nützt da nichts, wo etwas immer schon Gegenstand politischer Regulierung gewesen ist: vom Totschweigen bis zum Totschlagen.

Wir können (und müssen) für die Gleichberechtigung der Geschlechter eintreten, gegen das Patriarchat ankämpfen, auch mit Gesetzen. Doch wäre ein Sturm auf die obszönen Bilder das falsche Mittel. Daß der Sexismus hier so gräßlich deutlich hervortritt, macht Pornographie nicht zu seiner Ursache und auch nicht zum strategischen Ansatzpunkt einer frauenfreundlichen Politik. Das Obszöne hat seinen Ort im Spiel der sexuellen Phantasie. Die Unterdrückung der Frauen geht von ganz anderen Kräften aus; *mit denen* muß Frauenpolitik sich anlegen. Das Pornographische hingegen fände sich bloß aufgewertet, wollte man ihm Machteffekte zutrauen. Ein Begriff wie »Pornokratie« beruht auf einem grotesken Mißverständnis.

Die Stichwörter hierzu kommen von der Psychologie und sind auch im Zusammenhang dieses Bandes nachzulesen. Nicht Pornographie ist »verantwortlich« für die Gewalt gegen Frauen, sondern es wird heute generell ein hohes Aggressionsniveau in der Gesellschaft akzeptiert (H. Selg). Nicht die in den Materialien dargestellte Sexualität steigert die Aggressivität der Konsumenten, sondern es tun dies andere Teile der Darstellungen (ebenfalls Selg). Die eigentlich regierende Ursache heißt: Feindseligkeit gegenüber Frauen im machistischen Selbstbild (E. Schorsch). Gleichwohl steht Pornographie auf dem Prüfstand, werden die explizit-erotischen Darstellungen für schlimme Zustände verantwortlich gemacht.

Der »EMMA«-Blick auf Pornographie ist so sehr Reaktion auf die von Männern geprägte Sexualität der letzten Jahrhunderte – daß dieser Blick ungewollt oder mehr als gewünscht der männlichen Einseitigkeit verhaftet bleibt, fast wie die eine Seite einer Münze der anderen. Damit meine ich: Die Abbildungen und Texte werden wörtlich genommen, viel zu buchstäblich. Oberflächen- und Tiefenstruktur des Erotischen werden nicht auseinandergehalten. Wer so verfährt, konsumiert wahrscheinlich selber keine Pornographie. Sonst wüßte sie/er, daß der manifeste Inhalt des Obszönen Gefühle nur anregt, nicht aber sie stempelgleich prägt. Der vielstufige Prozeß der Erregung wird nicht verstanden. Obszöne Vorstellungen versetzen uns in eine Sonderwelt, die den Alltag verläßt, die auch die banalen Requisiten der pornographischen Inszenierung hinter sich läßt?

Die Geschlechterdifferenz hält uns hier in einer Sackgasse gefangen, aus der wir herausmüssen. Allzu viele sehen im Geschlechtsleben bloß das Männliche und kontrastieren es dem Weiblichen. Manche Frauen meinen sogar, Sexualität sei ein maskuliner Begriff, sozusagen eine Erfindung des Mannes, aus seinem auf einen Punkt fixierten Interesse heraus. Um das Sexuelle als menschlich zu etablieren, müssen wir den kruden Biologismus von ihm abziehen. Der biologistische Blick sah vor allem einerseits auf den Penis, andererseits auf die Gebärmutter. Zugeordnet sind Bilder vom herrschenden Mann, von der nährenden Frau. Statt dessen müßten wir das Sexuelle als etwas Kulturelles von eigenem Wert verstehen lernen. Das hätte Folgen für Frauen, für Männer, für die Pornographie.

Weder das Geschlechterverhältnis noch die Formen sexuellen Begegnens sind bloß dem Privaten anheimgegeben. Immer sind sie gesellschaftlich konstruiert, verändern sich historisch und unterliegen einer Einflußnahme aus der Öffentlichkeit. M. a. W. das Geschlechtliche ist politisch (was nicht bedeutet, daß es bei den vorhandenen Politikern in den allerbesten Händen sei). Von hier ergeben sich grundlegende Konsequenzen. Was wir brauchen ist: ein anderes Verhältnis zur Sexualität. Diese Forderung mag zunächst reichlich global erscheinen; doch die Reform der Geschlechterverhältnisse und des Geschlechtlichen ist nicht klein-klein zu haben.

Nun zu dieser Forderung im einzelnen. Als erstes geht es um einen *rationalen und modernen* Blick auf die Sexualität. Das bedeutet, mit mehr Gelassenheit auf die Risiken des Sexuellen zu reagieren – statt mit magischen Vorstellungen über ungeheuerliche, unbegreifliche Kräfte. Viele geraten in eine schwer erklärliche Aufregung, wenn sie einer sexuellen Szene ansichtig werden – vielleicht so, wie man früher auf den Anblick der Nacktheit reagierte. Wenn hier der Verstand plötzlich ausgeknipst wird, zieht offenbar Irrationalität ihre Fäden. Nach dem

Stande unseres Wissens und unserer Ethik sind wir aber durchaus in der Lage, das Erotische zu feiern, zu genießen und nachzufühlen, *ohne* eine unbegreifliche Gewalt im Hintergrund zu fürchten. Das Sexuelle zu entbiologisieren heißt, es nicht allein an Körper und Reproduktion festzumachen. Dazu sind mehr Forschungen über Sexualität, Kultur und Gesellschaft vonnöten – in Geschichte und Gegenwart, hier und anderswo.

Zweitens sollten wir den inneren Reichtum, also die *Komplexität* des Sexuellen mehr zum Zuge kommen lassen. Weder kann das Sexuelle sich auf eine Liebesbeziehung beschränken – so schön es darin auch sein mag, aber eben nicht nur! –, noch läßt es sich zu einer Art von Entspannung verharmlosen. Denn all diese Reduktionen verfehlen das dem Sexuellen ureigene Moment der Lust, intellektuell ausgedrückt: das einzigartige Erleben von Identität, von Ich und Es, von Transzendenz, von Hinübergleiten in eine neue und unerhörte Realität.

Und drittens gilt es, den *demokratischen Wert* der Sexualität zu erkennen und anzuerkennen. Sie ermöglicht Freiheit und Gleichheit in einem. Das Individuum nutzt hier die Chance persönlicher Entfaltung. Diese Chance kann allen gleichermaßen offenstehen – das Gut ist sozusagen kostenneutral vermehrbar. In partnerschaftlichen Arrangements helfen sexuelle Begegnungen uns, die Kultur des Konflikts und der Kommunikation einzuüben – sie sind sozusagen kein Nullsummenspiel. Dazu bedarf es aber der Liberalität der Regeln; denn sexuelle Situationen vertragen keine institutionellen Anbindungen, keine instrumentellen Dienstbarkeiten, keine Sündenbockzuschreibung.

Das Sexuelle, wo es mehr ist als Begattung, eignet nur dem Menschen. Nichts trennt uns mehr von den Tieren: es ist instinktfrei und kulturell gestaltbar – vom Verzicht bis hin zu einem Ausdrucksträger von höchster Plastizität. Das haben längst nicht alle Leute begriffen, auch in der Politik nicht.

Allzu platt wird mit der *Idee des Obszönen* umgegangen: hier der schlimme Stoff als Ursache, dort Misogynie und Aggressivität als Wirkung. Mit der Pornographie droht das Sexuelle selber entsorgt zu werden. Susanne Baer (die mit Vera Slupik einen Vorläufer des »EMMA«-Gesetzentwurfs vorgelegt hat) sagte in einem Hintergrundgespräch: »Es geht darum, die größte Werbemaschine für festgelegte Rollen aus der Welt zu schaffen. (…) Solange es das gibt, in diesen Massen und mit dieser hohen Nachfrage, ist ein freier Umgang mit Sexualität nicht möglich«

(in: UKZ Nr. 3/1988, S. 27). Aber läßt sich sexuelle Freiheit so herbeizwingen?

In den 70er Jahren hat das öffentliche Nachdenken sich mit der Ästhetik des Sexuellen und des Obszönen beschäftigt (die Schriften von Peter Gorsen stehen dafür). Heute geht es um *Ethik* – wieder! Was darf's sein, was ist gut und schlecht?! Nur zu verständlich dürfte sein, daß die Politik dann einsteigt, wenn moralische Fragen in so großem Stil diskutiert werden. Bedauerlich allerdings wäre es, wenn der neue Wein in die alten Schläuche einer restriktiven Sexualmoral eingefüllt würde. (Die Mehrzahl der heutigen Aktivistinnen wissen vielleicht nicht genau, wie zerstörerisch die Sexualmoral der 50er Jahre in der Bundesrepublik gewirkt hat.) Versuchen wir lieber einen neuen Ansatz, einen ganz neuen, wie Politik sich ums Erotische und Sexuelle kümmern könnte.

Anmerkungen

1 Zum Platz des Themas Sexualität im neuen Grundsatzprogramm der SPD siehe meinen Kommentar in: Zeitschrift für Sexualforschung, Jg. 3 (1990), Heft 2.
2 Umfassend zum Pornographieproblem siehe mein gemeinsam mit Michael Schetsche geschriebenes Buch »Das pornographierte Begehren«, Frankfurt a. M. (Campus) 1990.

Eva Dane

Über Sexualität und Gewalt, Macht und Ignoranz und die Angemessenheit von Gesetzen im Verhältnis der Geschlechter

(Zusammenfassung der Diskussionen auf der Anhörung »Pornographie – hinsehen oder wegsehen« der SPD-Bundestagsfraktion in Bonn, September 1988)

Während der eineinhalb Tage, in denen in wechselnder Zusammensetzung über das Problem Pornographie diskutiert bzw. von dem Sachverhalt Pornographie berichtet wurde, gab es lebhafte Diskussionen zwischen allen Beteiligten: auf dem Podium, Fragen und Konfrontationen zwischen Publikum und Sachverständigen und schließlich Diskussionen zwischen Zuhörerinnen und Zuhörern. Da die Anhörung überwiegend von Frauen besucht war, waren es auch in der Mehrzahl Frauen, die Fragen hatten, Zweifel äußerten, Einspruch erhoben und Widerspruch vorbrachten, insbesondere zu folgenden Fragen:
- Sexualität und Gewalt im gängigen Pornofilm (unterschiedliche Wahrnehmung bei Frauen und Männern?)
- Wirkung von Pornographie auf Frauen
- Widerstand gegen Pornographie – eine »Frauensache«?
- Zweifel an oder Vertrauen auf Gesetze(n) gegen Pornographie
- Zum »psychosozialen Dunkelfeld Mann«
  Es mag kein Zufall sein, daß es nicht diese Themen waren, die bei der (von Männern vorgenommenen) Berichterstattung in den großen Zeitungen auftauchten. Da standen eher Fragen nach der Freiheit der Kunst, nach der Verrechtlichung der Lust und nach der (vermeintlich von der Emanzipation bedrohten) Würde der Frau im Mittelpunkt – Themen, über die sich offensichtlich leichter schreiben ließ als über die oben genannten Fragen.
  Damit ist ein erstes wichtiges Diskussionsthema angeschnitten: Die Frage nach möglichen geschlechtsspezifischen Unter-

schieden in der Wahrnehmung oder Definition von Gewalt im Zusammenhang mit Sexualität·bzw. Geschlecht.

Sexualität und Gewalt im gängigen Pornofilm

Geäußert wurde die oben genannte Frage im Anschluß an die Vorführung von Ausschnitten aus zwei Filmen, in denen Gewalthandlungen an Frauen dargestellt wurden. Im ersten Fall handelte es sich um einen lediglich indizierten Film: »Im tiefen Tal der Superhexen« (indiziert seit August 1983). Die Gewalthandlung an der Frau war in diesem Film eingebettet in Kampfszenen zwischen zwei Männern: der brutalen Verfolgung eines Jüngeren – zu dem die Frau offensichtlich in einer positiven Beziehung stand – durch einen älteren »Helden« (der anscheinend von einer anderen Frau, die nackt durch seine Vorstellungen spukte, abgewiesen worden war). Makabrer Höhepunkt des Geschehens ist eine Szene, in der die Frau – notdürftig bekleidet, an Hand- und Fußgelenken an die Erde gefesselt, mit gespreizten Beinen daliegend – eine Stange Dynamit zwischen die Beine gesteckt bekommt, an einer langen Zündschnur befestigt, die angezündet wird (»Was du brauchst, ist ein dickes Kaliber...!«). Auf das entsetzte Schreien der Frau – ihr von Grauen verzerrtes Gesicht und ihr Versuch, sich aufzubäumen, werden in Großaufnahme gezeigt, eingeblendet werden die verzweifelten Versuche des bereits verletzten jungen Mannes, ihr zu Hilfe zu kommen – reagiert der »Held« mit dem Zuruf: »Damit bekommst du deinen letzten großen Superorgasmus!«

An dieser Stelle wurde die Vorführung des Filmausschnitts abgebrochen. Sekunden betroffenen Schweigens, dann als erstes ein Protest des Justitiars von Beate Uhse, der sich dagegen verwahrte, daß dieser Film aus dem Genre der brutalen »Action-Filme« als Anschauungsmaterial im Rahmen dieser Anhörung gezeigt wurde, in der es doch um Pornographie gehen sollte. Das hier Gezeigte habe mit Pornographie nichts zu tun.

Die anschließende Diskussion ergab, daß dieser Ausschnitt von den Frauen deutlich als Gewalt-Porno wahrgenommen worden war, daß die (wenigen) Männer, die sich spontan dazu äußerten, ihn jedoch eher als Action-Film ansahen. Es muß dahingestellt bleiben, ob dies lediglich als Schutzbehauptung anzusehen ist oder ob die Wahrnehmung der Männer sich tatsächlich mehr auf die zwischen den beiden Gegnern abspielende »Action« konzentrierte und die Frau – aus welchen Gründen auch immer – ausblendete.

Für den Sexualwissenschaftler Eberhard Schorsch, den Renate Schmidt am nächsten Tag ausdrücklich noch einmal zu diesem Thema befragte, gab es keinen Zweifel: Nach seiner Beurteilung war das eindeutig ein »massiv pornographischer Film«.

Unbestreitbar pornographisch – und von allen so eingestuft – war der 1984 indizierte und zwei Jahre später beschlagnahmte (also verbotene) Film »Dirty Western«. Unter einer fadenscheinigen Handlung – ausgebrochene Gefangene auf der Flucht machen die Prärie unsicher – reihen sich Vergewaltigungen mit Nötigung zu unterschiedlichsten sexuellen Praktiken aneinander. Den Vergewaltigungen wird der Anschein des vermeintlich Harmlosen gegeben, indem die betroffenen Frauen nach der Vergewaltigung schließlich doch noch Gefallen – sogar Lust – an den ausgeübten »Spielchen« zu finden scheinen...

Die anwesenden Pornoproduzenten – außer Beate Uhse noch Teresa Orlowski mit Ehemann und Teilhaber Heinz Moser aus Hannover sowie Gert Wasmund alias Mike Hunter aus Köln – betonten, daß dies Auswüchse seien, die in ihren Produktionen nicht vorkommen. Wasmund erklärte, daß jeder Porno-Anbieter eine Verpflichtung eingegangen sei, »auf jede Videokassette seine Firma ordentlich aufzudrucken« – und daß derartige Produkte wie »Dirty Western« nicht von deutschen Firmen hergestellt würden, sondern aus dem Ausland kämen.

Zur weiteren Klarstellung sei hinzugefügt: Der oben beschriebene brutale Action-Film mit massiv pornographischer (Zusatz)Handlung wurde in Deutschland hergestellt, und zwar von Video Medien Pool, München. Der »Dirty Western« wurde von der Firma NB Film- und Video-Entertainment GmbH, deren Anschrift unbekannt ist, ediert und vertrieben. Ein weiteres Beispiel: der 1984 indizierte und 1986 beschlagnahmte Film »Die Folterranch der gequälten Frauen« wurde hergestellt von der Mike Hunter Video GmbH, Köln (s. BPS-Report). Und überdies – darauf wurde von Frauen noch einmal hingewiesen –, ob in Deutschland hergestellt oder nicht: diese Produkte sind immerhin hier im Handel. Auch der »Dirty Western« war zwei Jahre lang zu haben.

Es wurde die Frage gestellt, ob Männer möglicherweise aufgrund der Tatsache, daß die gezeigten Gewalthandlungen nicht am männlichen Geschlecht ausgeführt würden, zu einer anderen Beurteilung des Dargestellten kämen. Herbert Selg wies in diesem Zusammenhang noch einmal auf den Sachverhalt der Wahrnehmungsveränderung durch Desensibilierung hin: daß möglicherweise Männer, die schon mehr Gewaltdarstellungen gesehen haben, gegenüber der Wahrnehmung des Ausmaßes an Gewalt schon desensibiliert sind, in bestimmten Formen Gewalt schon gar nicht mehr in all ihrer Brutalität wahrnehmen. Zu der naheliegenden Frage, ob Männer denn möglicherweise auf die Darstellung vergleichbarer Gewalthandlungen am eigenen Geschlecht – also bei entsprechenden Homosexuellen-Filmen – ähnlich reagieren wie Frauen bei den eben gezeigten Filmen, konnten nur Vermutungen bzw. Einzelfallreaktionen angeführt werden. Diese sprachen allerdings für eine stärkere Identifizierung mit dem eigenen Geschlecht: Erst wenn es um Mißhandlungen am (dargestellten) »eigenen Leib« geht, scheint die Darbietung als unerträglich empfunden zu werden... Untersuchungen über diese Frage sind jedoch nicht bekannt.*

Im Anschluß an die Ausführungen von Hans Moser, aber auch in Erwiderung auf den Beitrag von Beate Uhse wurden erhebliche Einwände gegen die dort gezeichnete »heile Porno-Welt« erhoben. (Moser hatte für mehr Sachlichkeit in der Diskussion plädiert – »Ich glaube, daß uns allen Emotionen in diesem Bereich überhaupt nicht weiterhelfen« –, hatte Beate Uhses Beitrag als eine der wenigen sachlich geführten Ausführungen hervorgehoben und betont: »Wir haben in den letzten Jahren mehr dazu beigetragen als jeder andere, daß Pornographie in diesem Land in dieser Form relativ sauber angeboten wird.«)

Zunächst stellte Günter Amendt fest, daß die »Wirklichkeit der Pornographie hier einigermaßen verzerrt« wiedergegeben werde, da lediglich die eine Seite, nämlich die »hoch professionalisierte, hochkommerzialisierte Pornographie« vertreten sei. Es gebe aber auch die Untergrund-Porno-Ebene, in der vor allem auch Jugendliche (beiderlei Geschlechts) aus sozial schwierigen Situationen, die auf Geld angewiesen seien, Dinge

---

* Vgl. dazu Nagisa Oshima, Regisseur des japanischen Films »Im Reich der Sinne«: »...die Männer [die (unter den Zuschauern) in der Mehrzahl sind] sagen fast alle, daß sie beim Anblick der Szene, in der Sada das Geschlecht Yoshizos abschneidet, selbst Schmerzen empfunden hätten.« Nagisa Oshima: »Experimentelle Theorie des pornographischen Films«, in: Sex & Lust, Sonderheft Ästhetik und Kommunikation akut, Band 7, 1981, S. 73–89. Zitat S. 79.

machen, die sie nicht machen wollten (und per Gesetz auch nicht machen dürften); in diesem Milieu finde Ausbeutung aller Porno-»Modelle« statt.

Massiver Widerspruch im Hinblick auf die vorgeblich harmlosen bzw. »sauberen« Inhalte der Filme kam auch von Frauen, die sich – »um zu wissen, worüber wir reden« – in »Erkundungsgängen in Porno-Läden« entsprechendes Material angeschaut hatten. Auch sie widersprachen dem Bild der heilen Pornowelt, wie es von den anwesenden Pornoproduzenten gezeichnet worden war. Eine Frau gab zur Veranschaulichung kurz den Inhalt eines in einem Pornokino gezeigten Filmes wieder: Der Film spielte im High-Society-Milieu, und auch in diesem Film waren in eine Rahmenhandlung (der »Held« sollte über eine ihm von einer Frau zugefügte Enttäuschung hinweggebracht werden) alle möglichen Sex-Szenen – mit stets zu seiner Befriedigung bereiten Frauen – eingebaut. Auch eine Vergewaltigungsszene kam vor, die sich jedoch nur in der Vorstellung des »Helden« abspielte und bei der die überwältigte Frau am Ende doch noch Lust zeigte.

Die aufgebrachte Frage, was das mit Erotik zu tun habe, blieb unbeantwortet; ebenso die Frage, welches Bild von Erotik und Sexualität in diesen Filmen gezeichnet werde: »In diesem Film, den wir gesehen haben – also in anderthalb Stunden – hat keine Frau einmal einen Orgasmus gehabt. Es ging immer nur um die Befriedigung der Männer… Und permanent wurde auf der Leinwand in Großformat abgespritzt…« Die Rednerin betonte, diese ganzen Einzelheiten traue sich ja hier niemand zu sagen; es sei auch ihr sehr unangenehm, dies zu sagen, aber man müsse schließlich wissen, »was gespielt wird«.

Wirkung von Pornographie auf Frauen

Die Wirkungsforschung zu Pornographie befaßt sich zum einen mit der Frage der Erregbarkeit durch Pornographie überhaupt (Unterschiede durch die Art des Materials und der Darbietung; unterschiedliche Reaktionen zwischen den Geschlechtern), zum anderen mit der Frage der Reaktion auf Vergewaltigungsdarstellungen (Zu- oder Abnahme von Vergewaltigungsbereitschaft bei Männern; Veränderung der Einstellung zu und Beurteilung von Vergewaltigung bei Männern und Frauen nach unterschiedlichen Darstellungen von Vergewaltigungen).

In der Anhörung wurde deutlich, daß Frauen sich mit den Antworten dieser Art Wirkungsforschung nicht zufriedengaben – und daß die Fragen, die Frauen hatten, (noch) nicht gestellt waren.

Die übereinstimmende Antwort der Experten war, daß Frauen auf die Darbietung von Pornographie nicht viel anders reagieren als Männer, also auch mit sexueller Erregung. Und daß Frauen, wie Eberhard Schorsch anmerkte, diese ihre Reaktion auf z. T. abstoßende Pornographie als außerordentlich konflikthaft empfinden.

Ein Aspekt dieses Konflikts wurde auch in der Anhörung angesprochen: Was sagt das eigentlich aus, daß Frauen so reagieren? Sagt das nicht mehr über unsere Deformierungen in dieser – von Männern bestimmten – Kultur aus? Und warum gibt es keine Forschung darüber, wie sich die erniedrigende Darstellung von Frauen als allzeit lüsterne und willfährige Geschöpfe (eine Darstellung, die übrigens auch in bestimmten Bereichen der Werbung zu finden ist) auf das Selbstbild von Frauen (und Heranwachsenden) auswirkt?

In diesem Zusammenhang wurde deutlich, daß Frauen in der Sexualwissenschaft – als Forscherinnen – nicht präsent sind; auch wurde deutlich, daß offensichtlich auch im Bereich psychologischer Wirkungsforschung die Fragestellungen ausschließlich aus männlicher Perspektive erfolgen.

Zur Frage des Widerstands von Frauen

Das »Reizwort« vom Widerstand von Frauen gegen die herrschende frauenfeindliche Pornographie war von Eberhard Schorsch am Ende seines Beitrags gebracht worden: »Wenn man die Phantasie produktiv einsetzt, dann sind langfristige gesellschaftliche Veränderungen nur und ausschließlich, wie ich meine, zu erwarten von dem Widerstand der Frauen dagegen...«

Viele Frauen reagierten mit Unmut auf diese Aufforderung zum Widerstand: Wie denn solle angesichts der bestehenden Machtverhältnisse dieser Widerstand aussehen?

Die sozialdemokratische Abgeordnete Monika Ganseforth bemerkte, diese Aufforderung käme ihr – aus der Politik – so bekannt vor:»Das wurde uns früher auch immer gesagt... Und wir haben gesehen, daß wir damit allein nicht weiterkommen, daß das nicht funktioniert.« Deshalb sei ja gerade die Quote beschlossen worden – und sie finde es »etwas enttäuschend und etwas zu wenig«, Frauen in der hier diskutierten Frage wieder nur auf ihren eigenen Widerstand »zurückzuwerfen«. Renate Schmidt erklärte dazu, sie habe die Alleinzuständigkeit von Frauen für Veränderung »allmählich satt«, und fragte ganz direkt, wie frau das eigentlich machen solle, sich den männlichen Phantasien zu entziehen – ganz ohne entsprechendes (Macht-) Instrumentarium? »Wie erfahren die verehrten Männer, daß sie nicht mehr über uns in dieser Weise phantasieren dürfen?«

Eine Psychologin erklärte dazu, der Widerstand von Frauen bzw. die Möglichkeit zu längerfristigen Veränderungen scheitere sehr oft an den bestehenden Machtpositionen: Frauen, die etwas verändern wollten, seien sehr oft nicht in den Positionen, von denen aus Änderungen möglich seien, und der Widerstand der Männer, sie da hineinzulassen, sei beträchtlich. Außerdem werde Widerstand bekanntlich auch dadurch unterlaufen, daß nicht ins Bild passende bzw. unbequeme Forderungen, Hinweise und/oder Forschungsergebnisse nicht zur Kenntnis genommen bzw. nicht weiterverfolgt werden.

Gisela Breitling nannte es »ziemlich traurig«, daß Ergebnisse aus der Frauenforschung, die zu Beginn der 70er Jahre erschienen sind, offensichtlich nicht bekannt sind und daß »es wieder so scheint, als ob das alles nicht gewesen wäre«. Sie sprach Männern schlicht das Recht ab, Aussagen über Frauen zu treffen, solange sie – wie aus der Wirkungsforschung ersichtlich – sich nicht die Mühe machten, wirklich etwas von Frauen zu erfahren, und somit »nicht wissen, was auf der anderen Seite passiert«. Sie bezeichnete es als »Groteske« angesichts der vielfältigen Gewalt, die von Männern an Frauen ausgeübt wird, den Widerstand gegen diese Gewalt an Frauen zu delegieren. Sie verwies auf den Widerstand gegen andere unterdrückte Gruppen im Zusammenhang mit dem Rassismus: »Wie stehen wir da als Weiße, als Angehörige einer Industrienation, wenn wir sagen würden, Widerstand gegen Apartheid ist Angelegenheit von Schwarzen... Oder: hat es während der Nazizeit nicht auch Widerstand von ›reinrassigen‹ Deutschen gegeben? War etwa Widerstand gegen den Faschismus ausschließlich eine Angelegenheit von Juden? Wenn wir so denken, haben wir wirklich jede Berechtigung, über humanitäre Dinge zu sprechen, verloren in meinen Augen.«

Freimut Duve wies in diesem Zusammenhang einschränkend

darauf hin, daß es inzwischen eine ganze Reihe von Männern gebe, die sich für diese Sache engagieren, und daß – auf der anderen Seite – sich längst nicht alle Frauen für das Thema Widerstand gegen Pornographie interessierten. Er warnte vor pauschalen Schuldzuweisungen.

Duve hatte vorher an die Adresse seiner Geschlechtsgenossen erklärt, er halte es für »dramatisch wichtig, daß wir Männer kapieren lernen, was sozusagen die andere Seite der Menschen bewegt…« Er hatte sich dagegen verwahrt, daß Männer, die sich in dieser Sache engagieren, zum »Softie« stilisiert werden oder daß ihnen Schuldbewußtsein unterstellt werde. Das sei überhaupt nicht das Thema: »Wir kommen jedoch nur voran in der Sache, wenn wir wahrnehmen, was sich in den Köpfen und Herzen unserer Menschenpartner Frauen bewegt.«

Eberhard Schorsch erklärte, die Aufforderung an Frauen, Widerstand zu leisten, sei nicht in dem Sinne erfolgt, daß Männer nicht daran beteiligt sein sollten. Er sei jedoch der Überzeugung, daß wirklich langfristige positive Veränderungen nur vom Widerstand der Frauen ausgehen könnten, da die Veränderungen, die Männer als Antwort auf die Veränderungen von Frauen bringen (etwa »neue Männlichkeit«), kurzlebige Selbststilisierungen seien, Reaktionsbildungen, keine wirklich weiterführenden Veränderungen.* Er betonte, der »Schwerpunkt der Veränderungen« könne sich nur auf dem Widerstand der Frauen aufbauen, weil diese Veränderungen ja – und das müsse man »in aller Brutalität auch so sehen« – eingelagert seien in eine »Kampfbeziehung der Geschlechter«. Und wirksam sei dagegen nur Widerstand, der von Frauen ausgeht, aber eben nicht in dem Sinne: »Und damit haben Männer nichts zu tun.«

Im Hinblick auf die Ausgangsfrage – Phänomen Pornographie – stellte Schorsch fest, Pornographie sei weder ein wissenschaftliches, noch ein therapeutisches Problem, aber auch kein juristisches, dem mit Paragraphen beizukommen sei, sondern

---

* Die derzeit bemerkenswerteste Stilisierung dürfte die Haltung der (von Männerforschern so genannten) »Maskulisten« sein, die sich – im Gestus der Patriarchatskritik – als eigentliche Unterdrückte sehen, dabei jedoch das real existierende Machtgefälle zwischen den Geschlechtern ausblenden. Vgl. die kritische Übersicht von Georg Brzoska und Gerhard Hafner: Möglichkeiten und Perspektiven der Veränderungen der Männer, insbesondere der Väter. Forschung, Diskussionen und Projekte in den USA, Schweden und den Niederlanden. Literaturstudie im Auftrag des BMfJFFG, Bonn 1988.

ein »explizit politisches Problem« – für dessen Lösung seiner
Auffassung nach das »durchaus patriarchalische Instrument
von Gesetz und Zensur« nicht das geeignete Mittel sei.

Zur Angemessenheit von Gesetzen:
Zweifel an oder Vertrauen auf
Gesetze(n) im Zusammenhang mit Pornographie

Ebenso wie Eberhard Schorsch – wenn auch mit etwas anderer
Begründung – hatte sich Günter Amendt in seinem Eingangsre-
ferat dagegen gewandt, das Problem Pornographie bzw. »die
Geschlechterbeziehungen mit Hilfe von Gesetzen und staatlichen Vollzugsorganen« zu regeln. Wer dies wolle, so Amendt,
habe »jede Hoffnung auf Emanzipation der Menschen von
staatlichen Zwängen und damit jede Hoffnung auf emanzipatorische Veränderung aufgegeben«. Auch Peter Gorsen, der in
seinem Buch »Sexualästhetik« Pornographie als ein Symptom,
als Ausdruck »des Scheiterns und Mißlingens von sinnlicher
Emanzipation in der bestehenden Gesellschaft« bezeichnet
hat, bezweifelte die Wirksamkeit weiterer Gesetze, die möglicherweise die Darstellung, aber sicher nicht die zugrundeliegenden Phantasien beseitigen könnten. Zwar sei nicht zu übersehen, daß sowohl in der Pornographie wie in der Kunst eine
Zunahme der Darstellung von Gewalt- und Vergewaltigungsphantasien stattgefunden habe. »Es wäre ja auch ein Wunder,
wenn nicht, da die Kunst im realen gesellschaftlichen Zusammenhang arbeitet«, führte Gorsen aus. In einem Diskussionsbeitrag wies er auf eine »ganze Entfremdungskette« hin, aus
der heraus die verstümmelten sexuellen Phantasien ableitbar
seien: »Hinter der Pornographie stehen die pornographiebe-
dürftigen Menschen. Diese Menschen wiederum sind Ausdruck der Produktionsverhältnisse.« Und es sei eine Verharmlosung, Pornographie einseitig als Ursache für psychische
Deformation verantwortlich zu machen. Günter Amendt hatte
bereits in seinem Referat entschieden vor einer Entpolitisierung
gesellschaftlicher Probleme durch individuell zu handhabende
rechtliche Regelungen gewarnt: »Mit dem Versprechen, individuell nicht ohnmächtig zu sein, wenn Frauen den Weg zum Zivilgericht wagen, wird so getan, als ob man zur Bannung oft
gewalttätiger Männerphantasien nicht die Gesellschaft ändern

müsse, sondern den Wichser, in dem das Übel zum Ausbruch kommt.«

Diese Argumentation rief vielfältigen Widerspruch von Frauen hervor. Zwar wurde nicht an der auch gesellschaftlichen Verursachung gewalttätiger Männerphantasien gezweifelt – wohl aber wurde das Recht beansprucht, wirksame Maßnahmen gegen die ungezügelte Darstellung dieser Phantasien ergreifen zu können.

Gisela Breitling setzte der von Günter Amendt und Eberhard Schorsch geäußerten Skepsis gegenüber Gesetzen ein »großes Vertrauen in Gesetze« entgegen: »Wieso eigentlich dieses Zögern, wenn es um Gesetze zum Schutz von Frauen geht?« Sie wies darauf hin, daß der Beginn unserer Kultur angesetzt wird an dem Punkt, an dem menschliches Zusammenleben durch Gesetze geregelt wurde. »Es ist absurd zu glauben, Gesetze würden nicht greifen. Gesetze greifen sehr wohl... Gesetze können Menschen vernichten. Sie können sie zu Untermenschen machen. Sie können bestimmte Tendenzen ungeheuer fördern...« Und sie erinnerte daran, daß Gewalt von Männern gegenüber Frauen »seit Jahrtausenden Recht ist, d.h., sie ist in Gesetzen als Recht festgelegt...« Und warum nun diese »merkwürdige Vorsicht gegenüber Gesetzen, die – einmal im Interesse von Frauen vorgeschlagen – vielleicht gelten sollen.«

Speziell auf Günter Amendts Äußerung, die Geschlechterbeziehungen sollten nicht durch Gesetze geregelt werden, wurde entgegnet, diese seien schon immer – und meist zum Nachteil von Frauen – durch Gesetze geregelt gewesen. Erinnert wurde an die bis 1957 in vollem Umfang geltende Ehegesetzgebung von 1896, in der – gegen großen Widerstand – die Unterordnung und Verfügbarkeit der Frau unter den Willen des Mannes (einschließlich des Verbots ihrer Berufstätigkeit gegen seinen Willen) gesetzlich festgeschrieben und erst 1977 vollständig aufgehoben worden war – mit großer faktischer Wirksamkeit bis heute.

In einem anderen Diskussionsbeitrag wurde der von Eberhard Schorsch und Günter Amendt vertretenen Auffassung – die als »Aversion gegen Gesetze« apostrophiert wurde – eine weniger negative Einschätzung von Gesetzen entgegengestellt: »Immerhin ist ja die Gesetzgebung ein Konsens in der Gesellschaft über das gemeinsame ethische Minimum, und deswegen sollte man die Gesetzgebung nicht immer gleich in den Bereich von Zensur und Polizeistaat und patriarchalischen Strukturen stellen, denn Gesetze werden inzwischen auch mit von Frauen gemacht.« Und im Hinblick auf Pornographie sei es sehr wichtig, wenn auch über Gesetze – die von Frauen initiiert sind – eine Regelung erfolgen würde. Das könne ja immerhin auch sozialisierende und Signalwirkung haben.

Die sozialisierende Wirkung von Gesetzen wurde auch von Sachverständigen betont. Dorothee Alfermann wies in diesem Zusammenhang auf die Diskussion über gesetzliche Regelungen zum Tatbestand der Vergewaltigung in der Ehe hin. Die Tatsache, daß durch die Diskussion darüber die Strafbarkeit der Handlung in das öffentliche Bewußtsein rücke, habe mit Sicherheit sozialisierende Wirkung. Insofern könnten Gesetze also auch bewußtseinsbildend wirken. Zu wünschen wäre allerdings, daß – im Hinblick auf Pornographie – bestehende Gesetze auch adäquat angewandt werden.

Herbert Selg vertrat ebenfalls die Ansicht, daß die Diskussion über Gesetze aufklärende Wirkung habe, daß überhaupt eine sachlich und engagiert geführte Diskussion Auswirkungen habe, »und als letzter Schritt mögen dann auch noch gesetzliche Maßnahmen nötig sein«. Als juristischer Laie halte er die bestehenden Gesetze für hinreichend, ihre praktische Anwendung jedoch für unzureichend. Es sei dringend zu wünschen, daß sich – im Hinblick auf die Diskussion, was als Gewalt einzustufen sei und was nicht – die juristische Sprache bzw. Begrifflichkeit etwas mit dem decke, was Nicht-Juristen unter Gewalt verstehen.

Eberhard Schorsch begründete noch einmal seine Auffassung, daß (weitere) Gesetze ein unzulängliches Instrumentarium seien: Zum einen lenke der Blick auf die sogenannte harte Pornographie ab von dem ganzen breiten Spektrum, in dem sich Gewaltverhältnisse in unterschiedlichen Erscheinungsformen auch sonst darstellen. Es sei ja mit beeindruckender Deutlichkeit zur Sprache gekommen, wie das männliche Phantasma von der Frau, ihrer Zerstückelung, alle Bereiche durchziehe. Wenn man angesichts dieser Realität den Blick fokussiere auf die harte Pornographie – und die Unterscheidung in harte und weiche Pornographie sei ein Randphänomen, das das Wesentliche der Dinge nicht treffe –, dann beinhalte das die Gefahr der Ablenkung, der Bagatellisierung. »Dann macht man sich sozusagen vor, man hätte das Problem aus der Welt geschafft oder man hätte ein Instrument, um es in den Griff zu kriegen, aber man täuscht sich.« Darüber hinaus sei ganz konkret zu fragen, ob sich eine Frau wirklich der Prozedur aussetzen wolle, gegen eine bestimmte pornographische Darstellung zu klagen, denn dann werde »in einem männlichen diskursiven Denken definiert, ob sie sich entwürdigt fühlen darf... oder nicht.« (Vgl. hierzu auch die Stellungnahme der Anwältin Margarete Fabricius-Brand.)

Auf diese Frage gab es eine leidenschaftliche Antwort einer Frau, die Männern die Berechtigung absprach, darüber zu befinden, was Frauen zu tun und zu lassen hätten: Frauen haben sich entschlossen, für ihr Recht zu kämpfen – und sie werden es tun. »Es ist an der Zeit, daß aus Nachdenken und Reden Handeln wird.«

Abschließend nahm Günter Amendt noch einmal Stellung zur Frage nach Gesetzen. Er sah das Paradoxe der Situation, daß Männer – ausgerechnet in dem Moment, in dem Frauen ein Gesetz gegen Darstellungen frauenerniedrigender Pornographie vorlegen und durchsetzen wollen – plötzlich Zweifel an der Wirksamkeit von Gesetzen äußern. Amendt betonte, er könne das Mißtrauen von Frauen und ihre Zurückweisung dieser aus ihrer Sicht merkwürdigen Vorsicht nachvollziehen. Er gab jedoch zu bedenken, daß es schon seit langem – und nicht erst im Zusammenhang mit Pornographie – zur Tradition der Hamburger und Frankfurter Sexualforschungsinstitute (deren Tradition auch Amendt sich verpflichtet fühlt) gehört, für die Entrechtlichung des Sexuellen einzutreten. Das sei im Kampf gegen § 218 ebenso geschehen wie im Kampf gegen § 175 StGB, und er bitte, dies zu bedenken.

Die Tatsache, daß kaum Stellungnahmen von Juristinnen und Juristen vorliegen zur Frage, inwieweit Gesetze ein angemessenes Mittel zur Bekämpfung von Pornographie sein können, ist zum einen auf den Umstand zurückzuführen, daß diese Diskussion im wesentlichen im Anschluß an den Themenblock »Psychosoziales Dunkelfeld« geführt wurde, an der die meisten juristischen Sachverständigen nicht teilnahmen. In der relativ kurzen Diskussion im Anschluß an die Stellungnahme der Juristinnen und Juristen ging es zudem mehr um juristische Einzelheiten und Verfahrensfragen – die im folgenden kurz skizziert werden – als um grundsätzliche Erwägungen.

Zunächst wandte sich der ehemalige Justitiar des Börsenvereins des Deutschen Buchhandels, Franz Wilhelm Peter, gegen die insbesondere von Rudolf Stefen geäußerte These eines bestehenden Vollzugsdefizits in Sachen Pornographie. Diese möge – so Peter – für Video-Filme und Sex-Gazetten zutreffen, im Hinblick auf Bücher könne man jedoch schon ein geradezu unerträgliches Maß an »Vollzugsübermaß« feststellen, und er halte es für wichtig, dies zur Kenntnis zu bringen. Nach geltendem Recht könne jeder Amtsrichter ein Buch, das er (möglicherweise nur aufgrund von »Stellen«) für strafwürdig hält, für die gesamte Bundesrepublik beschlagnahmen. Von dieser Beschlagnahmung werden dann die Landeszentralen zur Bekämpfung jugendgefährdender Schriften benachrichtigt, die dann die Staatsanwaltschaften ihres Bezirks benachrichtigen. »Dann rasen Hunderte von Polizeibeamten in Buchhandlungen, durchsuchen diese, und es kommt zu Ermittlungsverfahren gegen Buchhändler und Angestellte.« Und selbst wenn nach Jahren die Verfahren vor höheren Instanzen mit Freispruch endeten, sei damit die erfolgte Diskriminierung nicht aus der Welt geschafft, und eine allgemeine Verunsicherung – was denn nun als Pornographie zu gelten habe – sei die Folge. (Offensichtlich ist der Tatbestand des »ausschließlich und überwiegenden Abzielens auf lüsternes Interesse an sexuellen Darstellungen« ein sehr unzureichendes Kriterium.)

Der sozialdemokratische Abgeordnete Johannes Singer hielt es aufgrund seiner jahrelangen Erfahrungen als Oberstaatsanwalt für fraglich, daß mit der – aus seiner Sicht – »wesentlich stumpferen Waffe des Zivilrechts« mehr erreicht werden könne als mit dem Machtapparat, der den Staatsanwaltschaften in Gestalt des jetzt geltenden Strafrechts zur Verfügung stehe. Er bedauerte, daß zur Frage der Vollzugsdefizite keine Informationen aus der Praxis vorliegen, so daß man nicht entscheiden könne, inwieweit die hier angesprochenen Vollzugsdefizite (aufgrund von Überlastung und/oder mangelnder technischer Ausstattung der Staatsanwaltschaften, vgl. Beitrag Rudolf Stefen) gegeben sind oder ob sie möglicherweise auf mangelnde Bereitschaft der Verfolgungsbehörden, gegen Gewaltdarstellungen im Rahmen von Pornographie auch wirklich vorzugehen, zurückzuführen seien.*

* Von staatsanwaltlicher Seite wurde auf Anfrage dazu mitgeteilt, daß im Interesse einer effektiven Strafverfolgung die Herausnahme der Video-Filme aus dem »Schutzmantel der presserechtlichen Verjährung« erforderlich sei. Bemühungen, dies zu erreichen, scheiterten insbesondere an der Tatsache, daß das Presserecht Länderrecht ist. Nach dem Presserecht werden Bildtonträger (also auch Video-Filme) genau wie Zeitungen und Zeit-

Die Vorsitzende des Deutschen Juristinnenbundes Renate Damm stellte dazu fest, nach ihrer Kenntnis sei bei den zuständigen Abteilungen der Staatsanwaltschaften insofern schon Überlastung gegeben, als im allgemeinen neben der Zuständigkeit für Pornographie noch andere Bereiche wahrzunehmen seien. Sie hielt es für zweifelhaft, daß es unter den gegebenen Bedingungen möglich sei, das »bisher stumpfe Schwert« des Strafrechts zu einem scharfen werden zu lassen, indem man beispielsweise sofort Beschlagnahmungs- und Durchsuchungsverfügungen mache (wie eben für Bücher geschildert). Sie betonte, damit werde man »die frauendiskriminierenden Darstellungen in Pornoheften und vor allem auch im Video-Film nicht in den Griff bekommen«. (Renate Damm schlägt deshalb eine Präzisierung der Definition in § 184 StGB vor und plädiert darüber hinaus für das »gute Schwert« der zivilrechtlichen Verbandsklage auf Unterlassung.)

Arndt Teichmann hielt ebenfalls die zivilrechtliche Regelung (der Verbandsklage, nicht der Einzelklage) deshalb für effektiver, da die Verfolgung der Tatbestände mit der Zivilklage auf eine breitere Basis gestellt sei und losgelöst werde von der Konzentration auf wenige Dezernenten, die eben überlastet seien. (»Es muß nicht erst angezeigt werden, es kann gleich geklagt werden.«)

In der Abschlußdiskussion am Ende der Anhörung wurde die Frage gesetzlicher Regelungen noch einmal kurz Gegenstand grundsätzlicher Auseinandersetzung:

Gisela Breitling unterstrich noch einmal ihre Auffassung von der außerordentlichen Wirksamkeit konsequent angewandter Gesetze.

Günter Amendt stellte dagegen, er teile diesen »Glauben an und die Hoffnung auf Gesetze« nicht, und verwies darauf, daß diese Skepsis schon seit langem, und nicht erst im Zusammenhang mit Pornographie, bestehe. Er bat darum, hier zu differenzieren (s. o.).

schriften als Presse-Erzeugnisse behandelt. Diese fallen – da sie der Befriedigung des Informationsbedürfnisses der Öffentlichkeit dienen – unter die besondere Schutzfunktion des Presserechts, nach welchem eine Strafverfolgung nur innerhalb von 6 Monaten nach Herstellung des betreffenden Erzeugnisses möglich ist. Nach Auffassung der um Änderung bemühten Staatsanwälte wäre mit der Wegnahme dieses besonderen Schutzes eine effektive Handhabe zur wirksamen Bekämpfung gewaltpornographischer Video-Filme gegeben.

Doris Odendahl wies noch einmal auf die bewußtseinsverändernde Wirkung einer gesetzlichen Regelung gegen frauenerniedrigende Pornographie (mit möglichst exakter Definition dieses Sachverhalts) hin.

Die Anwältin Margarete Fabricius-Brand wiederholte ihre Warnung vor der ihrer Auffassung nach unausweichlichen »justitiellen Perversion«, der die in Aussicht genommene gesetzliche Regelung ausgesetzt sei (vgl. ihre Stellungnahme). Sie stimmte Gisela Breitling zu: Es sei sicher ein Erfolg, wenn Frauen in Form des »EMMA«-Gesetzentwurfs »eine abstrakte Rechtsposition« erhielten, betonte jedoch noch einmal ihre Befürchtung, daß »die Justiz möglicherweise diese wunderbare Rechtsposition wieder kleinarbeitet«, und schloß mit der Warnung, sehr genau hinzusehen, »damit die Beerdigungsfeier nicht größer wird als die Feier über die abstrakte Rechtsposition«.

Als letztes soll noch kurz auf ein Thema eingegangen werden, bei dem wohl Fragen aufgeworfen, aber kaum Antworten gegeben werden konnten. Die im folgenden wiedergegebenen Fragen wurden am Schluß der Diskussion zum »Psychosozialen Dunkelfeld« gestellt und thematisieren letztendlich die Notwendigkeit einer Veränderungsbereitschaft bei Männern.

Zum »psychosozialen Dunkelfeld Mann«

»Was ist bloß mit den Männern los?« Auf diesen Punkt brachte eine Frau aus dem Publikum eine ganze Reihe von Fragen. Zunächst jedoch stellte sie – im Zusammenhang mit dem Thema der Diskussion – fest, die gerade geführte Diskussion habe ihrer Auffassung nach deutlich gemacht, das eigentliche »psychosoziale Dunkelfeld« sei der Mann. Es sei nicht zur Sprache gekommen – und offensichtlich sei kaum etwas darüber bekannt –, wie sich Männer zu Pornographie stellen, zu dem dort gezeigten Bild der Geschlechterbeziehungen, zu dem dort gezeigten Bild von Männlichkeit. »Wenn ich ein Mann wäre und mir so etwas, wie wir gestern gesehen haben, vorgespielt würde (»Im tiefen Tal der Superhexen« und »A dirty Western«, s. o.) – dann würde ich mich in den Boden schämen, wie mein Geschlecht dort dargestellt wird.« Eine solche Identifikation – und die daraus sich ergebenden Fragen – wurden vermißt. »Warum werden die Fragen (etwa in der Wirkungsforschung) nicht einmal andersherum gestellt? Dann käme man auch zu anderen Antworten ...«

Als ein Stück des Widerstands, zu dem Frauen aufgefordert worden waren, wurde das Insistieren auf der Notwendigkeit dieser anderen Fragestellungen betont: »Wie kann man bei den Männern anknüpfen? Und diese Frage müssen sich die Männer stellen!« Nicht nur das »weibliche Phantasma, das sie im Kopf haben«, benennen, sondern nach den gesellschaftlichen Phänomenen fragen, die auf die Männer einwirken und diese Phantasmen bewirken. Und diese müßten die Männer »von sich aus verurteilen und von sich aus überwinden«. So lange das nicht geschehe, »bleibt der Mann das psychosoziale Dunkelfeld und die Frau das Opfer«.

Das Nicht-Sehen dieser Frage in der von Männern bestimmten Forschung wurde von Gisela Breitling auf die bestehenden Machtverhältnisse zwischen den Geschlechtern zurückgeführt: Die Männer, als die Mächtigeren, haben es nicht nötig, den für sie unbequemen Dingen auf den Grund zu gehen. Sie haben – so Gisela Breitling – »offenbar einen Ignoranzbonus«.

Herbert Selg räumte ein, die Frage, wie bei den Männern anzusetzen sei, sei »eine wirklich offene Frage«, der nachzugehen man sich in einigen amerikanischen Untersuchungen bemühe (vgl. die Ausführungen zu Erhebungen über Gewaltorientierung bei Männern in Selgs Beitrag). In der allgemeinen (sexuelle Gewalt nicht berücksichtigenden) Aggressionsforschung gebe es Ansätze, Kinder gegen Gewalt »zu impfen«, indem man sie durch Kommunikation und Reflexion über dargestellte Gewalt dahin bringe, auf solche Darstellungen kritisch zu reagieren.

Eberhard Schorsch wies darauf hin, daß es schon Theorien über den Ursprung männlicher Feindseligkeit und Aggressivität gebe und in dem Zusammenhang auch Überlegungen zu strukturellen Veränderungen dergestalt, daß auch Väter – nicht nur Mütter – eine enge emotionale Beziehung zu ihren Kindern eingehen sollten, um einer symbiotischen Mutter-Kind-Beziehung (die bei Söhnen später zu gewaltsamer Abgrenzung führen kann) entgegenzuwirken. Diese Problematik führe jedoch in der Kürze der zur Verfügung stehenden Zeit etwas vom Thema ab und müsse gesondert diskutiert werden.

Ich möchte hier ergänzend auf die Ausführungen der Erziehungswissenschaftlerin Luise Wagner-Winterhager hinweisen über die von ihr erfahrene faktische Unmöglichkeit, Untersuchungen zum Thema »Sexualität und Gewalt« durchzuführen (vgl. ihren Beitrag). Auch auf ihre Ausführungen über die Äng-

ste Heranwachsender sei noch einmal hingewiesen: Sie haben
Angst – so Luise Wagner-Winterhager – »vor dem endgültigen
Eintritt in die Welt der Erwachsenen, in eine Welt, in der man
›das Fürchten gelernt haben muß‹ ... eine Welt, in der ein Junge
lernen muß, männlich zu sein – was immer das bedeutet«.*

Als letzte Sachverständige griff Dorothee Alfermann die
Frage zum »psychosozialen Dunkelfeld Mann« auf. Sie vertrat
die Auffassung, es sei nicht so, daß wir – was Wirkung von Pornographie oder auch Wirkung von Rollenmodellen betrifft –
besonders wenig über Männer wissen. Das eigentliche Problem
sei vielmehr die Frage nach der Veränderungsbereitschaft von
Männern. Wie weit sind sie bereit, aus den vorhandenen Er-
kenntnissen Konsequenzen zu ziehen; wie weit sind sie bereit,
die Veränderungen der Fragen in den letzten Jahrzehnten (im
Berufsleben, im Hinblick auf Vereinbarkeit von Familie und
Beruf) nicht nur mehr oder weniger hinzunehmen, sondern entsprechende konkrete Änderungen bei sich vorzunehmen?
Wenn dies nicht geschehe, bestehe die Gefahr, daß wirklich so
etwas wie ein Grabenkampf zwischen den Geschlechtern eröffnet werde, »der ja teilweise im Grunde schon da ist, wenn es um
Ressourcen, Positionen usw. geht. Warum sonst wird die Quotenregelung mit einem Aufschrei begrüßt.«

Am Schluß der Diskussion richtete Renate Berger eine ein-
dringliche Bitte an alle anwesenden Kollegen (Wissenschaftler
aus unterschiedlichen Disziplinen). Im Zusammenhang mit der
Frage, inwieweit Pornographie ein Symptom sei (das mit Gesetzen zu verfolgen von dem zugrundeliegenden oder eigentlichen Problem ablenke), forderte sie ihre Kollegen auf, »zu
bedenken, wie es auf andere, vor allem auf Frauen, wirkt, wenn

---

* Auf die Möglichkeit, daß unter Umständen Gewalthandlungen ein Mittel sein können, sich und anderen seine unsichere Männlichkeit zu beweisen,
war schon in der Anhörung der Sachverständigenkommission zur Strafrechtsreform im November 1970 hingewiesen worden. Die Kriminaloberrätin Dr. Ilse Matthes hatte zur Erklärung der Tatsache, daß an dem Straf-
rechtsdelikt der damals sogenannten Notzucht (heute Vergewaltigung) die
Altersgruppe der 18- bis 24jährigen den Hauptanteil stellte (gefolgt von der
Gruppe der 14- bis 18jährigen), ausgeführt: »Es dürfte kein Zufall sein, daß
in unserer Gesellschaft, die eine Leistungsgesellschaft mit starken patriarchalen Strukturen ist, junge Menschen häufig geneigt sind, sich in Verhaltensschablonen des brutalen Mannes zu flüchten.« Nach Auffassung der
Kriminaloberrätin spielten »primitiv-aggressive Darstellungen und Aggres-
sionspornographien eine nicht zu unterschätzende Rolle«. (Protokoll der
Anhörung, S. 1018, Archiv des Deutschen Bundestags, Bonn)

Sie in solchen Zusammenhängen Pornographie als ein Symptom vorstellen. Sie haben – auch meiner Auffassung nach – recht: Pornographie *ist* ein Symptom, aber es ist gleichzeitig auch etwas, das einen enormen Lerneffekt hat.« Und sie bedauerte den Mangel an Forschung darüber, welchen Lerneffekt Pornographie für Männer, insbesondere für Heranwachsende, für die männliche Identitätsbildung, habe. »Hier klafft eine riesige Lücke. Hier möchte ich Forschung haben, kompetente Forschung.« In einem vorläufigen Resümee betonten Renate Schmidt und Freimut Duve noch einmal die Notwendigkeit von Veränderungen: die gleichberechtigte Beteiligung von Frauen an allen Entscheidungen des öffentlichen Lebens sowie – damit verbunden – die Entwicklung einer »neuen Ethik« (Duve).

NACHTRAG (Juni 1990)

Angesichts der Ereignisse der letzten Monate mitsamt ihren Auswirkungen auf den Alltag besonders der DDR-Bürgerinnen bekommt die Forderung nach einer neuen Ethik eine unerwartete Dringlichkeit. Zugleich zeigt der Verlauf des letzten Jahres, worauf diese Ethik gegründet werden muß: auf Menschenrechte, die ohne Frauenrechte nicht eingelöst werden können – die traditionelle Losung Freiheit, Gleichheit, Brüderlichkeit reicht offensichtlich nicht aus.

Die friedliche Revolution, die den Sturz der Diktatur bewirkte, wurde maßgeblich von Frauen mitgetragen. Doch jetzt, wo die zukunftsweisende Chance da ist, die Grundlagen für eine neue Ordnung des Gemeinwesens zu gestalten, dominieren Männer. Sie setzen Sach- und Zeitzwänge nach ihrem Kalkül. Und Frauenrechte stehen zur Disposition.

Die allgemeine Situation von Unsicherheit in der DDR wird, so ist zu befürchten, nicht nur öffentliches, sondern auch privates Konfliktpotential entstehen lassen: es besteht die Gefahr, daß bei nicht wenigen Männern infolge von Leistungsdruck und Konkurrenzdenken in auch für sie neuen Strukturen die Angst vor Versagen zunimmt – und damit auch die Bereitschaft, sich und anderen eine als bedroht empfundene Überlegenheit notfalls mit Gewalt – auch und gerade gegen Frauen – zu beweisen. (Vgl. Anm. S. 284).

Die Autorinnen und Autoren

Dorothee Alfermann, Dr. phil., Professorin für Psychologie am Institut für Sportwissenschaft der Justus-Liebig-Universität Gießen

Günter Amendt, Dr. phil., Sexualwissenschaftler und Publizist, Hamburg

Susanne Baer, Juristin, Berlin

Renate Berger, Dr. phil., Kunsthistorikerin an der Universität Marburg

Gisela Breitling, freie Malerin und Publizistin, Berlin

Eva Dane, Dr. rer. nat., Diplompsychologin und Publizistin, Braunschweig

Freimut Duve, MdB, Vorsitzender der Arbeitsgruppe Kunst und Kultur der SPD-Bundestagsfraktion, Bonn

Manfred Engelschall, Vorsitzender Richter am Hanseatischen Oberlandesgericht Hamburg i. R.

Margarete Fabricius-Brand, Rechtsanwältin und Diplompsychologin, Hannover

Monika Frommel, Dr. jur., Professorin für Rechtsphilosophie und Rechtssoziologie an der Universität Frankfurt, Vorsitzende der Strafrechtskommission des Deutschen Juristinnenbundes

Klaus E. Heinig, Geschäftsführer der Gesellschaft zur Übernahme und Wahrnehmung von Filmaufführungsrechten m.b.H. (Güfa), Düsseldorf

Claudia Gehrke, Verlegerin (Konkursbuchverlag), Tübingen

Peter Gorsen, Dr. phil., Professor für Kunstgeschichte an der Hochschule für angewandte Kunst, Wien

Rüdiger Lautmann, Dr. phil., Professor für Soziologie an der Universität Bremen

Biggy Mondi, Porno-Modell, Hamburg

Doris Odendahl, MdB, Mitglied des SPD-Fraktionsvorstands, bildungspolitische Sprecherin der SPD-Bundestagsfraktion, Bonn

Lore Maria Peschel-Gutzeit, Vorsitzende Richterin am Hanseatischen Oberlandesgericht Hamburg

Beate Rotermund-Uhse, Unternehmerin, Beate-Uhse-AG, Flensburg

Hans-Joachim Rudolphi, Dr. jur., Professor am Strafrechtsinstitut der Universität Bonn

Renate Schmidt, Stellvertretende Vorsitzende der SPD-Bundestagsfraktion, Vorsitzende des Arbeitskreises Gleichstellung von Frau und Mann der SPD-Bundestagsfraktion, Bonn

Alice Schwarzer, Herausgeberin von »EMMA«, Zeitschrift von Frauen für Frauen, Köln. Initiatorin der PorNO-Kampagne in der Bundesrepublik

Eberhard Schorsch, Dr. med., Professor, Direktor der Abteilung für Sexualforschung der psychiatrischen und Nervenklinik der Universität Hamburg

Herbert Selg, Dr. phil., Professor am Lehrstuhl I für Psychologie der Universität Bamberg

Rudolf Stefen, Vorsitzender der Bundesprüfstelle für jugendgefährdende Schriften, Bonn

Arndt Teichmann, Dr. jur., Professor am Fachbereich Rechts- und Wirtschaftswissenschaften der Universität Mainz, Richter am Oberlandesgericht Koblenz

Dora Traudisch, Historikerin, M. A., freie Journalistin, Köln

Luise Wagner-Winterhager, Dr. phil., Erziehungswissenschaftlerin am Institut für Pädagogik der Hochschule Hildesheim